非传统化生放核安全威胁与防范

主　编　朱晓行

副主编　李铁虎　赵　钦　李　昂

中国原子能出版社

图书在版编目(CIP)数据

非传统化生放核安全威胁与防范 / 朱晓行主编.
—北京：中国原子能出版社，2020.11
ISBN 978-7-5221-0675-5

Ⅰ.①非… Ⅱ.①朱… Ⅲ.①化学武器-防御②生物武器-防御③核武器-防御 Ⅳ.①E9

中国版本图书馆 CIP 数据核字(2020)第 124095 号

内容简介

非传统化生放核(CBRN)安全威胁包括 CBRN 恐怖、CBRN 事故、次生 CBRN 危害等，时刻威胁着国家安全和社会稳定，并严重影响人类的生存环境。

本书是一部关于非传统安全领域 CBRN 威胁与防范问题研究的专著，研究了非传统 CBRN 安全的内涵、CBRN 安全威胁的起因及发展特点，以及国外应对 CBRN 安全威胁的基本做法；分析了现阶段我国面临的 CBRN 威胁形势；提出了相应的防范对策与建议。可供相关领域或专业从事规划管理、科学研究、教学训练、科学普及等人员参考使用。

非传统化生放核安全威胁与防范

出版发行 中国原子能出版社(北京市海淀区阜成路 43 号 100048)
责任编辑 付 真
责任校对 冯莲凤
责任印制 潘玉玲
装帧设计 崔 彤
印　　刷 北京卓诚恒信彩色印刷有限公司
开　　本 787 mm×1092 mm 1/16
印　　张 20 **字　数** 320 千字
版　　次 2020 年 11 月第 1 版 2020 年 11 月第 1 次印刷
书　　号 978-7-5221-0675-5 **定　　价** **120.00** 元

网址：http://www.aep.com.cn **E-mail：atomep123@126.com**
发行电话：010-68452845

《非传统化生放核安全威胁与防范》

编　委　会

主　　编：朱晓行

副 主 编：李铁虎　赵　钦　李　昂

参编人员：王　飞　吴　迪　张　赫　龚　丹　高晓辉
解本亮　赵冠宇　赵文邦　郑　岳　盖希杰
滕　珺　贾天伟　郭萧迪　李　珊　王　丁
花　卉　苏宏艺　伍　巍　裴海军

序言

进入21世纪以来，伴随现代科技迅猛发展，化生放核(CBRN)安全环境不确定性因素明显增多，非传统安全威胁多元化发展趋势更加明显。特别是新冠肺炎疫情全球性暴发，对人类生命安全和经济社会发展带来巨大挑战。面对日益复杂严峻的CBRN安全形势，非传统安全威胁防范与应对已成为世界各国的重要战略任务。

“备豫不虞，为国常道。”正值全球共同开展新冠肺炎疫情防控之际，防化研究院有关人员以总体国家安全观为引领，前瞻谋划CBRN安全领域重大现实难题，将CBRN安全威胁与防范置于非传统安全的视角下进行系统研究，撰写了《非传统化生放核安全威胁与防范》一书。该书基于学术界对“非传统CBRN安全威胁”的认识，从探究历史镜鉴入手，挖掘借鉴国外经验做法，研判威胁形势与发展趋势，评估威胁现状与危害后果，研提防范需求与对策建议。该书契合时势、积淀深厚，立意新颖、案例丰富，具有很强的理论指导性，既是一本情报分析手册，也是一部科普知识读本，能够为军地CBRN领域相关部门、院校、科研机构及广大读者，系统谋划相关工作提供重要参考。

理论探索源于实践，理论创新永无止境。期望本书的出版，能够为我国防范非传统 CBRN 安全威胁相关工作起到积极推动作用。

军事科学院防化研究院院长： 少将

前言

随着国际政治环境的改变，国际社会普遍认为，目前人类面临的安全威胁从传统安全威胁转向传统与非传统安全威胁并存，威胁的重点已不再单纯是传统意义的由军事战争带来的安全威胁，而是与国家利益相关的地区冲突、恐怖活动、各类突发事故/事件，以及大规模杀伤性武器扩散等非传统安全威胁。习近平主席指出："当前，世界大变局加速深刻演变，全球动荡源和风险点增多，我国外部环境复杂严峻"；"传统安全威胁与非传统安全威胁交织，国际环境不稳定、不确定因素明显增多"……

非传统化生放核（CBRN）安全威胁，涵盖了从次生CBRN危害到CBRN恐怖，再到CBRN事故，以及其他与CBRN有关的事件等，时刻威胁着国家安全和社会稳定，并严重影响人类的生存环境。因此，如何有效应对防范非传统CBRN所带来的全球性安全威胁，已成为世界许多国家的一项重要的战略任务。

2019年1月，习主席在省部级领导干部学习班上讲话明确："要防范化解重大风险，提高危机管理能力……"。新形势下，我军担负着"为党巩固执政地位提供重要力量保证，为维护国家发展的重要战略机遇期提供坚强安全保障，为维护国家利益提供有力战略支撑"的历史使命，相应的，我军职能任务从维护国家安全利益延伸到维护国家发展利益、从应对传统安全威胁延伸到应对非传统安全威胁。因此，贯彻习主席指示精神，更加有效地应对非传统CBRN安全威胁，化解重大安全风险，保障国家安全，维护社会稳定需要学习、借鉴国外非传统CBRN安全威胁防范的相关经验，深入研究非传统CBRN安全威胁影响及防范策略，全面提高非传统CBRN安全威胁防御能力。

有鉴于此，本书在前期相关研究的基础上，结合时代背景，从国家CBRN安全防御的战略需求出发，主要研究非传统安全领域CBRN威胁的内涵，分析CBRN安全威胁的起因及发展特点，总结国外应对非传统CBRN安全威胁的基本经验与做法，以期为有关部门开展相关研究、制订相关决策、普及相关知识等提供重要参考。

在本书编写过程中，得到了肖军华研究员、钟辉研究员、王福亮工程师、赵晨光研究员、朱安娜研究员、黄强正高级工程师、邹志云研究员、邹士亚研究员、张学智高级工程师、柯佳雄研究员等专家的悉心指导和大力支持，在此表示衷心的感谢！

目　录

第一章　总论……1

第一节　非传统 CBRN 安全威胁概述……3

一、对非传统 CBRN 安全威胁的基本认识……3

二、非传统 CBRN 安全威胁的主要形式……5

第二节　非传统 CBRN 安全威胁分析……7

一、非传统 CBRN 安全威胁的历史发展背景……7

二、非传统 CBRN 安全威胁特点……8

三、对非传统 CBRN 安全威胁的总体判断……12

第三节　非传统 CBRN 安全威胁防范策略……13

一、政策法规……13

二、防范策略……16

三、防范机制与力量建设……19

第二章　非传统 CBRN 安全威胁……25

第一节　非传统核与辐射安全威胁……27

一、非传统核与辐射安全威胁的内涵……27

二、非传统核与辐射安全威胁的可能性……28

三、非传统核与辐射安全威胁的主要形式……30

四、非传统核与辐射安全威胁的主要特点……38

五、代表性事件……42

第二节　非传统化学安全威胁 …… 50
一、非传统化学安全威胁的内涵 …… 50
二、非传统化学安全威胁的可能性 …… 52
三、非传统化学安全威胁的主要形式 …… 53
四、非传统化学安全威胁的主要特点 …… 63
五、代表性事件 …… 65
第三节　非传统生物安全威胁 …… 71
一、非传统生物安全威胁的内涵 …… 71
二、非传统生物安全的形式与可能性 …… 71
三、非传统生物安全威胁的主要特点 …… 77
四、代表性事件 …… 80

第三章　非传统 CBRN 安全威胁防范策略 …… 91

第一节　政策法规与发展战略 …… 93
一、核与辐射安全相关政策及战略 …… 93
二、化学安全相关政策及战略 …… 97
三、生物安全相关政策及战略 …… 115
第二节　管理与响应机制 …… 135
一、核与辐射安全管理与响应机制 …… 135
二、化学安全管理与响应机制 …… 140
三、生物安全管理与响应机制 …… 155
第三节　防范装备与技术手段 …… 162
一、核与辐射安全威胁防范装备与技术手段 …… 162
二、化学安全威胁防范装备与技术手段 …… 174
三、生物安全威胁防范装备与技术手段 …… 178

第四章 国外应对非传统 CBRN 安全威胁经验与做法 ········ 187
第一节 非传统核与辐射安全威胁 ································ 189
一、主要经验 ·· 189
二、对策建议 ·· 192
第二节 非传统核化学安全威胁 ································ 195
一、建立健全化学安全的法律法规标准体系 ················ 195
二、加大对化学安全的监管力度 ························ 196
三、加强人员教育培训 ································ 197
四、建立完备的化学应急救援体系 ························ 197
第三节 非传统生物安全威胁 ································ 199
一、将非传统生物安全纳入国家安全战略，建立完善生物安全防御体系 ································ 199
二、加强基础条件建设，强化突发公共卫生事件应急能力建设 ································ 200
三、完善生物监测手段，全面提升生物威胁感知和判断能力 ································ 201
四、推动军民融合，强化军队在生防中的作用 ················ 202
五、加强国际合作，共筑生物安全风险防御统一战线 ·········· 203

附录 近年国外主要化生放核演习演训活动 ················ 205
附录 A 美国 ·· 207
附录 B 英国 ·· 246
附录 C 欧盟 ·· 253
附录 D 北约 ·· 258
附录 E 意大利 ······································ 263
附录 F 德国 ·· 268
附录 G 西班牙 ······································ 272

附录 H 法国 ······ 275
附录 I 印度 ······ 277
附录 J 俄罗斯 ······ 285
附录 K 其他国家和组织 ······ 288

参考文献 ······ 303

第一章　总　论

目前，学术界对“非传统化生放核（Chemical Biological Radiological Nuclear，CBRN）安全威胁”尚没有权威的界定，一般通指的是区别于战场使用核生化武器打击的传统安全威胁，而发生于非战争时期的各类 CBRN 安全威胁。与传统 CBRN 威胁相比，非传统 CBRN 安全威胁的范围更为广泛，发生的概率也更大，虽然危害后果不如使用核生化武器等军事手段，但其可能引起的政治、经济和社会等连锁反应却不容忽视。

第一节　非传统 CBRN 安全威胁概述

一、对非传统 CBRN 安全威胁的基本认识

1943 年，美国专栏作家李普曼首次提出了“国家安全”一词。美国学术界把国家安全界定为有关军事力量的威胁、使用和控制，几乎变成了“军事安全”的同义语。但随着国际形势的发展、科学技术的突飞猛进和战争形态的变化，安全已不仅仅局限于传统的以军事安全为主体的国家安全，逐渐扩展至涉及国家制度、经济、环境、科技、生态、资源、网络和信息，以及社会群体的安全等方面。

20 世纪 70 年代以来，相对于传统武力打击的军事威胁及威胁国际安全的军事因素，学术界提出了“非传统安全”的概念。但迄今为止，对非传统安全的认识仍存在着较大的分歧，并没有形成一致的认识，非传统安全还不是一个非常清晰的、有公认定义边界的概念。

一种观点认为，“非传统威胁”导致了新的安全挑战。因此，非传统安全就是对“非传统威胁”的关注和研究。也有观点认为，非传统安全是安全研究的“再定义”结果。传统安全观念都是强调国家军事安全，冷战结束后，新的、非传统安全观念应该强调“让人民免受暴力的威胁”。其中，比较具有代表性的观点有：中国社科院王逸舟研究员在《重视非传统安全研究》一文中认为，非传统安全是指人类社会过去没有遇到或很少见过的安全威胁，

具体而言即指近些年逐渐突出的、发生在战场之外的安全威胁；上海社科院的傅勇在《非传统安全与中国》一书中认为，非传统安全是对国家主权和利益，以及个人、群体和全人类的生存和发展的非军事威胁和侵害。

从传统安全到非传统安全，并非只是简单的影响安全状态和实现安全目标的问题领域的扩大，也不是单纯的安全研究对象的扩展，它包含安全状态和安全目标的延续与发展，以及如何对安全问题做出反应等一系列重大问题。

党的十六大报告对非传统安全问题进行了较为详细的阐释，具有权威性，指出非传统安全威胁是"相对传统安全威胁因素而言的，指除军事、政治和外交冲突以外的其他对主权国家及人类整体生存与发展构成威胁的因素。"非传统安全问题主要包括：经济安全、金融安全、生态环境安全、信息安全、资源安全、恐怖主义、武器扩散、疾病蔓延、跨国犯罪、走私贩毒、非法移民、海盗和洗钱等。党的十六大报告对非传统安全问题的阐释表明，非传统威胁的主体是主权国家及人类，安全的目标是确保国家主权及人民不受侵害，安全的威胁类型是除军事、政治和外交冲突外的威胁。

非传统安全主要有以下特点：一是跨国性，非传统安全问题从产生到解决都具有明显的跨国性特征，不仅是某个国家存在的个别问题，而且是关系到其他国家或整个人类利益的问题；不仅是对某个国家构成安全威胁，而且可能对别国的国家安全不同程度地造成危害。二是不确定性，非传统安全威胁不一定来自某个主权国家，往往由非国家行为体如个人、组织或集团等所为。三是转化性，非传统安全与传统安全之间没有绝对的界限，如果非传统安全问题矛盾激化，有可能转化为依靠传统军事手段来解决，甚至演化为武装冲突或局部战争。四是动态性，非传统安全因素是不断变化的，例如，随着医疗技术的发展，某些重大流行性疾病可能不再被视为国家发展的威胁；而随着恐怖主义的不断升级，反恐成为维护国家安全的重要组成部分。五是主权性，国家是非传统安全的主体，主权国家在解决非传统安全问题上拥有自主决定权。六是协作性，应对非传统安全问题加强国际合作，旨在将威胁减少到最低限度。

本书研究的非传统 CBRN 安全威胁是相对于传统 CBRN 安全威胁而言

的，传统 CBRN 安全威胁通常是指战争时期交战双方在战场上直接使用核生化武器进行攻击而产生的威胁。随着科技进步和社会发展，逐渐地 CBRN 安全威胁不再仅仅局限于战争时期的直接使用核生化武器，而是扩展到包括战时和平时在内的几乎所有时间和空间领域。非传统 CBRN 安全威胁区别于传统 CBRN 安全威胁之处，就在于不是直接使用核生化武器。因此，次生 CBRN 危害、CBRN 恐怖、CBRN 事故均属于非传统 CBRN 安全威胁的范畴。从其产生的危害后果及后续的应对和处置方式来看，非传统 CBRN 安全威胁与传统 CBRN 安全威胁大体相同，但更加关注国计民生、人与环境的安全。

二、非传统 CBRN 安全威胁的主要形式

（一）CBRN 恐怖

CBRN 恐怖是一种特殊形式的恐怖活动，主要是指国家、组织或个人通过直接使用核生化武器、散布放射性物质、生物制剂和化学有毒有害物质，破坏核、化学及生物制剂相关设施，或威胁采取上述行动来达成某种政治或经济目的的暴力或暴力威胁行为。它是恐怖主义发展到一定历史阶段的产物。CBRN 恐怖的手段与方式主要有三种：一是直接使用核生化武器、施放或散播核生化物质以及其他方式进行恐怖活动，这是一种直接的方式，其基本条件是恐怖组织要拥有核生化恐怖手段与能力；二是对核生化相关设施实施恐怖破坏，以产生核生化危害后果，这是一种间接方式，只要恐怖组织有破坏核生化相关设施的能力，都能进行此种形式的恐怖活动；三是以威胁、恐吓、讹诈以及散布 CBRN 的威胁性言论等其他方式进行恐怖活动，从而产生巨大的社会恐慌。前两种主要是破坏，即采用暴力手段进行；后一种主要是扰乱，通过威胁和恐吓来实现。

（二）CBRN 事故

CBRN 事故，按其各个专业领域分类，有其专门的定义，而本书从宏观战略研究的角度，先将 CBRN 整合一起统一研究，研究提出了一个广义解释。这里的 CBRN 事故是指人为或非人为因素引发的各种核生化设施发生的

故障，以及核生化原材料及易燃易爆物品等在运输、储存、生产、销毁、使用等各种活动过程中产生的各种危害的统称。

CBRN 事故的主要形式有四种：一是由设备自身故障引发的 CBRN 事故；二是由人为的违规操作或误操作而引发的 CBRN 事故；三是由生产过程中的各种意外因素，如突然断电、停水、停气等导致反应失控，从而引发的 CBRN 事故；四是核生化原材料及易燃易爆物品在转运、使用、存储过程中发生的泄露、播散等事故。CBRN 事故同样会给人类生命安全、公共财产安全及生态环境造成长久的危害，其后果范围及影响程度甚至超出前面所提到的次生及 CBRN 恐怖危害。

（三）次生 CBRN 危害

所谓“次生”是相对“原生”而言的。相对于直接使用核生化武器所造成的“原生危害”，直接使用核生化武器以外的种种方式也会造成核生化物质泄漏或其他有害物质的衍生，达到类似于直接使用核生化武器的效果。

军事上这样界定次生 CBRN 危害：次生 CBRN 危害是指作战中，核生化设施遭受常规武器袭击，造成放射物质、有毒化学品、生物物质污染而产生的危害。但是，在和平时期，地震、雷击、海啸等自然灾害造成的核生化设施破坏，也会导致次生 CBRN 危害。它们虽然在发生原因上有别于常规武器打击核生化设施，但其造成的后果、危害以及处置方式等都与后者大体相同。因此，本书认为，造成次生 CBRN 危害的手段与方式主要有两种：一是战争中使用常规武器打击核电站、核设施、大型民用化工厂、化工原料储存库、炼油厂、输油管道、生物实验室等核生化设施而引发的放射性物质和有毒有害化学品、生物物质泄漏或产生其他有毒有害物质，这是一种直接的方式，可以根据战争情况，对重要目标提前进行防范；二是由自然灾害引发的核生化设施中放射性物质和有毒有害化学品泄漏或产生的大面积疫情等，这是由非人为因素造成的，可预见性较差。

第二节 非传统 CBRN 安全威胁分析

一、非传统 CBRN 安全威胁的历史发展背景

冷战结束后，国际安全环境发生了巨大变化，各国面临传统军事威胁的程度大大降低。但世界安全的深层次矛盾，如政治矛盾、经济矛盾、民族矛盾、宗教矛盾等逐渐尖锐和激化，使得非传统安全威胁日益凸显。长期受国际战略格局与安全形势的影响，非传统 CBRN 安全威胁正逐步演变成全球性的现实威胁，其中有复杂深刻的历史背景和成因，主要有以下四个方面。

一是政治权力不平等，国际秩序混乱。联合国宪章和国际法准则规定，国家不论大小、强弱、贫富，都一律平等。但历史上形成的国际旧秩序，长期存在严重的不公正倾向，成为诱发恐怖主义等非传统 CBRN 安全威胁的重要原因。近代以来，帝国主义、殖民主义对发展中国家的侵略、压迫和剥削，至今仍遗留下很多历史问题，造成一些地区的热点纷争，导致冲突和动荡，为恐怖主义滋生提供了温床。当前，仍有某些国家在国际事务中推行霸权主义，在反恐斗争中奉行双重标准，从一己私利出发，严重忽略其他国家和民族的正当权益，从而引发了一些弱势群体，为自身利益采取极端手段进行抗争，导致国际秩序的发生混乱，就可能结出像恐怖主义这样的恶果。

二是世界经济发展不平衡。经济全球化在为加强国际合作、促进共同发展带来前所未有的机遇的同时，也进一步加剧了南北、东西之间的差距，一些发展中国家面临被进一步边缘化的危险。世界经济发展的失衡所导致的部分国家的极端贫穷和落后，催生了相关国家部分民众的绝望心理和铤而走险的心态，为恐怖主义的滋生和蔓延提供了土壤，也促使一些发展中国家内部矛盾不断加剧，削弱了其应对危机，抵御自然灾害、严重传染性疾病和跨国犯罪等威胁的能力，并造成部分热点地区难民和非法移民数量急剧增加的现象。

三是人类发展与自然环境失谐。从美欧等西方国家工业革命开始，走的就是一条以牺牲环境为代价，“先建设、后治理”的发展道路。近年来，广大发展中国家也面临着类似问题。这种发展模式导致人类面临日益严重的环境安全问题，从而引起更多CBRN事件的发生。研究表明，近半个世纪以来，自然灾害的发生频率明显提高，强度明显增加。近年来连续发生的疯牛病、禽流感、SARS、甲型H1N1、西非埃博拉、寨卡病毒、非洲猪瘟、新型冠状病毒的大面积传播，已经威胁到全人类的生命安全。

四是国家间联系的迅速发展与国际危机防范机制建设不相匹配。这种矛盾使各种非传统CBRN安全威胁难以得到及时遏制。20世纪中后期以来，经济全球化和信息化技术的快速发展，生产要素流动和产业转移加快，各国相互依存日益加深，全球经济已经成为一个有机互动的整体。这为各国经济发展带来了许多有利条件，但也使得跨国犯罪日益猖獗，国际黑市的愈加嚣张，大规模杀伤性武器等的扩散更加难以防范，传染性疾病传播范围和速率明显增大。尽管国际社会为消除这些负面影响，做出不少努力，但目前尚未形成完整、系统的国际防范机制。一旦在某个国家、地区发生危机，就会“一损俱损”，出现“多米诺”式效应，影响到更大范围，而且导致类似的危机反复发生。

二、非传统CBRN安全威胁特点

非传统CBRN安全威胁的产生有其深刻的政治、社会、经济、文化、宗教原因与背景，在其自身发展的过程中，折射出各种社会矛盾与政治思潮，也包括非人为的、无意识的、偶然的事件。从政治层面、技术层面与危害后果来研究非传统CBRN安全威胁，主要有以下特点。

（一）起因多元，形式多样

非传统CBRN安全威胁具有起因多元化、威胁形式多样化的特点。除军事因素外，政治、经济、文化、思想、科技等因素及其综合影响，也成为诱发非传统CBRN安全威胁的多样化原因，如能源、资源、粮食、环境、人口、海洋、空间等现阶段尚不严重的问题，在未来也有可能成为诱发非传统CBRN安全威胁的潜在因素。除上述引发非传统CBRN安全威胁的因素外，目前非传统安全主体的多元化也是一个重要因素。随着全球化进程的不断加深，主权国家的行为方式受到制约和影响，国家已经不能单独应对经济、环境和社会等领域的非传统安全问题。以国家为中心形成了国家和各种非国家行为体(如国际组织、跨国公司、非政府组织)共同发挥作用的新安全体系。在这些因素的综合影响下，造成了非传统 CBRN 安全威胁起因多元化的特点。

从已发生的 CBRN 事件来看，其表现形式多种多样。除核生化事故外，战争引发的次生 CBRN 危害和核生化恐怖都有明确的政治目的。战时制造次生 CBRN 危害，主要是交战双方用以迟滞对方战役行动、削弱对方战争潜力、造成对方社会恐慌、打击对方战争基础。在 1999 年的科索沃战争中，以美国为首的北约对南联盟实施了 78 天的空中打击，轰炸了南联盟近千处工业设施，其中包括 20 多座大型化工厂、化肥厂、炼油厂，导致下游国家以及黑海沿岸人类及动植物的生存环境面临严重威胁。空袭引起的爆炸和火灾产生大量有害化学物质，成千上万的人被弥漫在空气中的二噁英、苯酚、铅、汞等污染物毒害。此外，还有恐怖组织、各国分裂势力和邪教组织通过使用 CBRN 极端手段来达到其不可告人的政治目的，制造 CBRN 恐怖。

除了常见的人为蓄意制造的 CBRN 事件外，还有自然灾害引发的次生 CBRN 危害，以及由于工业设备老化、人员违规操作、政府和企业的监管工作跟不上等各种因素造成的 CBRN 事故。在化学事故史上，规模最大、损失最惨重的就是印度博帕尔毒物泄漏特大事故。1984 年 12 月 3 日，印度博帕尔市美国联合碳化物公司的一家农药厂发生毒气泄漏事故，造成 45 t 剧毒的异氰酸甲酯(MIC)及其反应物迅速扩散，毒气波及 50 km^2。由于厂址处于居民区的上风地带、工厂对 MIC 的毒性和急性中毒抢救常识一无所知、工厂管理混乱、工厂缺乏防护监测预警设施、员工缺乏充足的岗位培训，致使3 500多人中毒死亡、15 万人接受治疗、5 万人双目失明，经济损失高达近百亿美元，其数目巨大，令人触目惊心。我国 2005 年发生的“松花江重大水环境污染”事件，由于中石油吉林石化公司双苯厂苯胺装置硝化单元发生着火爆炸事故，致使 5 人死亡、1 人失踪、60 多人受伤，约 100 t 苯类物质流入松花江，导致了江水严重污染，沿岸数百万居民的生活受到影响，从而一度引发当地和下游地区居民的恐慌，污染甚至殃及松花江下游的俄罗斯，造成了恶劣的社会和国际影响。

（二）突发性强，随机性大

经济全球化进程的加快和高技术特别是信息技术的飞速发展，增加了非传统 CBRN 事件的随机性，这些事件往往是在没有事先征兆的情况下突然发生，从而使防范的难度加大。

在近期发生的几场局部战争中，使用常规兵器打击核生化设施，引发次生 CBRN 危害，已成为交战双方惯用的作战手段。传统的 CBRN 威胁在对方进行打击之前会有一定的先兆，比如局势失控、战争升级等。而使用常规兵器打击核生化设施，既可以收到与核化攻击相似的结果，又无国际公约限制，不承担违约风险，因此，交战双方可以根据需要随时进行打击，使对方无法准确预测。

突发性，是 CBRN 恐怖一贯追求的效果，也是 CBRN 恐怖的显著特点。为增大恐怖活动的突然性，通常采用长期策划、突然实施的方法进行恐怖活动，即使是号称具有世界最先进侦察技术和手段、保持高度警戒的美国，依旧是恐怖事件不断。一是从时间上看，CBRN 恐怖行动的时机高度机密且很难固定，既可能在重大节假日、纪念日或者有某种象征意义的时间实施，也可能在平时任意时间实施；二是从空间上看，CBRN 恐怖的目标具有广泛性，可以是党政机关、重要会议场所、各国使领馆、商贸中心、供水系统、机场、车站、码头等，只要能引起慌乱或关注，就有可能成为恐怖分子实施攻击的恐怖目标；三是从恐怖组织来看，国际化特征日益明显，恐怖活动不再局限于某个国家或地区，多点同时实施，更加难于监测和侦破；四是从恐怖分子来看，由于进行 CBRN 恐怖不像武装袭击和武装劫持那样要求系统严格的训练，因而实施恐怖的“杀手们”容易寻找、容易培训；五是从恐怖介质来看，即 CBRN 物质，如放射性物质、剧毒化学品、生物粉末、新型炸药等，体积小、威力大，携带起来非常方便，可以经过巧妙伪装，采用隐蔽手段实施突然袭击。例如，日本东京地铁沙林事件就是突发性恐怖活动的一次典型案例。1995 年 3 月 20 日，在早晨上班的高峰时间，日本东京地铁霞关、筑地等 16 个车站遭到奥姆真理教恐怖分子的沙林毒气袭击，造成 12 人丧生，5 500 多人受伤，1 036 人住院治疗。

相对于 CBRN 恐怖而言，CBRN 事故虽然在防范上相对简单一些，但是其发生也具有突发性、随机性，特别是在很多运输过程中及化工设施的化学事故都在早晨、傍晚和夜间，无法提前预见。例如，浙江海正药业原料泄漏爆炸事故发生于凌晨零时 20 分，北京怀柔氰化氢泄漏事故发生于傍晚 19 时，南昌“4·20”氯气泄漏事故发生于傍晚 20 时 50 分左右，导致群众反应仓促、盲目行动，受害极大。此外还有，2015 年发生的“天津 8·12”化学品仓库爆炸事件和 2019 年发生的江苏“3·21”响水化工厂爆炸事件等重特大事故，也均是发生于夜晚，造成了重大人员伤亡和经济损失，后果严重，持续时间长，影响深远。

（三）危害严重，影响广泛

非传统 CBRN 安全威胁带来的直接后果和间接后果都相当严重，尤其是核生化物质，较小剂量的扩散就能够造成大规模的杀伤效果，而且对环境污染危害严重。

放射性物质扩散造成的政治代价和经济代价将是不可估量的。一般放射性物质的半衰期较长，作用时间长，如果不迅速控制污染源的话，污染面积和受照人群数量将会大幅增加，严重时将使危害区域的正常生态秩序难以恢复，甚至荒芜和废弃，有的地方可能长期成为无人区。后果最严重的是 1986 年的切尔诺贝利核电站事故，造成的经济损失约 100 亿卢布，共有十多个国家受到波及。在核事故最外围的监督区（距事故中心点 10～30 km），将近 30 万的居民被迫紧急撤离。虽然事情已经过去 30 多年，但它产生的后期效应至今尚未完全消除，周边区域仍然荒无人烟。而日本福岛核事故距今已经过去 9 年了，对各方面的持续危害影响还远未消除。

化学源储量较大，突发后浓度高、剂量大，易形成毒气带，并向周围几千米，甚至几十千米以外的区域扩散。据不完全统计，现已知的有毒化学物质至少有 10 万余种，半致死剂量小于 10 mg/kg 的高毒性物质约 5 000 种，半致死剂量小于 1 mg/kg 的剧毒化学品也可达 3 000 种，较大毒性的化学毒物已不下万种。重庆天然气井喷事故中，发生井喷的罗家 16 号矿井所在气田共有五六百亿立方米的天然气储量，是西南地区的大气田，也是高含硫气田，因此事故发生后很快就造成了大面积危害。2015 年“8・12”天津滨海危化品仓库特大爆炸事故，造成 165 人死亡，8 人失踪，并造成了数百亿人民币的财产损失。该危险品仓库储存有四大类几十个品种的易燃易爆危险化学品，发生连锁爆炸化学反应，给救援处置造成极大困难。2020 年 8 月 4 日，黎巴嫩首都贝鲁特港口区仓库 2750 t 硝酸铵发生剧烈爆炸，造成至少 170 余人遇难，6000 余人受伤，贝鲁特约 40% 区域被毁，基础设施损失超 200 亿美元。

生物毒素等物质传染性极强，其毒性大、感染剂量小，极少量的病原体侵入动物机体便会感染发病，导致疾病大范围传播和蔓延，并造成大量伤亡。例如，飞机布撒生物毒素，在下风向可造成几百或几千平方千米的污染区，投下的带菌昆虫、动物等各种媒介可在相当大的活动范围内造成大面积的污染，假如不及时处理，将会在更大的范围内传播。21 世纪先后暴发的 SARS、禽流感、MERS 等全球大规模传染疫情，加之此次暴发新冠疫情，危害时间之长，危害范围之广，危害程度之深，危害损失之大，都是历史罕见！每一次瘟疫都是一场战争，经济民生损失重大。当年 H5N1 禽流感暴发时，美国流行病学家评估认为，若在美国发现而不加干预，可能会导致多达 1 900 万美国人死亡，其规模可与 1918—1919 年发生在西班牙的感冒相当。

三、对非传统 CBRN 安全威胁的总体判断

近年来，全球面临的非传统 CBRN 安全形势复杂、严峻。世界范围内涉及非传统 CBRN 安全的事件、事故频繁发生，CBRN 恐怖事件及次生灾害呈上升趋势。

一是世界各地 CBRN 恐怖活动日益猖獗。从东京地铁沙林事件、莫斯科伊斯马伊洛夫公园核恐怖事件，到美国炭疽恐怖事件，再到伊拉克简易化学弹事件与不断发生的自杀式爆炸事件，不断发生的 CBRN 恐怖除了威胁人民生命财产安全，还给人们心理造成巨大恐慌。

二是世界范围内 CBRN 安全的事件、事故频繁发生，诸如，SARS、非洲猪瘟、埃博拉、新冠肺炎等大规模流行性传染病等公共卫生事件时有发生。关于 CBRN 事故的报道充斥荧屏。随着全球工业化进程快速发展，由核

与放射性物质、危险化学品等的生产、储存、运输造成的各种 CBRN 事故发生频率不断呈现上升态势，且核化设施多分布于人口密集的城市地区，极易造成重大人员伤亡、经济损失和严重的环境污染。

三是次生 CBRN 危害潜在威胁依然存在。从近期的几场局部战争看，使用远程精确打击兵器打击对方核化工业设施引发次生核化危害，从而影响对方作战行动、削弱对方战争潜力，已成为现代战争的重要手段。科索沃战争中北约使用常规武器打击化工设施，致使南联盟石油化工城“潘切沃”成为一座“死城”；中东地区冲突中，沙特炼油厂和油田遭到无人机攻击后起火，一度引发国际原油价格动荡。

当前，尽管国际社会在反恐、卫生防疫、防灾减灾、打击跨国犯罪等领域不断努力，也已取得了很大成果，但是非传统 CBRN 安全威胁不可能在一朝一夕被清除，它将作为一种特定的社会现象，长期存在，且有可能呈现上升势头，其后果将愈加严重，其影响也将愈加深远，并将随着时代的发展而发生相应的变化，成为影响国家稳定、危害地区安全与世界和平的重要因素。

第三节　非传统 CBRN 安全威胁防范策略

一、政策法规

非传统 CBRN 事件的频繁发生，引起了国际社会的高度重视。国际组织与各国政府纷纷出台相关政策法规，以法律的形式保护本国公民的合法权利，同时为军队、执法部门提供了防范、响应、打击非传统 CBRN 事件的必要依据。

（一）国际通用政策法规

针对非传统核与辐射安全威胁，国际社会制定了《核安全公约》《核材料实物保护公约》《不扩散核武器条约》《及早通报核事故公约》《核事故或辐射紧急情况援助公约》《制止核恐怖主义行为国际公约》、国际原子能机构（IAEA）2014—2017年核安保计划等，通过加强核安保措施，实现世界高水平的核安全，有力地促进了国际核安全合作，也为各有核国家制定相应的核安全法规提供了共同的参照系。

针对非传统化学安全威胁，国际劳工组织、联合国环境规划署、禁止化学武器组织、政府间化学品论坛、联合国危险货物运输专家小组委员会等国际机构，分别制定了《关于作业场所安全使用化学品的公约和建议书》《里约环境与发展宣言和21世纪议程文件》《禁止化学武器公约》《巴伊利亚化学品安全宣言》《关于危险货物运输建议书规章范本》等一系列国际公约/协定，建立了国际化学品安全管理合作体制及化学品风险评价和风险管理等方式，促进了全球化学品安全、人类健康和环境保护。

针对非传统生物安全威胁，联合国环境规划署、世界卫生组织和粮农组织联合专门成立了非正式的关于生物技术安全的特别工作小组，签署了《21世纪议程》和《生物多样性公约》两个纲领性文件，开放签署了《〈生物多样性公约〉的卡塔赫纳生物安全议定书》，并制定了《生物多样性公约》《禁止生物武器公约》《日内瓦议定书》等一系列条约，对保障生物技术健康发展、防范负面效应具有重要的意义。

这些针对非传统CBRN安全威胁出台的国际法规将反CBRN威胁国际合作推进到一个新台阶，为有效地防范CBRN安全威胁，特别是在限制扩散、打击恐怖犯罪等方面发挥了重要作用。

（二）世界主要国家的政策法规

1. 美国

“9·11”事件以后，美国高度关注大规模杀伤性武器（WMD）的扩散问题。2002年12月白宫公布的关于《应对大规模杀伤性武器的国家战略》（NSPD-17）是建立防扩散安全倡议的基础之一。2003年5月31日，为了协调各国在防扩散领域的合作，美国总统布什提出了防扩散安全倡议（PSI）。其主要目的是防止大规模杀伤性武器的扩散，加强反扩散相关演练，促进国际合作，增强参与国的能力，阻断WMD的运输扩散。截至2009年1月

22日，共有93个国家参与了防扩散安全倡议行动。其主要目的是提高协调能力，增加做出阻止决定的能力。据美国国务院统计，到2008年防扩散安全倡议已在70个国家进行了36次的空中、海上和陆地组织行动演练。基于对国家安全考虑和对该倡议的不同理解，目前，中国、印度、巴基斯坦、印度尼西亚、马来西亚5个国家没有参与防扩散安全倡议。此外，美国重视通过立法来界定政府机构在紧急情况下的职责和权限，理顺各方关系。

据统计，美国先后制定了上百部专门针对自然灾害和其他紧急事件的法律法规，且经常根据情况变化进行修订。例如，针对非传统核与放射性安全威胁，美国制订了《放射性弥散装置和粗糙核装置事件防护行动应用导则》《大规模杀伤武器防御法》《联邦辐射应急响应计划》（FRERP）等，为核恐怖与核事故等提供了行动指南。针对非传统化学威胁，美国制订了《有毒物质控制法》《职业安全与卫生法》《危险物质运输法》《应急计划与公众知情权法》《综合环境响应、赔偿和责任法》等一系列法律，来加强化学品安全管理和化学危害应急响应的相关工作，并通过联邦应急管理署《应急计划技术指南》、OSHA标准《高危险化学物质生产过程安全管理》、环境保护署标准《风险管理计划》等对企业事故应急也提出了要求。针对非传统生物威胁，美国先后制订了《防止生物恐怖袭击法案》《21世纪的生物防御》、生物盾牌计划等，加强生物恐怖的防范和处置能力建设，并通过《重组DNA分子研究准则》《生物技术管理协调大纲》《实验室生物安全指南》的颁布实施，规范生物技术管理的法律框架，保障生物技术研究安全。

2. 俄罗斯

俄罗斯完善的法律法规是其CBRN事件应急机制的重要保障。在应对非传统核威胁方面，俄罗斯通过了《关于保护居民和领土免遭自然和人为灾害法》《事故救援机构和救援人员地位法》等，规定在发生紧急情况时，联邦政府可借助该法律协调国家各机构与地方自治机关、企业、组织及其他法人之间的工作，规定了救援人员的救援权利和责任等。例如，针对非传统生物威胁，俄罗斯以宪法和紧急状态法为基础，制订了《俄罗斯联邦紧急状态法》《俄罗斯联邦战时状态法》《联邦公民卫生流行病防疫法》等，明确提出了实施生物安全的体制、机制和措施。

3. 英国

在防范非传统 CBRN 威胁方面，英国新修订了《公民应急法(2005 版)》及其配套实施的《应急准备》《应急响应与恢复》《中央政府的应急安排》等，建立了一整套完善的法律法规及制度。在应对 CBRN 恐怖威胁方面，英国通过了《北爱特命全权法》《防止恐怖主义法》《反恐怖斗争法》《2000 年恐怖主义法案》等法律法规，防范和应对恐怖袭击，特别是 CBRN 恐怖袭击；颁布了《生物化学物品管理条例》，通过法律与制度建设规范生物安全。

4. 日本

日本在防范突发事件和灾害立法方面建有完善的体系，《紧急事态法》是灾难管理的法律基础。在非传统核威胁方面，日本实施了“核灾害事件应急特别方案”，指定了灾害事件的综合应急指挥中心，对核设施的安全性实施严格的控制。在非传统化学威胁方面，日本先后颁布了《化学物质审查和生产控制法》(化审法)、《有毒有害物质控制法》《农用化学品控制法》《工业安全与卫生法》《禁止化学武器及特定化学品管理法》《特定危险废物进出口控制法》等 20 余项有关化学品安全管理的法律法规，是世界上第一个通过制定化学物质控制法对安全性进行控制的国家。在非传统生物威胁方面，日本全面开展了防御生物武器袭击和恐怖对策研究，确立了《处理生物化学恐怖政府基本方针》，制订了《发生大规模恐怖袭击时政府的对策》和《可能产生炭疽病菌等污染时的对应》等文件，并多次修订相关法律，颁布生物技术安全管理条例和准则，提出了具体应对措施和行动预案。

二、防范策略

(一)综合防范功能概述

针对传统与非传统的 CBRN 安全威胁，要采取全方位的防范措施，涉及多个方面及多个技术领域，见图 1-1。单就非传统安全领域而言，本书参考了美国国土安全部的相关评价方法，认为：非传统 CBRN 安全威胁的综合防范不仅仅是单纯的防护，还应扩展到打击与防护的相结合，具体分为三个方面：预防、保护和响应。

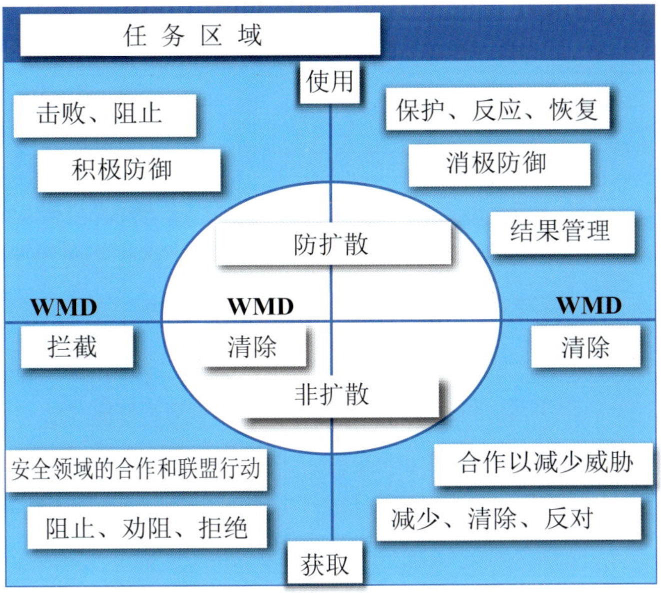

图 1-1 CBRN 危机应对要素

1. 预防，是降低非传统 CBRN 安全威胁程度，最有效地避免或减少损失的最积极途径，并尽可能将威胁消灭在萌芽状态。目前，国外非传统 CBRN 安全威胁的预防措施主要包括：制定相关法律法规；加强对重点核生化设施和场所的防控能力和防护水平；强化安全管理措施，严格控制放射性物质、化生危险品的生产、采购、运输和使用等各个环节；先期打击，直接消除恐怖威胁来源等。

2. 保护，即采用各种技术手段，加强各类威胁防范预案可执行性，减轻核生化威胁的后果。目前，国外非传统 CBRN 安全威胁的保护措施主要包括：对国防基础设施和周边建筑物进行保护，加强救援人员和平民的个人防护措施等。

3. 响应，作出全面反应，包括危机处置和后果处置。目前，国外非传统 CBRN 安全威胁的响应措施主要包括：控制危险源、营救受害人员、评估危害程度、消除危害后果等。

针对上述三个方面，研究提出了以每一方面为基础的防范和应对非传统 CBRN 安全威胁的功能概念，确定了 11 种子要素，反映了非传统 CBRN 安全综合防护的各个因素，见图 1-2。

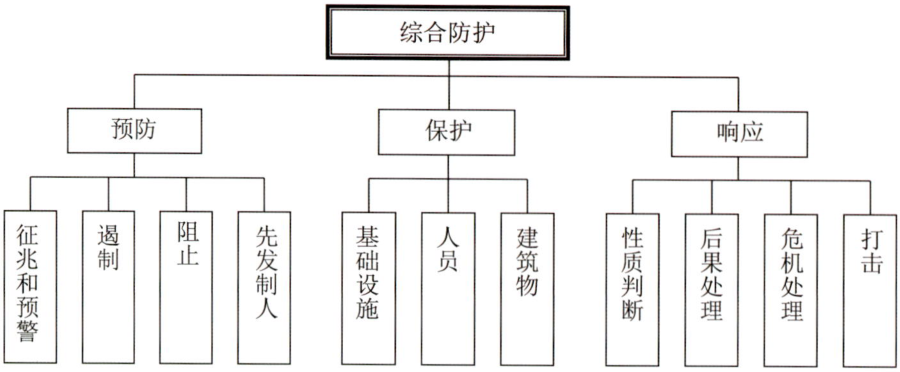

图 1-2　非传统 CBRN 安全威胁综合防护功能

（二）防范功能要素分解说明

1. 预防

征兆和预警：改进和研制用来识别、监视和追踪非传统 CBRN 安全威胁的装置，对战争态势的升级、恐怖活动信息进行早期报警以便采取保护措施。研究发展战场侦察报警系统以及远距离发现 CBRN 威胁的装置能力，加强周围环境的安全措施并增加预警时间，以便采取反击行动。

遏制：提高发现非传统 CBRN 安全威胁的能力。进行更有效的“入口检查”，提高周围环境的安全，从而遏制敌方和恐怖分子的攻击；如果敌方和恐怖分子得知先发制人打击及报复能力时，同样也能起到遏制作用。还包括布设可靠的探测系统等以阻止恐怖分子进入预定目标，预防阻止核材料、化生制剂等的递送。

阻止：阻止恐怖分子进入潜在的目标区是防止 CBRN 威胁发生一个重要方面。采取要地防空、限制重点设施、工厂、机关等单位的进出等有效的手段，并辅之以先进的威胁探测与隔离系统，就能够防范敌方的远程打击和防止恐怖分子进入预定的目标，从而可以阻止其活动。

先发制人：进攻是最好的防守，在预计可能发生核生化威胁的潜在后果非常严重的情况下，采取快速而精确的先发制人打击是能避免威胁的重要方法。

2. 保护

保护基础设施：要注意保护国防基础设施的关键组成部分，包括通信网络、运输系统、输电网、天然气和石油输送系统、食品及饮用水供应系统。维持这些设施的正常运转对军队处置行动的计划和实施至关重要。

保护人员：采用能够防护核辐射、化学毒剂、危险化学品、生物战剂的防毒面具和单兵监控装置等人员保护设备，要求能对人员起到很好保护作用。

保护建筑物：需要在建筑物上加装防核生化的集防装置；开发更能探测、发现入口处的人员、车辆、货车携带核化放射性物质的能力；为建筑物内人群提供防护放射性物质、化学毒剂，以及生物战剂的保护设备等。

3. 响应

性质判断：采用先进的侦察检测装备提高能够快速、可靠鉴别事件性质的能力，计划并实施适当的处置行动，采取有效措施防止可能的再次攻击。

危机处理：发展更加强大的发现、诊断、控制、缓和、拆毁恐怖分子化生威胁装置的能力，将降低许多攻击的破坏性；并采用防护装备和消除(洗消)装备控制、减低现场的危害程度。

后果处理：改进后果响应的处置措施和装备(包括处理大规模的伤亡以及大规模的人员洗消、环境治理)，减轻核生化危害的影响，快速恢复，尽可能消除可能带来的远期生态环境危害。

打击：在恐怖分子攻击时能遏制将来可能出现的攻击破坏行动。将部队的伤亡及误伤事件(尤其是解救人质时发生的)产生的危害降到最低，必须具有更快速、精确、高效的打击能力。

三、防范机制与力量建设

世界各国均认识到防范机制和应急响应力量建设是应对非传统 CBRN 安全威胁的根本，积极从法律法规、组织机构、装备技术、训练演习等四个方面加强非传统 CBRN 事件应急响应力量的建设。

(一)组织机构

1. 国际安全管理组织机构

(1)国际原子能机构(IAEA)

国际原子能机构是为和平利用原子能而建立的政府间组织，属联合国的专门机构之一，宗旨是谋求加速和扩大原子能对全世界和平、健康及繁荣的贡献；并尽其所能，确保由其本身或经其请求、或在其监督或管制下提供的援助不被用于推进任何军事目的。

(2)核应急响应中心(ERC)

核应急响应中心虽然是国际原子能机构的下属机构，但具有相对独立的职责和作用，是对全世界范围内的核放突发事件进行应急响应的核心单位，是 IAEA 负责核事故或辐射应急情况通报和应急援助请求的主要行动中心。

(3)组织间化学品健全管理规划(IOMC)

组织间化学品健全管理规划是联合国环境规划署、国际劳工组织、粮农组织、世界卫生组织、联合国工业发展组织、联合国训练研究所、经济合作与发展组织联合成立的，旨在促进和协调各组织单独或联合开展化学品安全管理活动。

(4)澳大利亚集团

澳大利亚集团于 1985 年成立，其目的是在防止化学、生物武器扩散，对化学、生物两用品及设备和技术的出口控制方面加强协调，统一步调。目前，澳大利亚集团有 43 个成员国，每年举行例会，探讨如何通过提高各参加国出口许可措施的有效性，以防止潜在的恐怖分子获得研制生化武器所需的各种原料。

2. 世界主要国家的代表性组织体制

(1)美国

在应对非传统核威胁方面，美国的核应急体制是由美国联邦应急管理局(FEMA)、能源部(DOE)和核管理委员会(NRC)共同管理的。联邦应急管理局在美国国家应急计划的框架内协调各种灾害管理，能源部下属的核应急管理局主要负责美国军用核设施和核活动的应急管理，核管理委员会主要负责美国民用核电以及核技术应用的应急管理。

在应对非传统化学威胁方面，美国建立了完整的化学品安全和环境管理立法体系，主要由联邦环保局、职业安全和卫生管理局、消费产品安全委员会、食品和药品管理局四个联邦当局来管理，负责监管化学品寿命周期全过程中的各个阶段。

在应对非传统生物威胁方面，美国建立了由国土安全部牵头，国防部为后盾，卫生系统为骨干，公共卫生研究院所和医药产业机构为基础，多机构、多部门联合参与协作的生物响应处置体系。

（2）俄罗斯

在应对非传统核威胁方面，俄罗斯的核应急管理主要由紧急情况部负责，在发生人为和自然因素造成的突发情况时提供紧急救助。此外，俄还建立了专门反恐机构——联邦反恐危机处理机构，由总统统一领导。

在应对非传统生物威胁方面，俄罗斯的生物安全和生物恐怖活动预防涉及多个政府部门：卫生部对危害人体健康的病原体有关的研究所和企业的活动进行监督，农业部负责监督对危害动植物的病原体有关的研究所和企业的活动，工业与科学技术部监管基因工程。

（3）英国

在应对非传统生物威胁方面，英国建立了由应急委员会和内政部负责、各相关部门协调配合的新体制，以处理包括生化袭击在内的各种突发灾害，负责制定应急计划，协调政府各部门的应对工作。此外，英内阁办公室还设立了民事突发事件秘书处，主要负责向首相报告可能引发危机的各种事件，对各种突发事件的监测和协调指导，建立突发事件分析监测网络，以及政府和民间机构的组织协调。

（4）日本

在应对非传统核威胁方面，日本核事故对策总部由经济产业省、科技厅、防卫省、警察厅、厚生省、农水省、国土厅、海上保安厅、气象厅和消防厅等部门组成，统一指挥消灾对策的所有活动。日本核能安全组织（JNES）主要负责对核电设施的安全监管力度。核动力工程设计试验中心（NUPEC）是经济产业省的一个下属事业单位，承担核应急技术支持及有关核安全的研究和开发工作。

在应对非传统化学威胁方面，日本厚生劳动省在化学品安全管理上拥有较多职权，负责《化学物质审查与生产控制法》《有毒有害物质控制法》《医药品法》《食品卫生法》《工业安全和卫生法》等法律的执法责任。此外，厚生省与经济产业省、环境省共同负责《化学物质审查与生产控制法》的监督管理。

（二）装备技术

目前，非传统 CBRN 安全威胁的防范装备技术尚未形成体系，许多装备技术尚在研究之中，但鉴于非传统 CBRN 安全威胁的预警与处置与 CBRN 武器袭击的处置具有较大的技术共性，本书成体系地研究提出了 7 种装备技术：核与辐射监测装备技术、化生侦检报警装备技术、防护装备技术、洗消装备技术、模拟与评估技术、应急指挥通信装备技术、医疗救治技术。国外 CBRN 威胁综合防范装备建设主要有 3 种通用做法：一是直接利用现有的技术和装备；二是立足现有装备技术基础，对已有的防化兵、工程兵的军用技术装备、环境保护器材、消防器材、工业安全器材、医疗设备等各类器材设备加以利用与改造，初步建立实用的非传统 CBRN 安全威胁防范装备技术体系；三是根据需求，采用先进技术发展专用装备。

1. 核与辐射监测装备技术

国外应对非传统核威胁的装备技术主要包括核与放射源辨识、危险性评价、放射源控制、危险核事故预防、应急救援等装备技术，其中核辐射监测与评价是防范和处置核与辐射事件的重要内容，也是对公众实施防护行动决策的基础，这些技术装备是应对非传统核与辐射危害体系建设的基础。

从目前发展看，现有核监测技术和装备可较好地投入核生化威胁的综合防护中。一方面，核爆监测技术已考虑到战时保障部队作战指挥和公众对核武器的防护两方面的内容。另一方面，核辐射探测装备重量、体积在不断缩小，测量和判读日益简化，量程和精度进一步提高，测量辐射种类增多。这些装备通常可直接用于核恐怖活动的监测，同时对核武器或放射性材料的监控和监测也起到了重要作用。

2. 化生侦检报警装备技术

美、俄、英、法等发达国家的军队已建立起了比较完整的核生化侦察体系，装备有大量先进的侦察器材，直接用于应对核生化恐怖活动的可行性也较大。已有的侦检器材可以在各种方位、时间、波段进行侦察；可检测传统的毒剂、部分生物战剂和可能出现的新型毒剂；而且核生化的检测和报警一体化的趋势非常明显。近年来，美国、俄罗斯甚至台湾地区纷纷开发研制了集核、放射性、化、生取样、监测、分析、报警和通信功能为一体的快速、大面积侦察系统，这些都是对付核生化恐怖威胁的有效工具。

3. 防护装备技术

许多国家的防毒面具目前都已具有高效通用化的特点，能对付各种已知毒剂，而且佩戴气密性好，具有优异的使用性能。防护服具有多功能一体化的特点，近年来人们除关注防护服的技术指标和性能外，也越来越注意它的舒适性和适用性。同时，一些国家防护服和防毒面具的规格很多，逐渐形成系列化，甚至包括提供给婴儿使用的防护器材。这些防护装备在应对核生化恐怖中必将起到关键作用。同时，在处置核生化恐怖活动过程中，还可以利用集体防护装备开展指挥和控制、医疗救援以及人员从染毒区域撤离等工作，也可以为响应人员提供休息、吃饭、临时脱去防护装备的场所。

4. 洗消装备技术

随着该领域基础研究取得的进展，许多国家正致力于不断改善和提高现有装备的性能，研究、生产与装备新型洗消器材，以适应多层次、各种目标的快速、高效洗消的需要。现有的许多洗消装备也可用于核生化袭击后的后果处置和救援活动中。如，简易自消器材可对染毒人员皮肤或所携带的物品进行局部的应急性洗消。专业救援人员可采用高温、高压小流量的洗消技术，利用高压喷射冲洗、高温分解等手段，快速、高效地进行洗消。在恐怖袭击范围较大时，还可以使用多功能、大规模洗消器材来进行洗消。

5. 模拟与评估技术

CBRN 恐怖袭击危害后果受多种复杂因素的影响，对核生化恐怖袭击危害后果的评估是反恐指挥与减灾救援的重要决策依据。一些国家已针对不同的目标设计对应的数学模型。如，美、德等国已研制了对核放射剂量进行评估的系统，美国研制了反恐怖用气象资料和分散评估系统等。

6. 应急指挥通信装备技术

近年来，适应信息化建设的发展趋势，很多国家投入了大量的经费对非传统 CBRN 安全威胁后的应急响应指挥通信设备进行了改造研究。目前，国外在应急指挥通信方面开展的主要工作，一是建立完善应急响应网络，二是加强技术改造和通信协议标准的制订，三是建立各级监控系统，营造信息流通环境；四是进行模拟场景的仿真训练等。

7. 医疗救治技术

由于潜在的放射性物质、化学毒剂、生物战剂、爆炸物多种因素杂糅在一起，导致对人员的伤害绝大部分都是复合伤害，救治难度相对较大。因此，许多国家正在为应付这些危险进行各种药品和器材的准备，公共健康基础设施——医院必须具有能迅速解决由 CBRN 袭击引起的危机的能力。如美国疾病预防与控制中心制订了战略计划，以五个焦点领域为基础，对各个领域进行了综合训练和研究。

第二章　非传统 CBRN 安全威胁

进入21世纪，核生化环境更加复杂化，不确定性更强。核生化威胁多重发展的趋势更加明显，传统核生化安全威胁与非传统核生化安全威胁相互交织，核生化恐怖及核生化事故威胁进一步凸显，次生核生化威胁进一步加剧，自然灾害衍生的核生化威胁及公共卫生安全事件时有发生。

第一节　非传统核与辐射安全威胁

与以使用核武器为打击手段的传统核安全威胁相比，非传统核与辐射安全威胁的范围更为广泛，发生的可能概率也更大；虽然危害的后果可能不如使用核武器等军事手段打击更为直接，但其可能引起的包括政治、经济和社会稳定，以及生态环境等连锁效应却不容忽视。而且，随着非传统核与辐射安全威胁形势日趋严峻，各类核与辐射恐怖事件发生可能性的增长，其防范也越发引人关注。

一、非传统核与辐射安全威胁的内涵

目前，学术界对“非传统核与辐射恐怖安全威胁”尚没有权威定义，为了便于此领域研究的开展，我们在“诸子百家”观点之上，尝试将“非传统核与辐射安全威胁”做出界定。我们认为，所谓的“非传统核与辐射安全威胁”是相对于传统的军事上的核武器威胁而言，其涵盖范畴包括核与辐射恐怖事件、核与辐射事故/事件和次生核与辐射危害等。海湾战争和科索沃战争后，次生核与辐射危害曾一度是军事学术界探讨的热门话题，但是，近年来也有研究人员认为其涵盖范围应更为广泛，包含因核电站、核材料仓库、放射源、核材料工厂、核原料储存仓库等核设施或载有核与放射性物质的运输工具受到蓄意攻击，或由于设施/运输工具自身故障、人员失误、自然灾害(如地震、雷击)等非主观原因，造成放射性物质泄漏或产生其他具有放射性沾染的有毒有害物质，从而对人员和环境造成的类似于直接使用核武器的危害。

本书研究认为，一般所指的次生核与辐射危害更贴近于最初人们所研究的次生核与辐射危害，即战场次生核与辐射危害，是指战争中的某一方

使用非核武器(常规武器)对另一方的核设施、核仓库等进行破坏、摧毁并引发大量放射性物质泄漏、扩散和传播，导致出现大范围的放射性物质沾染或污染，形成具有使用核武器后所呈现的某些伤害特征的战场核危害环境。虽然次生核与辐射危害的最特殊之处在于它的战场环境，但是次生核与辐射危害与核与辐射事故/事件在应急管理、预防、处置和恢复等方面有诸多互通之处，所以我们在开展研究工作时会根据其特性进行有针对性的研究。

严格意义上的核事故是指，由于链式核反应的失控、放射性物质的失控外逸所造成的任何意外的事故的统称；核事件是指核设施偏离正常运行的工况。即初始事件，或初始事件和单一故障同时发生，或几个事件和故障同时发生。鉴于核与辐射事故和事件的共通性，我们将其划为一类进行研究，为了行文便利，此后皆称为核与辐射事故。另需说明的是，本书所指的核事故，不仅单指核电站核事故，而且指由其他核活动产生的核事故，如核动力卫星坠落、核潜艇的核泄漏、放射源走私、丢失等。

对于“核与辐射恐怖事件”的概念，本书认为是指恐怖组织或个人利用放射性散布装置(“脏弹”)、粗糙核装置甚至核武器实施的恐怖袭击事件，或者是恐怖组织或个人对各种核设施实施恐怖袭击的事件。

二、非传统核与辐射安全威胁的可能性

据国际原子能机构数据库信息显示，放射性恐怖袭击随时都有可能发生，涉及裂变材料、工业和医学放射性同位素的走私事件的数量在增长。事实上，这一数字的确在增长：在1993到2004年间，共发生了21件涉及裂变材料的走私案件，400多起非法买卖可以制造放射性布撒装置(RDD)材料的案件。人们总是认为此类走私行为都是从俄罗斯和原苏联地区向外输送的，但是同一时期(10年时间)却有700多起高辐射材料是从他处走私到俄罗斯的，这反映出苏联国家之间危险品交易的一种状态。2008年，瑞典警方破获了一起企图炸毁奥斯卡港核电站反应堆的图谋，警方在核电站抓到了两名携带爆炸物的工人。事件突出了本来“没有关切”的国家相关设施的潜在风险，也再次证实了核电站可能始终都是核恐怖袭击的热衷的目标。

鉴于高浓缩铀或者钚能够制成简易核弹，恐怖组织将无需通过参照有核国家的模式掌握核武器，目前世界上日渐兴旺的黑市交易就能给恐怖分

子提供自主研制核弹所需要的原材料。截至2015年12月，国际原子能机构事故与非法交易数据库系统记载的涉及核裂变材料盗窃、丢失和企图非法销售或者越境非法交易的事件就达到2 889起。因此，使用简易核装置实施恐怖袭击既非难以置信，也非不可能实现。

美国参议院对外关系委员会在2005年关于扩散威胁和响应的调查报告中有这样一份问卷，如果未来10年内发生核袭击，那么谁更有可能发动这种袭击，是政府还是恐怖分子？结果受调查的85位专家中有67位认为更有可能是恐怖分子，见图2-1。

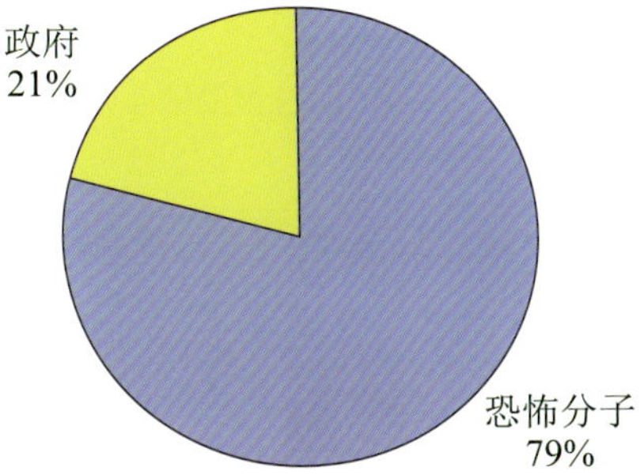

图2-1 恐怖袭击发动者调查

同样，还是美国参议院对外关系委员会2005年的调查，即未来5年内，见图2-2，和10年内，世界范围内发生核袭击，包括核爆炸的可能性是多少的问卷结果显示：大约有60%(82人中的49人)的受调查专家认为5年内发生袭击的可能性至少为10%，约三分之一的人(26人)认为其概率在20%以上，9人认为至少在50%以上。还有6个专家认为其概率接近于零。总体说来，39%(82人中的32人)认为其概率为5%或更低。

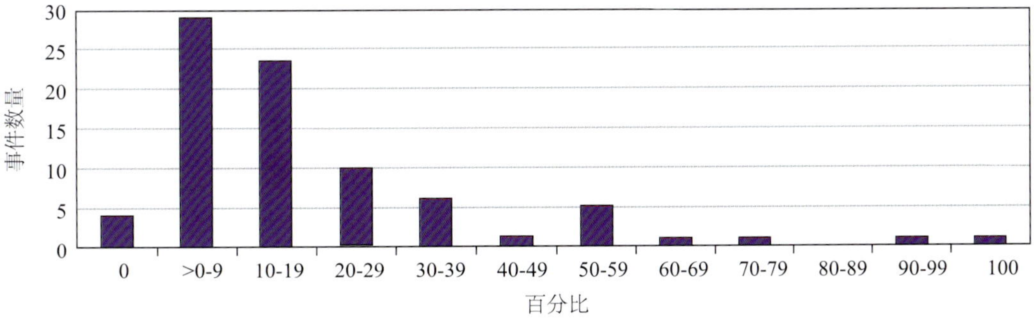

图2-2 未来5年内发生核袭击概率

当将期限延长至10年时，受调查人员则显现的比较悲观。认为发生这种袭击的可能性则大大增加，62%（79人中的49人）的被调查对象认为其发生的概率为10%~50%，见图2-3。

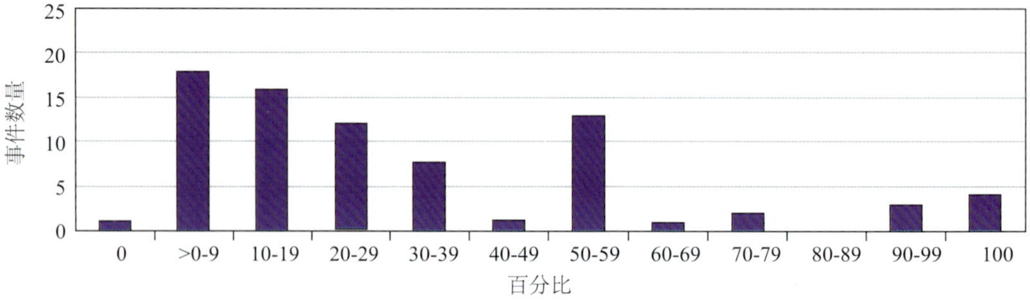

图2-3　未来10年内发生核袭击概率

三、非传统核与辐射安全威胁的主要形式

（一）核与辐射恐怖

有关核和辐射恐怖的定义，在第59届联合国大会2005年4月13日一致通过的《制止核恐怖行为国际公约》中有如下解释：鉴于核与辐射恐怖的现实威胁，公约第2条明确规定了核与辐射恐怖事件所涵盖的范围。

一是本公约所称的犯罪是指任何人非法和故意：

1. 拥有放射性材料或制造或拥有一个装置：

（1）目的是致使死亡或人体受到严重伤害；或

（2）目的是致使财产或环境受到重大损害；

2. 以任何方式利用放射性材料或装置，或以致使放射性材料外泄或有外泄危险的方式利用或破坏核设施；

（1）目的是致使死亡或人体受到严重伤害；或

（2）目的是致使财产或环境受到重大损害；或

（3）目的是迫使某一自然人或法人、某一国际组织或某一国家实施或不实施某一行为。

二是任何人实施以下行为也构成犯罪：

1. 在显示威胁确实可信的情况下，威胁实施本条2（1）所述犯罪；

2. 在显示威胁确实可信的情况下通过威胁或使用武力，非法和故意索要放射性材料、装置或核设施。

三是任何人实施本条第一款所述犯罪未遂也构成犯罪。

四是任何人实施以下行为也构成犯罪：

1. 以共犯身份参加本条第一、第二或第三款所述犯罪；或

2. 组织或指使他人实施本条第一、第二或第三款所述犯罪；或

3. 以任何其他方式促进以共同目的行动的群体实施本条第一、第二或第三款所述犯罪；促进行动应当为故意的，并且是为了助长该群体的一般犯罪活动或目的，或明知该群体有意实施有关犯罪。

2002 年，美国国家反恐科技委员会出版的《美国科技反恐概要》将核和放射性恐怖对国土安全的威胁大致分成以下 3 类，并列出了核与辐射威胁矩阵图表，见表 2-1—表 2-3。

表 2-1　国家拥有的核武器

威胁分类	威胁描述	威胁等级	可能的后果	发生的可能性	技术和政策挑战	减轻的方法
国家拥有的核武器	偷盗和转移国家拥有的核武器，经过改造后针对美国的目标和资源使用	美国：低——核武器保护得好，战术核武器共同许可权，防止不受权滥用；英国、中国、法国、以色列：低——与美国和俄罗斯相比核武器数量少而且保护得很好；巴基斯坦、印度：中——核武器保安由军队控制，但政局不稳；俄罗斯：中——拥有大量的核武器，数量难以控制	可能是悲惨的——大量人员伤亡，对经济、政治沉重的打击	在未来 5 年发生概率减低，但突袭的可能性增大	偷盗和转移核武器无需国家的帮助，而且无法探查，如果盗窃发生在俄罗斯；偷盗或转移的核武器可能转为恐怖使用；走私到美国的高富铀武器难以探测和恢复	提高预警和报知能力；加强俄罗斯和巴基斯坦核武器储存地和边境的保安；在美国进出口和重点目标加快部署传感器阵列；研究、宣布威慑恐怖国家使用核武器的政策；提高发现源的能力

表 2-2　简易核装置

威胁分类	威胁描述	威胁等级	可能的后果	发生的可能性	技术和政策挑战	减轻的方法
简易核装置	偷盗或转移特殊核材料用于制造简易核装置，攻击美国目标或资源(设施)	美国：低——特殊核材料保护得好；英国、中国、法国、以色列：低——拥有的特殊核材料数量少而且保护得好；俄罗斯：高——拥有大量的特殊核材料储存在许多地方，缺少确切的统计数字，难以控制，本土威胁增加	可能是悲惨的——大量人员伤亡，对经济、政治沉重的打击	在未来5年发生概率减低可能，但突袭的可能性大	偷盗和转移核武器无需国家的帮助，而且无法探查未加工的高富铀，不用得到国家帮助就能制造武器；以高富铀为原料的简易核装置走私进美国，难于被发现和清除；现场第一响应者有伤亡或失去行动能力	提高预警和报知能力；俄罗斯的特殊核材料存储设施加强其储存地和边境的保安，加快俄罗斯的高富铀混合步伐；在美国进出口和重点目标加快部署特殊核材料探测传感器阵列；加强高富铀的遥感探测能力；研究、宣布威慑恐怖国家使用简易核装置的政策；提高发现源的能力

表 2-3　放射性袭击

威胁分类	威胁描述	威胁等级	可能的后果	发生的可能性	技术和政策挑战	减轻的方法
核电站	来自地面和空中的袭击，袭击民用核电站	高——美国境内大约有超过100个被袭目标	不定，或反应堆关闭，或核心部件彻底垮台，伴随着大量放射性泄漏	近期存在发生像“9·11”那样的袭击的可能性	阻止飞机袭击核电站，那会对被袭目标释放大量的能量	完成对核电站攻击目标的分析；加固核电站弱点设施，增大安全系统的冗余
研究性反应堆	来自地面和空中的袭击	高——大约有36座正在运行的核反应堆	几乎不产生或产生微量放射性	近期还不明确	针对各种形式的攻击进行保安	使现场储存的燃料数量最小化

续 表

威胁分类	威胁描述	威胁等级	可能的后果	发生的可能性	技术和政策挑战	减轻的方法
干湿储存的用过核燃料	对核燃料储存池或干储存桶进行攻击	高——目标遍布所有的商业核电站设施	几乎不产生或产生微量放射性	未来5年发生类似“9·11”的袭击的可能性大，但目标难于定位或严重毁坏	阻止飞机袭击核电站，那会对被袭目标释放大量的能量	完成对用过核燃料储存地攻击目标的分析；转移易遭袭的用过核燃料
放射性源	以“脏弹”的形式袭击或在公共场所放置辐射源	非常高——放射性源在世界范围内数量众多且分布广泛	几乎不会造成人员死亡，但造成巨大的心理恐慌和经济秩序混乱	高——材料和方法是现成的，而且几乎没有预防措施	培训处置这类袭击的现场响应者	增强现场第一响应者的能力；加强普及教育
放射性废物	同上	非常高——放射性废物全世界范围内到处丢弃，没有得到保护	轻微的——多数放射性废物可能被恐怖分子用来从事一般破坏活动	高——材料和方法是现成的，而且几乎没有预防措施	培训处置这类袭击的现场响应者	增强现场第一响应者的能力；加强普及教育

1. 偷盗国家所有的核武器或核武器部件，经过必要的改良被恐怖分子使用。

2. 简易核装置(IND)：通过偷盗或挪用特殊材料产生制造的简易核装置。

3. 攻击核反应堆及用过的核燃料或攻击放射性装置。

参照美国的分类方法，归纳起来，我们将核与辐射恐怖事件大致可分为以下两大类：“放射性散布事件”和“核武器或简易核装置恐怖袭击事件”。

“放射性散布事件”是指使用一定的方式来散布放射性物质的恐怖事件。它包括使用放射性散布装置来散布放射性物质、使用其他手段攻击固定核设施从而引起放射性物质弥散和爆破未产生核裂变的核武器(即“哑弹”)。

“核武器或简易核装置恐怖袭击事件”是指使用核武器或“粗糙核装置”实施的恐怖袭击事件。恐怖组织或恐怖分子获得核武器的途径主要是通过盗窃、走私、贩卖等手段或通过盗窃、走私、贩卖等手段获得武器级核材料自行制造出粗糙核装置。

在以上两类核与辐射恐怖袭击事件中，前者发生的可能性较大，但其危害程度相对较小。后者发生的可能性则相对较小，但一旦发生，产生的危害较大。

(1)放射性散布事件

①“脏弹”袭击

恐怖分子对其选定的目标实施放射性“脏弹”袭击，造成人员伤亡或放射性沾染。根据“脏弹”的性质和爆炸发生时的大气条件，以及爆炸发生时放射性物质所附着的微粒或其他物质，袭击后产生的放射性微粒或金属小碎片等随风飘散，会使较大范围的地面和各种设施的表面受到放射性污染。通常，“脏弹”袭击后人员受到的大多数照射是微弱的，不足以直接致死，主要的影响仍然在人类健康和社会心理方面。

②攻击或蓄意破坏核设施

核反应堆、核燃料贮存池、核燃料后处理设施、核燃料运输车辆、高放废物场所等都是恐怖分子攻击的潜在目标。但是，这些核设施的安全保护措施较为严密，要成功偷袭一座核动力反应堆并非易事，需要大量的人力物力。当恐怖分子达到其攻击目的时，这些核设施中的放射性物质会向大气中弥散。这种高放射性水平的放射性物质弥散，会对公众产生健康危害。一般来说，其波及的范围较小。

(2)核武器或简易核装置恐怖袭击事件

人类迄今为止经历过两次核武器爆炸，分别是第二次世界大战末期美国在日本广岛和长崎投下的绰号为“胖子”和“小男孩”的原子弹。目前，核武器的控制权和使用权仍掌握在国家政权手中。恐怖分子若要获得核武器，其主要的途径是通过盗窃；获得简易核装置的主要途径是通过盗窃、购买武器级核材料，在掌握核武器制造原理后自行制造。这两种途径的可能性是较小的，但并不能完全排除。

①偷原子弹的可能性

目前，世界上9个有核国家中，俄罗斯的战术核武器存在较大安全隐患。俄罗斯的战术核武器散布在50个仓库内，大约有4 000件战术核武器为作战部队所有，存放在仓库中的核武器大约在1万至1.5万件以上。俄罗斯战术核武器仓库甚至缺少用来防止未经批准擅自使用这些武器的电子字组编码，安全隐患十分突出。

核弹头必须要进行比较频繁的维护保养，这些弹头每6~7年就要运到维护保养基地保养一次，以清除同位素的衰变。但是，由于俄罗斯经济情况的糟糕，使这些弹头拆卸工厂设备老化严重，且存在不同规模的盗窃情况。

由于资料来源的限制，美国、苏联战术核武器迄今没有一个较为确切的统计数字，它们也不包括在任何削减军备的协定条约之中。简而言之，战术核武器确实处于失控状态，即使流失也不为世人所知，这使得恐怖组织较可能获得小型核武器。

②制造原子弹的可能性

国际核走私目前大有越演越烈之势，按照黑市上比较高的价格，1 kg武器级铀价值50万美元，1 kg钚至少价值100万美元，如此高昂的利润，使走私者铤而走险。20世纪90年代中期，欧洲市场上的核材料已达200 kg以上。苏联境内更拥有庞大的核储藏，据美国人估计，20世纪90年代末俄罗斯大约有1 000 t武器级浓缩铀，大约可以制造65 000件核武器。此外，苏联还拥有大约160~200 t武器级钚，可供制造16 000~32 000件核武器。

理论上，恐怖组织只要掌握了原子弹的构造设计图和足够的高纯度浓缩铀，就可以造出一枚最初级的原子弹。因此，恐怖组织要造一个粗糙核装置是有可能的。

但从早期核武器的威力和制造核武器的难度来看，恐怖组织最多能造一枚威力为10 000 t TNT当量的粗糙核武器。尽管这样的核武器的杀伤力听起来似乎很小，但其爆炸影响仍然要远远大于1995年4月19日美国俄亥拉荷玛市联邦大楼发生的爆炸。

几年前，美国参议院对外关系委员会曾对恐怖分子最有可能采取的获取核武器途径进行调查，见图2-4，结果显示，受调查的82位专家有45位即55%的人认为恐怖分子在获得核材料后会自己制造核武器，其余37位即45%的人认为恐怖分子更有可能直接购买核武器。而对于恐怖分子采用何种途径获得核武器或核材料的调查

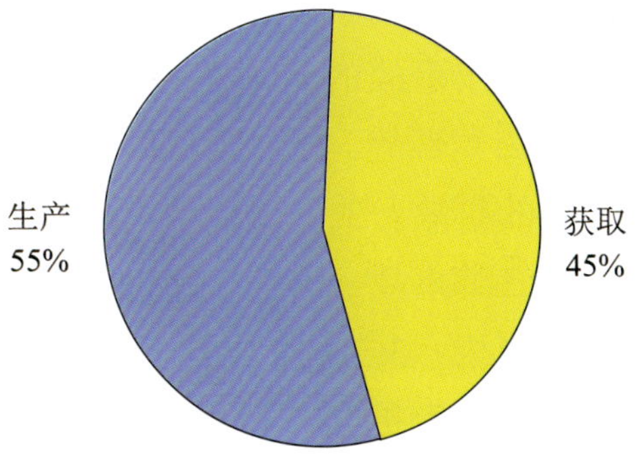

图2-4 恐怖分子获取核武途径调查

显示，83 名受调查者中有 63 人认为恐怖分子会从黑市购买(单独选择或与其他选项共同选择)，而核武器拥有国直接向恐怖分子输送核武器或核材料的可能性则最低，仅有不到 10%的人单独选择了这种可能，而另外 8 名专家和其他选项一道选择了这种可能，见图 2-5。

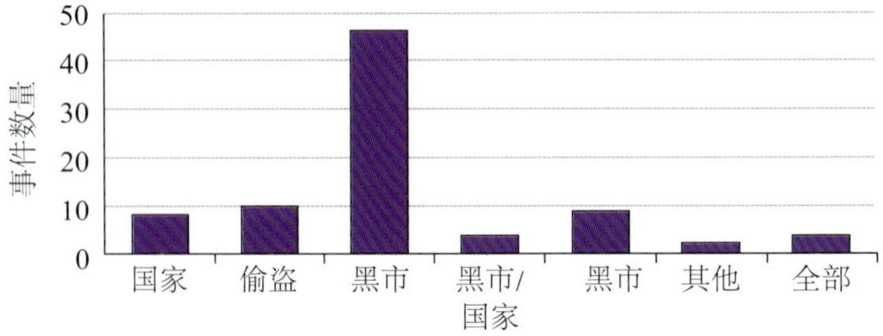

图 2-5　恐怖分子最可能采用的获取核武器或核材料的途径

综合认为，第一类：IND 或盗窃核武器的恐怖袭击核爆炸，概率很小，灾难性后果极大。第二类：核设施遭常规爆炸恐怖袭击导致放射性源项向环境释放，概率中等，后果可能较大，甚至是灾难性的。第三类：使用 RDD(“脏弹”)的辐射恐怖事件，概率较大，主要造成社会心理与经济灾难性后果。

(二) 核与辐射事故/事件

核与辐射事故，严格意义上讲，按核设施与核活动分类，包括核反应堆事故，核燃料循环设施事故，放射性废物管理设施事故，核燃料或放射性废物运输和贮存事故，用于农业、工业、医学和有关科研目的的放射性同位素的生产、使用、贮存、处理和运输的事故，用放射性同位素作空间物体动力源的事故，以及武器库事故。

若按事故的严重程度分类：一类事故，尚未导致放射性物质逸出的事故；二类事故，在发生有害变化的情况下，放射性物质释放量已达到下列水平的事故：3.7×10^{4} 贝可(Bq)的惰性气体，3.7×10^{11} 贝可(Bq)的放射性碘；三类事故，在发生有害变化的情况下，放射性物质释放量达到下列水平的事故：3.7×10^{16} 贝可的惰性气体，3.7×10^{13} 贝可的放射性碘；四类事故，在发生更为严重的有害变化情况下，由于缺少技术保护及控制措施，导致堆芯熔化，放射性物质释放量可能达到 1.4×10^{19} 贝可的惰性气体，6.7×10^{18} 贝可的放射性碘。国际核事件分级表将核事件分为 7 级，其中1~3

级为事件，4~7 级为事故。中华人民共和国国家标准《辐射防护规定》确定，核辐射事故为辐射源失控引起的异常事件，它能够直接或间接地产生对生命、健康的危害或财产的损失。按其性质分为 5 类：超剂量照射事故，表面污染事故，丢失放射性物质事故，超临界事故和放射性物质泄漏事故。本报告所研究的核与辐射事故范畴除了严格意义上的核事故外，还包括其他核活动产生的核事故等。

目前，我国已有放射源用源单位近万家，放射源数量估算在 8 万枚以上，随着我国国民经济及社会的快速发展，核放物质的需求量越来越大。辐射事故发生的概率还会有所上升。

（三）次生核与辐射危害

本书中所研究的次生核与辐射危害主要包含战场次生核与辐射危害和平时由各种原因引发的核与辐射灾害，即是指因核电站、核材料仓库、放射源等核设施或载有核与辐射物质的运输工具受到蓄意攻击，或由于设施/运输工具自身故障、人员失误、自然灾害等非主观原因，造成的放射性物质泄漏或产生其他有毒有害物质，从而对人员和环境造成的核与辐射危害。鉴于对因恐怖袭击而导致的次生核与辐射危害已经单独展开研究，这里的次生核与辐射危害研究便不再包含此一部分内容。

从海湾战争和科索沃战争来看，利用空中打击和精确制导武器打击重点目标已成为现代战争的一种重要方式。科索沃战争中，以美国为首的北约运用五环目标理论调整传统打击次序，见图 2-6，除了首要打击的国家及军队的首脑机关、战略指挥系统、国家防空系统和信息传输中心外，其次要打击的就是重要的经济命脉——能源系统、交通设施、工业系统和后勤

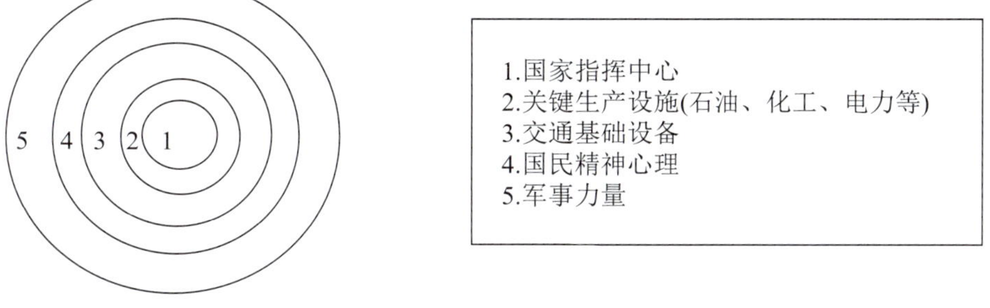

图 2-6　五环目标理论

服务型设施。战争中打击对方的核化设施可谓一举多得：第一，打击核化设施能起到类似核和化学战的效果，而不受到公约制裁；第二，摧毁国家战争潜力，破坏能源供给；第三，迟滞部队作战行动，分散部队作战力量；第四，造成大面积、长时期的核、辐射或化学污染，影响国民战争意志。可以预见，未来战争中，核化工业及其设施将成为敌人重点打击的目标之一。

作为最高效的能源之一，核能的开发和利用业已成为当今世界解决能源紧张的一个重要途径，同时也是一个国家科技发达程度的重要标志。目前，我国除了已投入运营的秦山、大亚湾、连云港、岭澳等47台核电机组外，还有13台核电机组在建。这些核设施，都有可能成为战时敌人的重点攻击目标，潜在的次生核危害不容忽视。

另外，我国在东海油气田问题上，还存在与日本发生冲突的可能性，一旦台海或东海问题恶化，我国华东、华南核设施很有可能会遭受对方及其盟军制导武器攻击。我国核电厂在不断增加，一旦发生战争，这些核设施遭受攻击的风险巨大。另外，无论是台海还是东海，都不能排除美国实施干预的可能性，如果美国直接参与战争，直接发动对我国的攻击，那么我受攻击的范围将会扩大到许多重点城市，乃至全国。这样我国所面临的核与辐射次生危害的风险将会大大增加。

四、非传统核与辐射安全威胁的主要特点

非传统核与辐射威胁与传统核威胁相比有明显的变化，其特点表现主要为以下几点。

（一）非传统核与辐射威胁的发生防不胜防

相对而言，传统的核威胁其威慑成分更大一些，一般在发动核打击之前会有一定的先兆，比如战争升级、局势失控等。而非传统核与辐射威胁的发生则往往没有事先征兆，或者说缺乏情报来源。比如说核与辐射恐怖事件，其防范非常困难，国外已有多起案例均是在看似保安措施极好的情况下发生的，即使像美国这样科学技术发达、恐怖高度警戒的国家，依旧是恐怖事件不断。在我国，对于恐怖分子活动情报的掌握还不尽人意、反恐作战理论及硬件配备上还存在许多差距，可想而知，核与辐射恐怖袭击

的防范是多么困难。另外，核恐怖袭击的目标具有广泛性，恐怖针对的目标可以是党政机关、重要会议场所、外国驻华使领馆、商贸中心、供水系统、机场、车站、码头，只要能引起动乱或国际关注，恐怖目标任由恐怖分子挑选。核恐怖袭击还具有很大的突然性；恐怖目标往往是普通的民用设施和一般民众，这些群体不可能经常处于防护和戒备状态，所以这种恐怖手段本身就具有很大的突然性；再者核恐怖本身也具有散发式的突然性，具有时间、空间上的无关联性和分散性的特点，可以突然出现在人们的平静生活中。因此，核恐怖防范极其困难。

与核与辐射恐怖袭击相比，核与辐射事故/事件虽然在防范上相对简单一些，但是其发生仍具有不可预见性。就核电站而言，尽管目前的核电技术取得了长足的进步，核电站的安全性能得以大大提高。但是，据美国研究报告显示，美国现运行的 103 座核电站其设计抗袭击的能力没有一座能够经受得起“9・11”那样的空中袭击。尽管“9・11”后美国联邦航空局在核电厂周围设立了禁飞区，但是却明确显示出核电站易受空中袭击的脆弱性。

近年来，核材料的失窃、走私和放射性源的失窃、废弃(成为无人看管的“孤儿源”)，含放射性废金属的非法交易等都可能成为恐怖主义组织与成员实现核恐怖活动的物质资源，是发生核恐怖事件的一种潜在危险。据统计，全世界核仓库有 30 000 件核武器(美、俄占 95%以上)；军民用钚-239 有 450 t 和高富集铀有 1 700 t；有超过 1 000 个遥控治疗放射源(钴-60)；重大工业辐照源设施全世界约有 300 个，用于工业辐射照相的铱-192 年供应量达 10 000 个。至于“孤儿”源，在全世界每年被遗弃、盗窃的工业与医用放射源达数百个。特别要关注的是用于热电发生器锶-90“孤儿”源，其活度相当于切尔诺贝利事件释放的锶-90 总量。

近年来，全球核材料的失窃事件仍然在不断发生。国际原子能机构数据显示，仅在 2013 年，全世界报告的有关核材料和放射性物质违法交易和失窃事件就多达 146 例。据统计，2014 年，全球共发生 170 起相关案件，核材料或放射性材料被报失踪、失窃或脱离政府管控，其中有 70%的案件发生在美国、加拿大和法国。

截至 2014 年年底，国际原子能机构共计收到 442 件关于未经授权获取核材料及相关违法行为的报告，714 件关于核材料偷窃与遗失相关行为的报告，1 526 件关于其他涉核材料非法行为的报告。其中十几起非法持有事件涉及可以制造核武器的高浓铀和钚，凸显了核安全问题的严峻性。这些材料一旦流入黑市，落入恐怖主义分子之手，极有可能造成灾难性的后果。

2016 年 4 月 1 日《参考消息》报道，目前世界各地的钚和浓缩铀可以制造出 2 万颗与轰炸日本广岛的原子弹相同当量的原子弹。而据国际原子能机构统计，1993 年至 2011 年，全球有 2 164 起涉及核及其他放射性材料遗失、盗窃和非法获取事件，平均每年多达 120 余起。

核材料走私活动也日益增多。如果恐怖分子获得核武器或核材料，并发动核恐怖袭击，将对人类造成严重危害。因此，确保核武器和核材料的安全、减少核扩散，是国际社会的当务之急。

（二）非传统核与辐射安全威胁样式繁多

2001 年“9・11”事件以来，世界上各种形式的爆炸事件、劫持人质事件等恐怖活动频繁发生，且呈现出升级和蔓延之势。

非传统核与辐射恐怖威胁包括核与辐射恐怖袭击、次生核危害和核与辐射事故/事件，其涵盖领域非常广泛。单就恐怖袭击而言，恐怖分子可以采用的核与辐射恐怖袭击的手段就非常多。例如，恐怖分子掌握核武器后就有可能用其直接攻击重要目标；还可利用由普通爆炸物(如 C-4 炸药)引爆，装填有放射性物质制造的“脏弹”或贫铀弹直接打击也是恐怖分子可能采取的打击措施。另外，恐怖分子还有可能发动类似“9・11”那样的袭击，从空中破坏核电站、核试验场所等常规核设施。一旦这些目标遭到袭击或破坏，就会造成严重的后果，灾难之巨大，影响之深远可想而知；次生核与辐射危害是另外一种重要的威胁样式，在最近几场战争中，利用常规武器打击核化设施，引发核化危害，已成为美军惯用的作战手段。用常规武器打击这类目标尚无国际公约限制，不承担违约风险，却可以收到与核化攻击相似的结果。虽然到目前为止，尚没有真正实施对核设施的精确打击，但是，一旦有战事发生，通过打击核设施来达到作战目的绝对会是作战双方认真考虑的一种选择；除了上述两大类威胁外，还有各种各样的核与辐射事故/事件。目前，全国已有记录统计的数据显示放射源用源单位 8 300 多家，放射源总计达 63 700 余枚，其中有约 30%的放射源未在卫生部门办理许可登记，待处理的废弃放射源超过 13 800 枚。但据专家估计，全国放射源总数应在 8 万枚以上，其中相当比例的放射源没有得到有效控制。这些都可能随时成为潜在威胁。

（三）非传统核与辐射安全威胁后果严重

核与辐射恐怖袭击在瞬间杀伤人员的同时，还能造成大面积放射性沾染。生产设施和生活环境污染，周围群众被迫迁移，有的地方可能长期成为无人区。由于核袭击毁伤污染范围大，受放射性沾染的人员多，救援和救治难度较大。

核恐怖发生后，如果不迅速控制污染源的话，在自然环境作用下，随大气流动和人员流动其扩散范围会急剧增大，污染面积和受照人群数量大幅度增加，严重时将使危害区域的正常秩序难以恢复，甚至荒芜和废弃。假如核恐怖事件发生在重要的政治、生活集中区（这些区是恐怖分子的首选），政治代价和经济代价将是不可估量的。

再者，一般放射性物质的半衰期较长，作用时间长，核恐怖事件造成的生态环境污染所引起的致癌、致基因突变作用也需要在较长的一段时间内才能显现出来，甚至在几年、几十年后仍能产生危害效应，而且很难彻底消除。海湾战争和科索沃战争中美、英大量使用贫铀弹，10 多年后伊拉克境内癌症的发病率比 1990 年增加了 4 倍。

（四）非传统核与辐射安全威胁造成的后果心理冲击强烈

核武器在战场上使用会对人员产生强烈的精神震撼作用，成为削弱部队战斗力的重要因素。核恐怖对人员造成的心理恐慌远大于传统的恐怖手段，一旦在人口集中的大城市实施核恐怖袭击，除将对人的肌体造成严重损伤外，还将对人的心理造成长期的伤害，造成社会大范围的精神恐惧。日本广岛、长崎的原子弹爆炸、切尔诺贝利核泄漏事故对本国人民乃至世界人民的震撼依然存在，任何有关核恐怖的威胁信号都使人们心理上出现恐慌，正常的社会交流和经济活动都陷入停顿，国际间的正常交流也会受到影响。

2009 年 7 月 17 日，河南开封杞县因“发生核泄漏”“核泄漏造成多人死亡”等传言而引发杞县县城居民“大逃亡”，最终促使了杞县县城“十室九空”。这是一起由于当地政府对相关信息处置不当，舆情引导和管理失控造成的恐慌事件。而真正导致这场“大逃亡”的却是一个月前该县一家工厂发生的一起生产事故。6 月 7 日，杞县利民辐照厂在利用钴-60 对辣椒等农作物进行辐照时，发生卡源事件，钴-60 无法恢复至原来的安全储存位置。事件发生后，环保部立即组织专家组赶赴现场，监测环境并制定处置方案。得出的结论是：没有发生泄漏，放射源处于安全状态，环境和公众均是安全的。

五、代表性事件

（一）切尔诺贝利核事故

1986 年 4 月 26 日，乌克兰切尔诺贝利核电站 4 号机组发生核事故，30 人因这次事故而死亡。事故发生的原因是此类反应堆设计存在严重缺陷，操作人员在事故发生时严重违反操作程序。根据事故后果，这次事故被定义为 7 级，即特大事故。这是迄今为止发生的最严重的一起核事故，造成了巨大的经济损失和严重的社会影响。

1. 事故过程和后果

切尔诺贝利核电站采用大型石墨轻水反应堆（LWGR-1000 型，以前称 RBMK-1000 型），用石墨作慢化剂、轻水作冷却剂。正常运行规程中严格限制在低于 700 MW 热功率下运行。1986 年 4 月 25 日，切尔诺贝利 4 号机组按计划在停堆前进行一项低功率试验，试验开始后，反应堆在热功率 200 MW 下继续运行。此后不久，事故保护信号动作，反应堆应当停堆。但试验人员为了在第一次试验不成功后保留再次试验的可能性，闭锁了这一事故保护信号。之后不久，反应堆功率开始上升，机组值班主任命令把所有控制棒和快速停堆棒插入堆芯。此时自动调节棒已在堆芯，而其他所有控制棒几乎都已从堆芯安全抽出，不可能迅速地将反应堆停下来。堆芯开始全面出现正反应性，反应堆在 4 s 内达到额定功率的 100 倍，燃料释放的巨大能量最终引起了爆炸，掀开了 1 000 t 重的反应堆盖板，切断了反应堆盖板上两侧的冷却管道。在 2~3 s 后，发生了第二次爆炸，进而引起石墨的燃烧。

切尔诺贝利核事故造成 30 人死亡（其中 28 人死于过量辐射，2 人死于爆炸），均为核电站的工作人员和消防人员，无一公众因受辐射剂量死亡。除儿童甲状腺癌的发生率有十万分之一增加外，至今未发现其他可归因于这次事故的癌症发生率。由于儿童甲状腺癌治愈率高，14 年内仅有 3 名患者因得此病而死亡。

切尔诺贝利核事故后的头几个星期里，当地生物群尤其是被毁反应堆四周数千米内的针叶林和田鼠(小鼠)群受到致死剂量。到 1986 年秋季，剂量率下降到原来的 1/100。到 1989 年，当地生态系统开始恢复。没有观察到对动物群体或生态系统的持续严重影响。可能的长期遗传学影响及其意义有待研究。

事故中释放的放射性物质组成比较复杂，碘和铯的放射性同位素具有最重要的放射学意义：碘同位素放射性半衰期短，在短期内有较大的放射学影响；铯同位素半衰期约为几十年，在长期内有较大的放射学影响。释入空气的放射性物质广泛分散，并最终沉积于地球表面，在北半球的许多地方都可测到这种物质。

2. 事故处置过程及采取的应急措施

事故发生后，核电站和当局立即采取了一系列的应急措施。核电站首先采取的应急措施是灭火和稳定反应堆，到凌晨 5 点大火被扑灭。为了限制事故后果，减少放射性的释放，军用飞机向核电机组投入碳化硼、白云石、黏土和铅来覆盖毁坏的核反应堆，大大减少了放射性的释放。4 号机组发生事故后，与 4 号机组相邻的 3 台机组相继停止运行。同时，对核电站的场区分区段进行了去污。为控制放射性物质的释放，包容反应堆堆芯的残留物，1986 年 11 月为 4 号反应堆修建了被称为“石棺”的封隔构筑物。

场外应急措施主要包括：对场外公众采取了隐蔽、疏散和服用碘片等防护措施。根据辐射监测的结果确定了安全撤离路线，疏散并对疏散人员的皮肤进行去污、更换衣服。为防止放射性碘(主要是碘-131)在甲状腺的积累，发放了稳定的碘化钾。数万头牲畜从污染区迁走，采取了许多防止或减少水体和地下水源受污染的措施，禁止食用当地相当大范围内所产牛奶和其他食品。按污染的测量水平，对 30 km 半径以内分 3 个区加以控制，并在这些区域的边界上控制人员和车辆的往来。对反应堆场外 7000 km^2 污染地区内的房屋，特别是公共建筑(学校、幼儿园等)进行了反复的去污，不能去污到可接受水平的旧房予以拆毁和焚烧。

切尔诺贝利核事故后，LWGR 型反应堆的安全性引起了广泛的关注，1987 年至 1991 年，所有的切尔诺贝利型 LWGR 型反应堆进行了安全改进工作，找出并处理了此类反应堆最严重的问题，减少了反应性空泡系数，提高了紧急停堆系统的效率，加强了运行组织管理。

（二）三哩岛核事故

美国三哩岛核事故是至今商用轻水堆核电厂最严重的事故，反应堆堆芯严重损坏，部分堆芯发生熔化。在这之前，对核电厂会发生严重事故只是假定是可能的，三哩岛核事故使人们相信严重事故确实会发生。按照国际核事件分级表，此次事故被定义为5级，即有场外危险的事故。

1. 事故过程简介

1979年3月28日凌晨，三哩岛核电厂2号机组正在接近满功率运行。由于蒸汽发生器的冷却丧失，核反应堆和汽轮机自动停止运行，3个辅助给水泵自动起动，但因给水管上的阀门在检修后忘了打开，蒸汽发生器得不到必要的冷却，致使蒸汽发生器烧干并且不能冷却一回路冷却剂。一回路的温度和压力上升，过压使得卸压阀自动打开，但是这个阀门未能回座，造成一回路三分之一多的冷却剂（约121 m^3）从系统中流失（失水事故）。在初始事件后两分钟，应急堆芯冷却系统投入运行，将新的冷却水注入一回路系统。然而电厂运行人员错误地认为一回路已经注满了水，因而在几分钟后关闭了高压应急注入系统。在事故开始后大约两小时八分钟，运行人员发现稳压器阀门是打开的，关上阀门才停止了反应堆冷却剂的流失。在事故发生大约3.5 h后，大量高压冷却水注入，结束了堆芯过热熔化。

2. 事故的影响和教训

从事故过程可以看出，设备的故障、设计的缺陷和工作人员的错误是事故的原因。尽管堆芯严重损坏，放射性裂变产物大量从燃料中释放出来，但由于安全壳的包容作用使得释放到环境中的放射性物质很少。

三哩岛核事故对环境的影响微不足道，对公众未造成任何辐射损伤，但经济损失几乎使核电厂业主破产。据估计，三哩岛2号核电机组的基建投资为8亿美元，而事故后的恢复工作在10年期间已耗资10亿美元。

从三哩岛核事故吸取的教训，使全世界核电厂的安全得到了很大的改进。在以往核电厂的安全考虑中没有适当地包括人的因素，这一认识大大提高了以后核电厂设计和实际运行中的安全水平。

（三）日本福岛核事故

2011年3月11日13时46分，大地震和海啸引发日本福岛核电站核泄漏事故。福岛核电站因海水灌入导致断电，其4个核反应堆中有3个先后发生爆炸和堆芯熔毁，造成灾难性核泄漏，被定为7级特大核事故。大量放射性物质释放到空气和海洋中。造成日本两万多平方千米陆地放射性剂量严重超标，东部大面积海域受染，放射性核素扩散到北半球部分地区。核事故发生后，日本政府以福岛第一核电站为中心分别划出了半径20 km和20~30 km的强制疏散区域和建议疏散区域。核电站周边23万人撤离，1.6万人受照剂量超标，实为21世纪以来最大的环境灾难。事故后继有关核电站报废、核污染消除、核能政策等一直是日本媒体和民众关注的焦点。

1. 核反应堆发生“堆芯熔化”事实被瞒报

2016年5月30日，东京电力公司相关负责人在记者会上承认，过去5年有关福岛第一核电站辐射泄漏事故相关反应堆“堆芯损伤”的说法，是隐瞒了事实。事实是，核反应堆发生了更为严重的“堆芯熔化”。5年过去了，核电站周边20 km依然是禁区。迄今，依然有大约10万名福岛居民过着背井离乡的避难生活。福岛第一核电站的报废工作量巨大，对日方来说，核污水处理、反应堆冷却、核燃料的取出转移等都是没有先例的难题，每一项工作都充满危险和不确定性。据东京电力公司推测，整个事故核电站的报废工作可能要花费三四十年时间。

2. 核污染水大量流入海洋，破坏生态环境

福岛第一核电站每天有至少300 t遭受核污染的地下水流入海洋，且这种情况可能从核事故发生后一直存在。此外，核物质扩散，它影响的不仅仅是水，还包括大气，现在包括东京在内的日本广大地区都受到放射性核污染。根据日本政府向国际原子能提交的报告中称，一二三机组中泄漏至大气的放射性物质容量相当于160枚广岛原子弹，泄漏到空气中的核物质会随着空气、雨水降到土壤，对整个生态造成非常大的影响，造成的环境污染，目前仍未得到彻底控制和清除。据英国《卫报》2014年3月10日报道，在日本福岛核电站核事故3周年纪念日前一天，美国核管理委员会前主席、Tepco高级顾问戴尔·克莱恩（Dale Klein）警告称，东京电力公司最终可能

别无选择，只能将大量受到放射污染的水排入太平洋中。

美国伍兹霍尔海洋研究所专家肯·比塞勒说，福岛核事故对海洋的影响是空前的，因为80%的泄漏都进入了海洋。日本海洋大学副校长、日本海洋学会副会长神田穰太展示了海洋放射性物质模拟动态图，显示现在太平洋西侧海域的放射性铯水平反而没有东侧的放射性铯水平高，这说明随着洋流运动，放射性铯已经到达美国西海岸。北美科学界已经有了实地调查证据。美国《国家科学院学报》去年刊登加拿大贝德福德海洋学研究所科研人员的报告说，在北美太平洋一侧沿海检测出了来自福岛核事故的放射性物质。这种放射性污染可能对海洋鱼类和生态系统造成影响。在这方面日本已有较多调查结果，如青山道夫发现福岛附近海域的鲟鱼体内放射性铯浓度依然很高，还有日本国立环境研究所等机构发现，在福岛第一核电站附近 30 km 海域内，一种名为疣荔枝螺的小型海螺已完全不见踪影。

另一个让人头疼的问题是，装满了大约 1 000 个储水池的污染水会随着时间逐渐泄漏。冷却水在被送入储水池之前，该核电站的运营商东京电力公司会除去其中含量最多的核污染物——铯，但水中仍然含有高浓度的放射性锶和氚。2016 年 2 月据报告，厂区内锶水平出现了一个尖峰，这可能表明有储水池泄漏。所以，东京电力公司在尽全力清理储存水中几乎所有的放射性物质——除了氚，它实在难以被分离。然而，由于这些储存水中氚的浓度远高于世界卫生组织规定的饮用水水平。由于熔化的燃料依然会通过放射性衰变放热，东京电力公司需要一直向反应堆建筑物泵水并且要尽可能多地回收水，这样大概每天要回收 400 m^3 水并储存于现场的储水池内。

固体废弃物同样越堆越多。事故后，虽然清理了从厂区向西北方向延伸 50 km 左右的疏散区内的街道、房屋和场地，整理出了上百万袋被污染的表层土和碎片，但这些污染物一直没找到合适的最终存放地点。然而在 2016 年，有将近 800 袋污染物被台风 Etau 带到了几千米之外，但有上百袋污染物一直没有被找到。

（四）美国汉福德核设施两度发生核泄漏

美国位于汉福德的核设施，2013 年 2 月两度发生泄漏。据赫芬顿邮报报道，2 月 15 日华盛顿州曾确认汉福德核设施内一处核废料罐发生泄漏，罐中装有169.2万L黏稠度与泥近似的放射性固液混合物。2月22日发生泄漏的6个储存罐中，有2个罐的泄漏速度为568～1 136 l/a；其余4个罐的泄漏速度约为56.7 l/a。据估计，汉福德超期服役的废料罐已泄漏约370万L核废料。这些核武器"高危垃圾"泄漏后，即便不会立即产生威胁，也终将构成公众健康和周围环境的严重隐患。美国能源部官员在2014年3月12日证实，新墨西哥州东南部城市卡尔斯巴德附近的一处核废料隔绝试验厂日前发生泄漏。

（五）其他辐射事故/事件

1. 巴西戈亚尼亚事件

1985年，戈亚尼亚一家私人放射治疗诊所搬迁至新的经营场所时，没有带走铯-137源。这个内装辐射源的远距离放射治疗装置未加任何保安措施，留在原地大约两年后被两个捡破烂的人发现。他们把这个装置拿回家，企图拆除源组件并拉开源的密封容器。在这个过程中，他们沾染了自身、数千其他人，以及周围的城市和环境。4个受严重照射的人死亡，其他许多人严重受伤，应急响应和房屋、建筑物和场地的清理工作持续了6个月，对10多万人进行了辐射照射监测，其中将近300人受到不同程度的铯-137污染。

2. 俄罗斯联邦托木斯克事件

1993年4月，托木斯克市附近的西伯利亚化学企业公司的后处理设施对反应堆乏燃料进行后处理时发生事故。虽然这个事故与辐射源的安全无关，但被确定为任意篡改安全规则的典型事例。事故使后处理设备和建筑物损坏，导致放射性核素（包括钚-239）释出。该设施的一部分场地和综合体以北周围乡村的很大区域，包括格鲁吉夫卡村和连接萨木斯和托木斯克的部分干道受到放射性核素污染。虽然污染程度较低，但建筑物和道路去污很费力。

3. 格鲁吉亚事件

近几年，格鲁吉亚已发现许多无人照管的放射源。1997年10月，在第比利斯附近的利洛中心进行培训的一批边防哨兵得病，并出现辐射引起的皮肤病症状，11名军人被送往法国和德国的专门医院。受到照射的原因是废弃在曾由苏联控制的旧兵营中的几个具有各种活度的铯-137和钴-60源。

1998年7月，有3个活度分别为50 GBq、3.3 GBq和0.17 GBq的废弃源在第比利斯以西约300 km的马特浩吉村被发现。同时，另一个苏联军事基地(靠近库采西)发现有一个被镭-226污染的区域。在波季市(靠近黑海)的另一个军事基地也发现两个埋在沙地中的放射源。1998年10月，在格鲁吉亚西部的海希发现另外两个大功率源。1999年6月21日，一个活度约为37 GBq的钴-60源埋在靠近第比利斯植物园的一条公路下面被发现。1999年7月5日，在靠近第比利斯的鲁斯达维发现两个铯-137源。

4. 日本东海村铀转换厂核临界事故

1999年9月30日，日本东海村JCO公司的一座铀转换厂发生了核临界事故。事故发生后，日本政府立即启动了全国应急响应系统，并成立了应急领导小组和专家评价组。该事故引起国际有关组织的关注，国际原子能机构立即派遣了几位专家到事故现场进行了调查，事故主要原因是人为错误以及严重违背核安全原则。根据事故后果，将这次事故定级为4级，即事故后果仅限于厂区内。

(1)临界事故过程简介

发生事故的工厂是日本JCO公司所属的第三铀转化厂，9月30日上午10点35分，该厂工人违反安全操作程序，把富集度18.8%的铀溶液(相当于含16 kg铀)直接倒入沉淀槽中(沉淀槽容纳这一富集度铀的最大操作量限定为2.4 kg，其临界质量为5.5 kg)，由于倒入沉淀槽中的铀量超过其临界质量的2.9倍，因而当即产生蓝白色的闪光，发生了自持链式反应。此时现场产生了γ和中子辐射，γ监测器开始报警。此次临界事故使现场93名工作人员受到不同程度的γ外照射和中子照射。其中1人于12月21日死亡。

这次事故属于IAEA事故分级表中的第4级，没有造成工厂外的污染，没有产生显著的放射性释放。临界事故中有少量的放射性惰性气体和碘元素从厂房排风中排放出来。在采取措施使临界反应停止之后，工厂周围监测点的中子辐照及γ辐射剂量率均恢复到正常数值。

(2)事故处置过程及采取的应急措施

在处置此次核临界事故中，日本有关应急机构采取了一系列应急措施，及时地控制事故的扩大，缓解并扼制了临界反应，最大限度地减少事故的后果和危害。

JCO工厂发生临界事故8 min后地方应急部门收到JCO的报告，3 min

后应急人员到达现场。事故发生 44 min 后，日本科技厅接到事故报告，成立应急对策指挥部，紧急召集有关部门专家会议，研究事故情况、提出处理方案和办法。事故发生 2.5 h 后，成立了以科技厅长官为首的政府对策指挥部。事故发生 10 h 后，日本政府成立了以首相为首的特别工作组处理这次临界事故。当日晚 23 点，特别工作组决定排出沉淀槽冷却夹套中的冷却水，次日凌晨，完成排出冷却水的工作并通氩气将冷却水排完，还向沉淀槽充入硼酸溶液使其处于亚临界状态。

紧急监测厂界周围的环境，并采取居民撤离措施。事故发生后 1 h，厂界周围 γ 剂量率为正常值的 4 倍，因此决定撤离厂区周围 350 m 范围内的居民，共 39 家 161 人。根据剂量率情况，要求厂房周围 10 km 范围内的居民（30 万人）隐居家中，不要出门，同时关闭了 10 km 以内的学校和医院，停止收割此范围的农作物和蔬菜。

次日临界反应停止后，通过对周围环境的监测和评估（固定点测量与流动车测量），确认中子剂量率与 γ 剂量率已降到监测限值以下，政府特别工作组宣布解除撤离居民、隐蔽居民以及停止收割农作物及蔬菜的命令，宣布核设施周围环境不会妨碍人们的日常生活，一切恢复正常状态。

在处理事故过程中，日本政府及相关省厅部门也采取了相应的行动，均成立了应急特别工作组参与应急处理工作。警察厅负责指导居民撤离、实施和解除交通控制；防卫厅派出自卫队官兵、防化车及去污车；科技厅成立特别工作组，组织专家提供技术建议，并提供屏蔽材料、防护材料、辐射测量仪器、仪表等；环境厅承担工厂周围环境监测任务；国土厅在防灾局内成立信息与灾害措施办公室，为实施防灾计划行动提供帮助；文部省于事故当日关闭事故地点附近的中小学校，其所属医务部门为来自受影响区域的 94 人进行医学检查，并支援医生及护士；厚生省为有关人员进行健康检查，并确保饮水和食物的安全；农林水产省掌握受影响地区的农、林、渔的放射性污染的真实情况，并分析和确认其安全程度；通产省设立了核事故合作与信息中心，并提供监测车辆和设备材料，派出 20 名工作人员协助现场做应急处理工作，组织由政府资助的金融机构为中小企业申请灾害救济款等。另外运输省、海上保安厅、气象厅、邮政省、劳动省、建设省、消防厅、外务省等部门都为处理此次事故提供与本部门业务工作相关的各种支持和协助。

5. 与军事核设施相关的案例

因意外事件造成的军事核设施或核武器事故也时有发生。1985 年 8 月 10 日，在符拉迪沃斯托克(K-431 核潜艇)补充燃料过程中，E-2 级 K-431 核潜艇发生爆炸，导致放射性气体进入空气中。在这起核事故中，有 10 名水兵丧命，另有 49 人遭受放射性损伤。

1966 年 1 月 17 日，美国一架 B-52 轰炸机在西班牙海岸上空进行加油时，与 KC-135 加油机发生碰撞。撞击之后，加油机彻底毁坏，B-52 轰炸机惨遭解体，所携带的 4 枚氢弹“逃离”破裂的机身，其中两枚氢弹的“非核武器”撞地时发生爆炸，致使 490 英亩(约合 2 km^2)的区域被放射性坏污染。1968 年 1 月 21 日，由于舱内起火，美国一架 B-52 轰炸机的机组人员被迫作出弃机决定，在此之前，他们本可以进行紧急迫降。B-52 轰炸机最后撞上格陵兰图勒空军基地附近的海冰，导致所携带的核武器破裂，致使放射性污染物大面积扩散。

第二节　非传统化学安全威胁

一、非传统化学安全威胁的内涵

传统的化学威胁通常是指交战双方在战场中使用化学武器进行攻击而带来的威胁。现代意义的化学武器使用始于第一次世界大战，其后，化学武器在局部战争及地区冲突中仍然频频出现。第二次世界大战结束后，世界上还不断发生着局部战争和大规模武装冲突。在这些局部战争和大规模武装冲突中，曾发生近 20 起被指称使用化学武器的事件。

化学武器在发展过程中，其定义和内涵也在不断变化，化学武器已不再是单纯地指毒剂或装填有毒剂的弹药。1997 年《禁止化学武器公约》生效以来，使用比较广泛的是该公约中对化学武器的定义。通俗地讲，化学武器是以毒剂的毒害作用杀伤有生力量的武器。它包括毒剂(或其前体)、装有毒剂(或前体)的弹药和装置，以及使用这些弹药和前体的专门设备。使用时借助于爆炸、热气化、空气阻力作用，将毒剂分散成蒸气、气溶胶、液滴或粉尘，使空气、地面、水源、物体染毒，人、畜经呼吸道吸入和皮肤吸收，造成伤亡或暂时失去战斗力。化学武器1984年被联合国安理会常规军备委员会列为大规模杀伤性武器，与核武器相比，它的研制、装备费用和所需的技术水平相对较低，几乎所有具备化工生产能力的国家都能生产，因此，受到一些无力研制和生产核武器的国家的青睐，被人们称为“穷国的原子弹”。与常规武器相比，化学武器有以下特点：①杀伤面积广。化学毒剂云团可随风传播扩散，杀伤面积一般比普通炮弹大几倍到几十倍。②作用持续时间长。化学毒剂的杀伤作用时间各不相同，有暂时性毒剂和持久性毒剂之分，有的毒剂杀伤作用可持续几天，甚至几十天；③杀伤途径多。化学武器有爆炸、燃烧、喷洒等多种分散方式，毒剂能通过不同途径，杀伤人畜，如呼吸道吸入中毒、皮肤吸收中毒，以及食用染毒食物、水经消化道吸收中毒等；④使用选择余地大。化学武器种类较多，性能各异，根据不同的军事目的可能选择不同的武器；⑤使用效果受气象、地形影响较大，但目前随着新毒剂的出现和使用技术的完善，影响正在逐渐减小。

随着国际形势的复杂发展和变化，化学安全威胁已不局限于战争时期，在和平年代也同样是不容忽视的威胁。相对于直接使用化学武器所造成的“传统”化学威胁，其他原因也会造成化学物质泄漏或衍生其他有害物质，达到类似于直接使用化学武器的效果。如，作战中化学设施遭受常规武器袭击、化学恐怖袭击、人为或非人为因素造成的化学事故等，它们虽然在发生原因上有别于直接使用化学武器，但其造成的后果、危害以及处置方式等都与后者大体相同，而且与国计民生更加息息相关。

近年来，国内学界对“非传统安全”的兴趣不断增强，学者们普遍认为安全已不仅仅是以军事安全为主体的国家安全，即便是国家安全问题，也涉及国家制度、经济、环境、生态、资源、网络和信息，以及社会中人的安全等方面。国际学术界对非传统安全的认识迄今都存在很大的差异，争论十分激烈。非传统安全还不是一个非常清晰、有公认的定义边界的概念。一种观点认为，“非传统的威胁”导致了新的安全挑战，因此，非传统安全就是对“非传统威胁”的关注和研究；也有观点认为，非传统安全是安全研究“再定义”的结果。传统安全观念都是强调国家安全，冷战结束后，新的、非传统安全观念应该强调“让人民免受暴力的威胁”。从传统安全到非传统安全的发展，并非只是简单的影响安全状态和实现安全目标的问题领域的扩大，也不是单纯的安全研究对象的扩展；它包含安全状态和安全目标的延续与发展以及如何对安全问题做出反应等一系列重大问题。

在本书中，“非传统化学安全威胁”的研究范围主要是指除在战场上使用化学武器之外的各种形式的与有毒化学品有关的安全威胁。如，使用有毒有害物质进行化学恐怖活动，或因化工厂、化工原料储存库、炼油厂、输油管道等化学设施或载有化学物质的运输工具受到蓄意攻击，或由于设施/运输工具自身故障、人员失误、自然灾害（如地震、雷击）等非主观原因，造成有毒有害化学品泄漏或产生其他有毒有害物质，从而对人员和环境造成类似于直接使用化学武器的效应的安全威胁。

二、非传统化学安全威胁的可能性

（一）化学恐怖活动成为现实可能

进入 21 世纪以来，我国安全形势将仍然处于新中国成立以来相对较好的时期。但国内外敌对势力一直没有停止对我的颠覆破坏活动，国内恐怖主义势力、民族分裂势力、极端宗教势力在国际恐怖组织及西方反华势力的支持下蠢蠢欲动，对我国家安全和社会稳定构成现实威胁，使我国家安全正面临着不可忽视的近忧远虑。日本东京地铁毒气事件表明，化学恐怖更具有破坏性、危害性，已成为各国应对恐怖威胁的重中之重。资料表明，已有为数不少的恐怖组织具备了针对我国制造化学恐怖活动的能力，将对国家安全和社会稳定构成重大威胁。2002 年 9 月，新疆公安部门在伊宁市“东突”恐怖头目赛伊提·艾合买提的住处缴获一份软盘资料，其中详细介绍了毒药、毒气、炸药和纵火剂的配方及制造方法。有关部门截获的恐怖信息中，就有印尼恐怖组织成员持有北京部分奥运场馆平面图和化学毒剂施放手册的情报。如此说明，我国所面临的化学恐怖威胁形势已极为严峻。

（二）迅猛发展的化学工业蕴含着重大事故安全隐患

随着科学技术的发展和社会需求的不断增多，我国化学工业一直在以良好的态势发展，化学工业的发展已经渗透到了社会的各个领域，并在国家经济建设和人民生活中发挥着日益重要的作用。我国是化学品生产和使用大国。改革开放以来，化学工业发展迅速，形成了包括化肥、无机化学品、纯碱、氯碱等品种齐全、能够满足本国需要的化工体系，已成为世界第一化工生产大国，体量占到全球36%，相当于欧洲与北美的总和。目前，我国有22种主要化工产品的产量居世界第一，2017年，我国石油和化学工业产值达到13.8万亿元。近年来，随着我国化工及相关行业的快速发展，化工企业不断增加。数据统计显示，目前我国约有危险化学品生产企业25 600余家，生产7 700多个危险化学品品种，年生产能力在60亿t以上，日常储备量在500万t以上，且大多分布在人口密集的东南沿海地区。危险化学品生产经营单位合计达20余万家，涉及2 800多个种类，2018年产值占全国GDP的13.8%，在国民经济和社会发展中具有重要地位。庞大的化工产业在为国民经济和社会发展做出重要贡献的同时，也必然增大在生产、管理、使用、处置等诸多环节发生化学事故的可能性和频率。一旦发生重特大化学事件，势必对国家经济、社会稳定、生态环境造成长期甚至不可逆转的影响。近年来，随着我国经济的飞速发展，国内危险化学品的生产、存储、运输量急剧增加，化学事故频频发生。如川东北天然气矿“井喷”事故、重庆氯气泄漏事件、北京怀柔氰化氢中毒事件、福州光气泄漏事件、吉林中石油吉化公司双苯厂事件、天津港火灾爆炸事件等，都造成了巨大的影响。

（三）常规武器打击化学设施可能成为重大威胁

目前世界局势动荡，地区性冲突不断，西方国家不断叫嚣“中国威胁论”等不利于我国的论调，某些国家将我国作为主要的政治、经济、军事对手，一旦我周边或世界局势发生巨变，敌方使用常规武器打击我化学设施很可能成为现实。从海湾战争和科索沃战争来看，空中打击和精确打击已成为战争的重心和主导，地面打击只是战争的辅助措施。而我国化学工业已遍地林立，其中以东南沿海尤为稠密，一旦发生战争，这些化学设施遭受攻击的风险巨大。因此我们必须高度重视未来战场化学灾害的危险。

三、非传统化学安全威胁的主要形式

由于“非传统化学安全威胁”这一概念的外延相对宽泛，其指示范围要比“传统化学安全威胁”大得多，其可能的形式也更加多样。从作用动机、作用化学物质、作用对象等出发，可以引发多种分类。虽然其后果和效应具有相似性，对人员和环境都会带来很大影响，但威胁动因的不同却会对政治、经济、军事等诸多方面带来不同的深度影响，其处置和组织管理也会因此产生一定程度的变化。因此，在本书中，主要根据化学安全威胁产生的原因将“非传统化学安全威胁”分解为化学恐怖活动、重大化学事故、战争中化工设施遭袭、简易化学弹袭击、自然灾害引发的次生化学灾害等多种形式加以研究。由于“非传统化学安全威胁”的多样性，其中一些形式可能产生或多或少的交叠。

（一）化学恐怖活动

化学恐怖活动是指国家、组织或个人通过直接使用化学武器、散布化学有毒有害物质，破坏化学相关设施或威胁采取上述行动来达成某种政治或经济目的的暴力或暴力威胁行为。它是恐怖活动的一种特殊而又重要的形式，是恐怖主义发展到一定历史阶段的产物。据不完全统计，世界 200 多个恐怖组织中大多具备化学恐怖能力，化学恐怖作为恐怖活动中的重要形式已成为世界面临的共同威胁。1995 年东京地铁毒气案便是其中最突出的事例。

化学恐怖因其巨大的危害性和心理震慑效果正日益成为恐怖分子实施恐怖活动的重要手段。化学武器具有制造容易、威力巨大、防范困难、使用简便等特点，化学武器及其相关技术的发展和扩散无疑对恐怖分子采取化学恐怖活动起到了推波助澜的作用。一方面，原本不掌握化学武器技术的国家拥有了化学武器。冷战时期，很多人认为保持着化学战实力的只有美国和苏联两家，但到了 20 世纪 90 年代初，被列入涉嫌拥有生化武器的国家名单已达 20 余个。特别是 80 年代初，联合国调查组还证实两伊战争中曾使用过化学武器。另一方面，化学武器技术向一些团体、组织，特别是向一些恐怖组织扩散，成为他们威胁社会的一种手段。一些恐怖分子不仅通过盗窃、走私等手段获取化学武器及其相关技术，而且还相互勾结，通过现代化的信息手段传授、交流相关技术。

化学恐怖袭击样式具有多样性。袭击可以是爆炸的，也可以是不爆炸的，甚至可以是通过缓慢施放化学物质在不知不觉中进行的恐怖袭击，袭击时间取决于危险化学物质的作用时间。如发现异常情况并在第一时间实施排除处置，一旦发现化学恐怖袭击情况，往往已经造成了严重后果。化学恐怖活动大致可分为三种样式：一是直接使用化学武器和散布有毒有害物质，这是一种直接的方式，其基本条件是恐怖组织要拥有化学恐怖手段。二是对相关设施实施恐怖破坏，以产生类似化学武器的危害后果，这是一种间接方式，只要恐怖组织有破坏相关设施的实力，都能进行此种形式的恐怖活动。三是威胁进行散布化学武器或有毒有害物质或对相关设施实施破坏，在这种情况下，实际恐怖活动虽未发生，但仍能产生巨大的社会恐慌，也是一种不可忽视的恐怖活动形式。

化学恐怖袭击具有隐蔽性、突然性、不确定性和危害性大的特点。随着科学技术的发展和化学武器相关技术的扩散，恐怖组织和恐怖分子不但可以较容易地获取和制造化学武器或类似有毒有害物质，而且化学恐怖袭击装置结构简单、极易伪装为一般日用品，不容易被检测和发现。由于化学产品的多样性，具备爆炸、腐蚀、剧毒性质的化学品很多，形态呈固体、液体和气体，极易伪装，目前的安检手段还不能做到完全彻底地准确发现；化学恐怖袭击加工材料来源广泛，很多化学品通过正常购买渠道就可以获得，犯罪分子容易获得制作恐怖袭击装置的原材料。尽管各国对危险化学品、监控化学品、剧毒品的管理措施是非常严格的，但是社会上仍然存在非法流散的漏洞，少数人仍有可能获取；化学恐怖袭击造成危害的后果具有多重性。一般爆炸装置爆炸对人员造成的伤害主要是烧伤和外力造成骨骼伤，危害后果比较单一。但是，化学袭击所导致的后果往往是多重的损害，既可以对人员造成外伤甚至立即夺去人的生命，也可以通过液体或气体形式渗入人体内损害内部脏器，对受害者的损害是缓慢而长期的，甚至造成终生的残疾。同时，化学恐怖袭击可以是“点”式袭击，也可以是“面”式袭击，受害对象分散，较难实施安检处置；恐怖活动所使用的毒剂或有毒有害物质的量大多很小，但针对的目标往往不是军队和士兵，而是缺少防护的民用设施和未经训练的一般民众，容易造成民众恐慌和社会动荡；恐怖袭击目标也十分广泛，可以是国家的权力中心和军队的指挥中心，也可以是交通运输枢纽、工业和能源基地等国家的经济命脉及居民密集区、商业中心和旅游胜地等，特定人物、农作物和牲畜也可能成为攻击目标。

与核恐怖活动、生物恐怖活动相比，如果从已真正发生实施过的恐怖事件分析，迄今为止实际投入使用较多的还是化学制剂。相比较而言，化学毒剂或毒物的制造和获得（购买或窃取）都较生物制剂要容易，很多日常化学品（如毒鼠强等）已经多次被犯罪分子使用过。另外化学毒剂不具备传染性，使用过程中易于控制，可以通过简易装置进行分散。化学毒剂具有速杀的效果，更易造成轰动的效果。这些都可能是化学毒剂使用可能性更大的原因。从对恐怖分子具体使用的物品看，一些技术含量低但毒性较大且可通过常规渠道在市面上买到的化学制剂使用的次数较多，如氰化物，含磷农药等。使用真正意义上的化学毒剂的事例并不多见，但由于毒剂的毒性比一般有毒有害物质要大得多，随着科学技术的发展，不排除恐怖分子有组织地研究毒剂并使用毒剂。根据恐怖袭击要求易携带、威力大、易释放的特点以及过去曾被恐怖分子使用的情况看，在目前传统的毒剂中，恐怖分子采用含磷毒剂(如，沙林)的可能性较高。但根据国外有关数据统计，过去已发生的恐怖事件中使用低水平有毒化学品(如氰化物、酸、杀虫剂、酸、碱等)的次数是比较多的。

（二）重大化学事故

危险化学品事故是由危险化学品引发的危害人类生命健康、财产安全和环境的事故。危险化学品包括爆炸品、压缩气体和液化气体、易燃液体、易燃固体、自燃物品和遇湿易燃物品、氧化剂和有机过氧化物、有毒品、腐蚀品等几大类。化工企业危险化学品事故的主要表现形式是爆炸和泄漏，人为因素和设备损坏是事故的主要原因。化学事故具有发生突然、防护困难，毒云扩散迅速、受害范围广泛，危害作用持续时间长、洗消困难以及社会涉及面广、政治影响大等特点。造成大量人员受伤、造成大量人员中毒、严重破坏城市正常秩序。

化工企业处于城市居民区是危险化学品事故对城市造成严重影响的重要原因。据统计，有近90%的事故发生在城区，一方面，危险化学品事故具有发生突然性、形式多样性、危害严重性和处理处置艰巨性等特点；另一方面，城市在自身发展过程中，因人口与财富不断聚集，导致城市对灾害事故的免疫力逐渐下降，社区在灾害事故面前的脆弱性越来越明显。因此，发生在城市的危险化学品事故，不仅严重威胁城市居民的生命健康，带来较大经济损失，而且还是社会不安定因素，甚至破坏城市生态环境。如2004年位于重庆市江北区的重庆天原化工总厂发生氯气罐爆炸事故，导致事故附近15万居民被迫紧急转移，给城市正常的秩序和城市居民生活造成严重影响。在化学事故史上，规模最大、损失最惨重的是印度博帕尔毒物泄漏特大事故，造成3 500多人中毒死亡，15万人接受治疗，5万人双目失明，经济损失高达近百亿美元。

目前，化学物质在工业、农业、制药、科研和生活消费中得到广泛应用。其中有多达50万种产品会对人体健康造成伤害，从而被归类为危险化学品。此外，每年还有超过1 000种新的化学合成品问世，它们以炸药、可燃物、毒药等形式存在，如果处置不当，就会带来一场灾难。化工设施、运输危险化学品的交通工具发生化学事故，将会导致化学物质泄漏，产生相当规模的化学危害，对人员、财产和生态环境造成重大的灾难。其后果表现为：有毒有害化学气（液）体的爆炸、泄漏及燃烧；有毒有害气溶胶的形成与扩散；受染区内人员的伤亡；固定建筑物、生产设施、厂房、地面、周围环境的破坏和受染等。

化学工业的发展造就了巨大的危化品需求和转运空间。它们将经历生产、储存、运输、销售、使用等多个环节，而每个环节均存在一定的危险因素，带来潜在的威胁。统计表明，在生产、存储、使用、运输、销售以及废弃处置六大环节中，生产环节事故最多，占事故总数的36%。化学品生产流程长，生产工艺过程复杂，原料、半成品、副产品、产品大多出现在生产环节，且生产环节相对其他环节操作较多，因而在同样的监管条件下，生产环节发生化学事故的概率最大。2003年12月23日，在重庆开县，中石油川东北气田16号井发生井喷事故，剧毒硫化氢气体夺走了243个人的生命，4 000多人中毒就医，10万人连夜疏散，直接经济损失达6 432. 31万元。2017年8月9日，陕西秦岭钼业有限责任公司二分厂发生有毒气体泄漏，导致11人中毒，4人不幸身亡。

2002—2004年国内24个主要城市内，因输送管道被破坏而发生危险化学品事故74起，占运输型危险化学品事故总数的52. 1%。这些事故虽然没有直接造成特别重大的人员伤亡，但是每起事故发生以后，需要紧急疏散事故周围的成千上万人员，城市正常的生产生活秩序受到严重影响，造成的间接经济损失也是非常巨大。而运输车辆发生交通事故带来的影响更为直接，据统计，2015—2018年的化学事故中，运输环节的化学事故发生较为频繁，占事故总数的四分之一。究其原因，主要是运输车辆车况差、车辆严重超载、疲劳驾驶、天气条件差等易造成化学品运输车辆撞车和侧翻，从而导致化学事故。此外，运输环节发生化学事故的影响也较为严重，不仅会造成人员伤亡，也会影响交通状况。2017 年 5 月 23 日，河北张石高速公路 301 km 处发生运气体罐车发生爆炸、引燃前后 5 辆运煤车燃烧，造成 12 死 15 伤的特大事故，张石高速一度封闭数小时。即使到了使用阶段，危险化学品也存在着潜在的风险。例如，民用燃气就是危险化学品在使用阶段发生事故的主要危险源。存储环节的化学事故也不容小觑。1993 年 8 月 5 日发生在深圳清水河的危险品仓库特大火灾连续爆炸事故，导致 15 人丧生、近 800 人受伤，直接经济损失达 2.5 亿元。2015 年发生在天津市滨海新区的“8・12”特别重大火灾爆炸事故，造成 165 人遇难、8 人失踪、798 人受伤，直接经济损失高达 68.66 亿元，产生了极其严重的社会和经济影响。

目前，我国化学工业的发展已经渗透到了社会的各个领域，并在国家经济建设和人民生活中发挥着日益重要的作用。据应急管理部的化学事故报告统计，仅在 2018 年 11 月，就有 3 个省发生重特大化学事故人员 4 起，死亡人数达 40 余人。化工企业处于城市居民区是危险化学品事故对城市造成严重影响的重要原因。其中 2018 年 11 月 3 日，河南兰考县一公司在生产过程中使用丙烷泄漏集聚引发爆燃，造成 8 人死亡、1 人受伤。2015 年 9 月 5 日，山东利津化工厂发生爆炸事故，造成 13 人死亡。据统计，有近 90% 的事故发生在城区。如 2004 年位于重庆市江北区的重庆天原化工总厂发生氯气罐爆炸事故，导致附近 15 万居民被迫紧急转移。化学事故给自然环境和国家公共财产造成重大损失，带来的影响不容小觑，必须加以重视。

（三）战争中化工设施遭袭

从海湾战争和科索沃战争来看，空中打击和精确打击已成为战争的重心和主导，地面打击只是战争的辅助措施。1999 年科索沃战争中，以美国为首的北约运用五环目标理论调整传统打击次序，除了首要打击的国家及军队的首脑机关、战略指挥系统、国家防空系统和信息传输中心外，其次要打击的就是南联盟重要的经济命脉——能源系统、交通设施、工业系统和后勤服务型设施。自科索沃战争以来，战争中对核生化设施进行打击造成次生核生化灾害就已引起世人关注。2019 年 9 月，也门胡赛武装用 18 架无人机和 7 枚巡航导弹袭击了沙特东北部的阿布盖革炼油厂和胡赖斯油田，多处石油设施发生连环爆炸并燃起大火，造成设施损坏、污染和石油减产。新技术的介入为非传统化生放核威胁打开了更多的可能渠道。

从攻击方角度看，战争中打击对方的化工设施可谓一举多得：第一，打击化工设施能起到类似化学战的效果，而不受到公约制裁。遭到轰炸的废墟将会产生二噁英等致癌物质，炼油厂、化肥厂、化工厂等遭袭后将会产生氨、液氯、氢氧化物、氯乙烯及其他有毒气体，对周边空气、土壤、河流、森林等造成严重污染；第二，摧毁国家战争潜力，破坏能源供给（如在科索沃战争中，北约炸毁或严重破坏了南联盟41%的军用油库和57%的军民两用油库，使北约炼油能力全部丧失。北约还对南联盟潘切沃化工厂、阿佐拉化肥厂等可能生产武器弹药的生产设施和多处军工生产基地进行了集中轰炸，使南联盟弹药生产能力下降了2/3）；第三，迟滞部队作战行动，分散部队作战力量；第四，造成大面积、长时期的化学污染，影响国民战争意志。可以预见，未来高技术局部战争中，化学工业及其设施将可能成为敌人重点打击的目标之一。

此外，袭击载有化学物质的交通工具也会造成类似于化学战的危害。二战中的“巴里灾难”——芥子气染毒事件就属于这种类型。1943年12月2日，德国在意大利港口城市巴里的空袭中，击沉了美军一艘装有2 000枚（100 t）芥子气炸弹的轮船，造成800多人中毒，其中600多人双目失明。

（四）简易化学弹袭击

简易化学弹袭击是指利用爆炸和有毒有害化学品扩散的混合效应引起类似使用化学武器效应的袭击。特别是2007年上半年，伊拉克境内发生多起类似的氯气爆炸袭击事件，由于伊拉克氯气爆炸袭击事件发生于敌我对峙双方中，它与一般所指的化学恐怖活动又有一定的差别，这种新形式的袭击方式立即引起了驻伊美军、美国政府乃至国际社会的广泛关注。

同现代化学武器相比，“氯气弹”致命性不算太强，但是它们所造成的伤害传播速度快，很容易引起民众的恐慌。分析认为发生在伊拉克的氯气弹袭击可能是武装分子未来袭击模式的试验。根据美军的判断，武装分子总是在寻求“更高的袭击有效性”，而氯气炸弹、过氧化物炸弹等新手段是袭击方式演化的一部分。

发动此类化学弹袭击需要具备一定的物质和技术条件。例如，有毒工业化学品杀伤力虽然没有化学武器的杀伤力大、作战效果也不如化学武器好，对哺乳动物的半致死剂量值 LCt_{50} 一般小于 100 000 mg·min/m^3，但它们可以在单个生产设施中以每年 30 t 的产量进行定量生产。同时有毒工业化学品更易于获得，况且每天都有大量的有毒工业化学品处于生产和运输当中，因此它们可能造成的威胁远比化学毒剂大。据统计，过去几年全球发生的恐怖袭击事件中，85%属于爆炸袭击事件。其中造成 10 人以上死亡的全球重大恐怖袭击事件，都是采用人体炸弹、汽车炸弹为袭击方式的，至今为止世界各国仍然缺乏应对汽车炸弹行之有效的防御措施和策略。

无论是对过氧化物炸弹、汽车炸弹的防范，还是对有毒化学工业品的防范，都是当今世界防范恐怖袭击的重点和难点。正是由于武装分子/恐怖分子认识到了这些方式作为袭击手段的巨大优势，才在伊拉克的袭击中将这三者中的两者或三者巧妙地结合在一起制造了极为轰动的袭击。发生在伊拉克的氯气爆炸袭击事件的最大特点就是它突破了传统的化学袭击方式，不再直接以布洒毒剂来进行干扰和破坏或者通过发射系统、运载工具将装填了毒剂的具有战斗状态的化学弹药或装置，如钢瓶、毒烟罐、布洒器和各种化学弹药等，投送到目标区以达到袭击目的。对于防范者而言，这是化学袭击方式的一种危险突破。这种方式危害程度更大，防范难度更高。一是氯气等化学品来源广，使用范围也很广泛，况且每天都会生产大量的有毒工业化学品或对这些化学品进行转运，在管理上存在很大难度；二是过氧化物炸弹的检测非常困难，即使是美国政府也承认对这种炸弹的了解十分有限；三是对汽车炸弹的防范还缺乏行之有效的措施和策略。因此，如果将这三者结合起来，或者两两结合，其危险性和威胁程度将大大提高，无形之中提升了化学威胁的等级。

（五）自然灾害引发的次生化学灾害

前几类化学安全威胁带有很多的人为因素，但由于自然灾害等客观因素造成的化学安全威胁目前也日益引起各国的关注。特别近年来，受工业、人口、环境破坏等因素影响，世界气候条件相对欠佳，海啸、地震、水灾、风灾、火灾等重大自然灾害频发，对相对脆弱的人类居住环境带来了更多的化学安全威胁。自然灾害等不可抗力可能形成的核生化设施损坏及疫病疫情等都有可能造成突发的大面积污染和破坏，给人民生命财产和生态环境带来严重威胁。

自然灾害引发的次生化学灾害包括很多种类。如，危险化学品泄漏。重大自然灾害发生后，生产、使用、运输、储存、销售危险化学品的企事业单位设施可能会发生危险化学品泄漏，对人、动物、设备、环境造成伤害和侵害。危险化学品泄漏的易发地点主要包括：农药企业、化工企业、天然气净化厂、油品化学品车站(码头)、油气管道、油罐、加油站、液化气站、冷冻仓库、实验室和化学品销售企业等。危险化学品次生事件危害主要有：地震发生后造成危险化学品泄漏，可能引发火灾、爆炸、有毒有害物质在大气中逸散和水体中扩散，造成土壤、河流、湖泊、水库、地下水和大气污染。对人的伤害途径有吸入中毒、接触(含空气、水源和皮肤接触)中毒和误食中毒。

又如，污染治理设施停运。因重大自然灾害损毁或电力中断导致污水处理厂、尾矿库和固体废物处置设施停运，使污水直排，尾矿渣、固体废物和医疗废物不能得到处理，将造成土壤、江河、湖泊、水库的污染，危害人群健康。

再如，灾后废物清理不当。遇难者尸体与家禽(畜)尸体腐烂、医疗废水、医疗废物、消毒剂、生活污水和生活垃圾等灾后污染物若处置不当，产生二次污染，将对水、大气环境质量，特别是水源地构成严重威胁。

因此，各国政府都非常重视避免自然灾害引发的次生化学灾害。例如，美国卡特里娜飓风后，美国动员各州力量，调集地方和军队，针对飓风可能危害的化学品生产厂、储存库等，紧密协调，积极处置，有效避免了次生化学安全危害的发生。又例如，在我国“5·12”汶川大地震发生后，受地震波及，四川境内的部分化学设施出现了险情，防化兵临危受命，立刻应急出动，确保化工设施安全。先后成功地完成了危重污染源控制与消除、大规模快速消毒、交通“孤岛”防疫等急难险重作业，先后开展了什邡市蓥华镇蓥峰实业有限公司液氨、盐酸泄漏，什邡市汉旺镇氰化钾、三氧化二砷(砒霜)、汞等剧毒化学品搜排转移等10多起化学安全事件的应急处置，受到了地方政府的高度评价。此次参与“5·12”抢险救灾、应急响应的防化装备主要有3种喷洒车100余辆、3种淋浴车47辆，同时还动用了大量个人防护器材和部分侦察装备。此外，还紧急采购直接补充一线部队喷洒车40辆、淋浴车10辆、防毒口罩15万个，滤毒罐30万个，显示出防化装备在应对非传统化学威胁中独特的技术优势。

（六）其他化学安全威胁

除以上各种化学威胁外，还存在一些有可能造成潜在危害的化学安全威胁。

如，遗弃化武问题。日本在侵华战争期间及战败后，在我国遗弃了大量的化学武器。这些遗弃化武或埋于地下，或沉溺江河，历经70多年的风雨，残破锈蚀，踪影不定。在过去的几十年中，我国东北、华中、华东、华南等地区在生产和生活过程中陆续发现被侵华日军遗弃的化学武器，这些遗弃化武不但给人民生命安全带来了威胁，而且严重破坏着当地生态环境。距离现在较近且影响较大的一次是在2003年8月4日，黑龙江省齐齐哈尔市一建筑工地发生日军遗弃化武伤人事故，事故造成43人中毒，其中1人死亡。2004年5月24日，齐齐哈尔市再次发生日本遗弃化学武器中毒事件。

还有，化学武器销毁过程中的安全问题。截至2019年年底，俄罗斯、美国、印度、韩国、阿尔巴尼亚、伊拉克、利比亚和叙利亚8个缔约国共宣布拥有72 304 t化学武器，在禁止化学武器组织的监督下已累计销毁了70 373 t化学武器(占97.26%)。除美国还剩余1 931 t化学武器等待销毁外，其余7国均已完成了已宣布化学武器的销毁。美国计划在2023年9月完成其化学武器的销毁。这些武器虽然可能不再会列入战争装备的清单，但它们的存在，无疑也是一种化学安全威胁。因此，不论是这些化学武器的储存，还是销毁设施设计、选址、建造，都多次遭到当地居民与社团的抗议和反对，理由是这些储存化学武器可能带来对人员和生态环境的严重影响。2008年6月，五角大楼为了能够跟上《禁止化学武器公约》和国会对有关销毁化学武器进度的要求，请求允许州之间运输化学武器，又一次遭到美参议员反对，认为这是违反法律的行为，而且会置公众安全于极大的风险中。截至2019年8月31日，已回收日本遗弃在华化学武器74 729枚，经核实销毁了55 875枚。据初步估计，等待回收和销毁的日本遗弃在华化学武器还有约33万枚，预计销毁完目前已发现的日本遗弃在华化学武器需至2022年。这些遗弃化武和可能存在的尚未发现的化学武器，对于我国人民的生命安全和生态环境安全都存在着巨大隐患。

四、非传统化学安全威胁的主要特点

（一）杀伤规模大

非传统化学安全威胁带来的直接后果和间接后果都相当严重。非传统化学安全威胁产生的后果类似化学武器攻击，但涉及的有毒化学品范围更广，因而更加难以防范。有毒、有害化学物质大多可以通过工业合成制得，抛开人为控制因素的影响，成本可以相当低廉，而所得化合物毒性可以相当大。科学技术的发展，使化学毒物的种类与数量迅速扩增。据不完全统计，现已知的有毒化学物质至少有 10 万余种，半致死剂量小于 10 mg/kg 的高毒性物质约 5 000 种，半致死剂量小于 1 mg/kg 的剧毒化学品也可达 3 000 种，较大毒性的化学毒物已不下万种。有毒有害化学品的散布能形成大规模杀伤效果，印度博帕尔事件中有毒化学物质泄漏造成 32 万人伤亡，3 000 人中毒死亡，5 万人失明，其数目巨大，令人触目。

非传统化学安全威胁发生的场合往往人员集中，受染对象通常是缺乏严密防护的一般人员，特别是如果在重要场合、重要时机发生该类事件，则其产生的后果可能比一般的化学事故更为严重。例如恐怖组织就曾因其对人员、社会、环境和经济的巨大伤害作用，将其视为“杀手锏”。由此不但对人的生理和心理构成伤害，而且危害社会，打乱正常的社会生活秩序，破坏社会的稳定。

由于长期的和平及稳定环境，公众对可能遭受到的非传统化学安全威胁基本上没有任何准备。一来公众防护意识淡薄，思想麻痹，没有充分的心理准备，当事件发生时，极易产生盲目恐慌，引起混乱。二来绝大多数公众不掌握最基本的防护技能，事件发生时，不能采取有效的防护措施避免伤害。三来缺少民防组织和三防骨干，在事件发生第一时间内，没有有效的防护指导和救援力量。由于以上不足，非传统化学安全威胁往往会造成巨大的人员财产损失，直接影响社会稳定。

非传统化学安全威胁不但对人员的杀伤作用很强，而且对环境的污染非常严重，有毒有害化学品不仅能作用于人员，而且能作用于动植物等有机体，造成其非正常死亡，影响生态环境。科索沃战争中，北约对南联盟的空中打击，造成下游国家以及黑海沿岸人类及动植物的生存环境面临严重威胁。

（二）影响广泛

目前，由于化学武器技术的扩散及有毒有害物质的普遍存在，使非传统化学威胁的国际性日益明显。一是化学武器制作、运输、使用技术已相对普及，拥有一定技术人员和财力的组织均可以迅速掌握制作方法，获得自制的化学武器或类似装置、制剂；二是随着世界范围内化学工业广泛发展，介于化工材料与化学武器之间的有毒有害物质种类越来越多，毒性越来越强，非国家组织掌握使用的可能性也就越来越大；三是由于一系列非传统安全威胁事件相继发生，其后果的严重性可能会引起一些别有用心组织或人员的模拟和仿效。

非传统化学安全问题带有发展性，它不但包含防御、对抗、威慑等问题，而且还蕴含和平、发展、建设的问题，因此，它比传统化学安全威胁带来的影响更具广泛性。非传统化学安全与军事安全、政治安全等相互交织在一个复杂的社会大系统中，往往牵涉到安全的方方面面，有牵一发而动全身的特点。它不但会影响国家的发展、社会的安定，也会影响公民的生存、全球的繁荣；非传统化学安全问题不仅是国内部的安全问题，也属于跨国界的全球性安全问题。

（三）危害持久

有毒化学物质大都属于稳定化合物，一般情况下很难在短期内自然分解，因而毒性可以持续几天、十几天，甚至几个月。在未分解前，人或动物接触量超过安全剂量，轻者出现头痛、胸闷、恶心、昏迷、浑身糜烂等症状，重者瞬间即可能毙命。对于一些新型有毒有害化学品，尤其是纳米、超微米粉等剂型的新型毒物本身既不容易分解，又难沉降，即使在风平浪静很长时间后，它们也有可能缓慢坠落于地面，但稍遇微风，又可以漫天飞扬，致人伤残、死亡。

化学毒物的损害具有多样性，能够以多种机理对人体形成复合伤害，具有非常大的医学救治难度。譬如，化学毒物伤害除可以直接导致死亡外，也可破坏人的正常生理功能，造成人体各器官系统暂时或永久的功能性或气质性损害，以及致畸、致癌、急、慢性中毒和严重的并发症、后遗症等，这些都是现有医疗条件不论从药物还是技术手段方面所不能有效应对的。此外，恐怖袭击所造成的环境污染也影响深远。有毒化学品大都性能稳定难降解，毒性的持续时间较长，洗消困难。如果污染发生在江河湖海水源或水网地区，则尤其增加了消除难度。我国东北地区居民因受日本遗弃在华化学武器伤害，至今尚留有后遗症。东京地铁沙林事件两年后，据一家日本医院披露，在该院接受治疗的600名受害者，仍有20%的人受到身体失调的影响。

非传统化学安全威胁问题在事件发生后可能带来非常严重的后果，而在事件未发生时，常常表现除潜在的、小规模的、日积月累的效果。但是当该问题积累到一定程度时，可能就会呈暴发状态，导致“国家级”的威胁或危害，并可能上升到“国家安全”的高度。有专家说，“非传统安全威胁的作用既是一个渐进的过程，也有一个暴发临界点。有时由于没有到达这个临界点，它常为人们所忽视”。因此，非传统化学安全威胁问题面临的更重要的是及早的、长期的预防，而不是事后应急的解决和处置。非传统化学安全威胁对社会的直接破坏性或者说对社会发展的影响，在一般情况下可能并不是最严重的；但是，在特殊的情况下，它们可能成为整个社会最为关注的问题。

五、代表性事件

非传统化学安全威胁涉及范围广，不但对人员、财产和生态环境造成重大的灾难，而且可能影响社会政治、经济、外交等诸多方面。其直接危害性可略见一斑，见表2-4。

表2-4　重大化学危害事件示例

时间	地点	事件种类	涉及化学物质	危害情况
1976.7.10	意大利塞维索	三氯苯酚生产装置爆炸	多氯联苯	16人死亡，5 000多人中毒
1984.12.3	印度博帕尔	农药厂泄漏事故	甲基异氰酸酯	毒气笼罩了周围25 km^2 地域，致使3 150人死亡，5万人失明，15万人受害
1995.3.20	日本东京	地铁沙林事件	沙林	12人死亡，5 500多人入院治疗

续　表

时间	地点	事件种类	涉及化学物质	危害情况
1999	南斯拉夫科索沃	炼油厂、化肥厂、石油化工联合企业被炸	氯乙烯、二噁英、汞、氨及其他酸性物质	环境受到重大破坏，危害将长达几十年
2003. 8. 4	黑龙江省齐齐哈尔市	日军遗弃化武伤人事故	芥子气	43 人中毒，其中 1 人死亡
2003. 12. 23	重庆市开县	特大天然气井喷事故	硫化氢	243 人死亡，2 142 人中毒住院治疗
2005. 3. 29	京沪高速淮安段	特大液氯泄漏事故	氯气	28 人死亡，350 人中毒住院治疗，近万人疏散
2005. 11. 13	吉林市吉化公司双苯厂	苯胺装置爆炸引起特大环境污染事故	硝基苯、苯胺	8 人死亡，数十人受伤，98 多吨硝基苯等苯类污染物排泄进入松花江，造成严重水体污染
2015. 8. 12	天津港	危险品仓库发生火灾爆炸事故	各种危险化学品	165 人遇难，8 人失踪，798 人受伤，直接经济损失 68. 66 亿元
2019. 3. 21	江苏省盐城市响水县	危险品仓库发生火灾爆炸事故	硝化废料	造成 78 人死亡、76 人重伤，640 人住院治疗，直接经济损失 19. 86 亿元

（一）东京地铁沙林事件

1995 年 3 月 20 日，在早晨上班的高峰时间，日本东京地铁系统中的日比谷线、丸内线、千代田线上共有 5 辆列车，霞关、筑地等 16 个车站遭到奥姆真理教恐怖分子沙林毒气袭击，这就是当时轰动国际社会的东京“3 · 20”地铁沙林事件。这 3 条地铁线都从被称为“日本神经中枢”所在地的霞关通过，日本政府的外务省、法务省、通产省、警视厅、最高法院等部门都在此处。因此，这次袭击的主要目标是乘地铁上班的国家公务员，特别是针对警方。这次东京特大毒气恐怖事件，共使 12 人丧生，5 500 多人受伤，1 036 人住院治疗。事发后据东京警方说，当时有 76 人在医院处于危险状态，46 人伤势严重，其中大多数是呼吸系统的问题。这次事件成为人类灾害史上的一次典型案例。日本首次派出自卫队防化部队予以支援。除对中毒人员进行急救外，还组织有关人员清除地铁污染物，以漂白粉水溶液进行消毒清洗，更新地铁空气，使沙林毒气事件的损害减少到最低限度。

经审讯发现，奥姆真理教其实不止一次实施过类似行动。1994 年 6 月 27 日，奥姆真理教恐怖分子在日本东京北部长野县松本市一居民区施放沙林毒气，造成 7 人死亡，586 人中毒，200 多人入院，其中多人留下严重的后遗症；“3・20”地铁沙林事件之后的 1995 年 4 月 19 日、5 月 5 日、7 月 2 日、7 月 6 日，奥姆真理教恐怖分子继续在东京、横滨等地使用芥子气、氰化物等化学毒剂制造恐怖事件，造成 645 人中毒。

事件发生后，麻原等主犯被捕。1995 年 6 月，东京地方检查厅以杀人和杀人未遂罪对麻原彰晃等 7 人提起公诉。2004 年 2 月 27 日，东京地方法院对制造东京地铁沙林事件的奥姆真理教教祖麻原彰晃进行一审宣判，以杀人罪、拘禁罪、非法制造武器罪等 13 项罪行的“首谋”罪名判处麻原死刑。到目前为止，地铁沙林事件的 5 名执行主犯中有 3 人被判死刑、两名被判无期徒刑。

（二）美空中打击南联盟化工设施

1999 年的科索沃战争中，以美国为首的北约对南联盟实施了 78 天的空中打击，轰炸了南联盟近千处工业设施，其中包括 20 多个大型化工厂、化肥厂、炼油厂。上万吨汽油、石油和天然气被导弹击中燃烧，多瑙河上形成了长 20 km、宽 400 m 的石油污染带，下游国家以及黑海沿岸人类及动植物的生存环境面临严重威胁。空袭引起的爆炸和火灾导致大量有害化学物质在 250 万 km^2 的地区内弥漫，成千上万的人被弥漫在空气中的二噁英、苯酚、铅、汞等污染物所毒害，其中数百人有生命危险。据估计共有1 500 t 单体氯乙烯(致癌物质)燃烧后排放到空气和土壤中，超出正常标准 3 000 倍，使人们患上各种癌症、血液病和严重的呼吸道疾病。北约毁坏了南联盟数十个发电站，使制冷剂等危害巨大的污染物溢出。这些物质对南大面积耕地形成污染，此后几十年里这些耕地上收获的农作物都会对人畜健康构成危害。

（三）伊拉克氯气爆炸袭击

2007年上半年，在伊拉克境内发生了多起类似的氯气爆炸袭击事件。首次袭击于1月28日发生在安巴尔省境内。一辆载有爆炸物和氯气罐的卡车被引爆，导致16人丧生。2月20日和21日又连续两次发生氯气炸弹袭击，造成包括妇女儿童在内的数百人伤亡。3月16日，三辆载有氯气的自杀式汽车炸弹在伊拉克西部安巴尔省爆炸，造成两名警察死亡，约350人中毒。这种新形式的袭击方式立即引起了驻伊美军、美国政府乃至国际社会的广泛关注。

据《纽约时报》报道，美国军方警告称，武装人员正在采取新的战略，即将氯气及其他化学气体与炸药结合，以在平民中造成更广泛的恐慌和破坏。2007年2月，美军在费卢杰附近发现一座汽车炸弹工厂，工厂内藏有炸药、丙烷罐、氯气罐和化肥等原料。驻伊美军二号指挥官雷·奥迪尔诺中将认为这些材料都可用于制造炸弹或增大炸弹杀伤力。

发生在伊拉克的氯气炸弹袭击事件被美军认为是“伊拉克武装分子目前已经改变了他们的袭击战术”。这不但引起了驻伊美军的高度重视，同时也令美国国内十分紧张。美国官方认为这种袭击方式很容易被恐怖分子采用进而对美国本土进行破坏。而且据美国的情报分析来看，恐怖分子对于发动类似袭击的物质条件和技术条件都日臻完备。2007年9月4日，德国安全机构在德国北莱茵—威斯特法伦州抓获的恐怖分子的藏身处查获了12桶730 kg的过氧化氢，证实了美国情报部门对恐怖分子利用过氧化物进行恐怖袭击的推测。

（四）印度博帕尔事件

在化学事故史上，规模最大、损失最惨重的是博帕尔毒物泄漏特大事故。1984年12月3日凌晨，印度博帕尔市美国联合碳化物公司的一家农药厂发生毒气泄漏事故，造成45 t剧毒的异氰酸甲酯（MIC）及其反应物迅速扩散。毒气波及50 km^2，使3 500多人中毒死亡，15万人接受治疗，5万人双目失明，许多吸入异氰酸甲酯的人发生剧烈咳嗽、窒息、眼睛模糊和呕吐。中毒严重者口吐白沫当场死亡。遭受异氰酸甲酯伤害的地区，除人员死伤外，家畜和鸟雀也尸横遍野，经济损失高达近百亿美元，这次灾难性事故所造成的死伤人数，大大超过了化学战史上任何一次毒剂攻击的伤亡数目。

早在 1972 年联合国化学武器裁军谈判委员会讨论限制化学毒剂生产的问题时，有些国家的代表就提到，与有机磷神经毒相比，氨基甲酸酯类化合物是一种潜在化学毒剂，其中某些毒性较大者有可能发展成为化学战剂；而对其主要中间体异氰酸甲酯，应予以控制。当时有专家称，从某种意义上说，博帕尔事件揭示了氨基甲酸酯类神经毒的潜在威力。

诸多因素共同酿造了这起骇人听闻的事故：厂址处于居民区的上风地带、工厂对 MIC 的毒性和急性中毒抢救常识一无所知、工厂管理混乱、工厂缺乏防护监测预警设施、员工缺乏充足的岗位培训等。

（五）天津港“8・12”事故

2015 年 8 月 12 日，位于天津市滨海新区天津港的瑞海公司危险品仓库发生火灾爆炸事故，造成 165 人遇难(其中参与救援处置的公安现役消防人员 24 人、天津港消防人员 75 人、公安民警 11 人，事故企业、周边企业员工和居民 55 人)、8 人失踪(其中天津消防人员 5 人，周边企业员工、天津港消防人员家属 3 人)，798 人受伤(伤情重及较重的伤员 58 人、轻伤员 740 人)，304 幢建筑物、12 428 辆商品汽车、7 533 个集装箱受损。截至 2015 年 12 月 10 日，依据《企业职工伤亡事故经济损失统计标准》等标准和规定统计，已核定的直接经济损失 68.66 亿元。经国务院调查组认定，天津港“8・12”瑞海公司危险品仓库火灾爆炸事故是一起特别重大生产安全责任事故。事故发生后，党中央、国务院高度重视。习近平总书记两次作出重要批示，并主持召开中央政治局常委会会议，对事故抢险救援和应急处置做出部署、提出明确要求。李克强总理率有关同志亲临事故现场指导救援处置工作，主持召开国务院常务会议进行研究部署。经各方努力，事故救援及现场处置任务于 2015 年 9 月 13 日完成，清运危险化学品 1 176 t、汽车 7 641 辆、集装箱 13 834 个、货物 14 000 t。798 名伤员得到妥善医治。

（六）江苏响水“3・21”事故

2019 年 3 月 21 日 14 时 48 分许，位于江苏省盐城市响水县生态化工园区的天嘉宜化工有限公司(以下简称天嘉宜公司)发生特别重大爆炸事故，造成78人死亡、76人重伤，640人住院治疗，直接经济损失198 635.07万元。

事故发生后，在党中央、国务院坚强领导下，江苏省和应急管理部等立即启动应急响应，迅速调集综合性消防救援队伍和危险化学品专业救援队伍开展救援，至3月22日5时许，天嘉宜公司的储罐和其他企业等8处明火被全部扑灭，未发生次生事故；至3月24日24时，失联人员全部找到。江苏省和国家卫生健康委全力组织伤员救治，至4月15日危重伤员、重症伤员经救治全部脱险。生态环境部门对爆炸核心区水体、土壤、大气环境密切监测，实施堵、控、引等措施，未发生次生污染；至8月25日，除残留在装置内的物料外，生态化工园区内的危险物料全部转运完毕。

事故调查组通过深入调查和综合分析认定，事故直接原因是：天嘉宜公司旧固废库内长期违法贮存的硝化废料持续积热升温导致自燃，燃烧引发硝化废料爆炸。

（七）英俄前双面间谍遭袭事件

2018年3月4日，在英国发生俄裔前双面间谍斯克利帕尔父女遭袭事件。事件不但造成父女二人生命垂危，最早接触的警察也出现相应症状，而且影响到周围的医院和超市等区域，英国紧急派出防化、消防人员进行取证、洗消和其他应急处置。随后，英国确认该毒剂为诺维乔克(Novichok)神经性毒剂，后经国际禁化武组织(OPCW)指定实验室对事发现场采集的样品进行分析，得到了确认。时隔三个月，英国再次发生化学毒剂使用事件。位于英国埃姆斯伯里地区一对伴侣先后在同一处住宅受到毒害，表现出与谢尔盖·斯克里帕尔及其女儿很相似的症状。后经英国波顿·唐国防科技实验室的检测显示，他们接触过“诺维乔克”神经性毒剂。此类事件的频繁出现，意味着对重要目标实施精准打击有可能成为使用化学武器的重要手段。此类事件既不同于化学武器的常规战场使用，也不同于类似东京沙林地铁事件的恐怖袭击。相较于前两者的大规模杀伤和无目标性，此类事件更具有突发性、隐蔽性和针对性，其效应堪比“斩首”行动。

第三节 非传统生物安全威胁

一、非传统生物安全威胁的内涵

生物安全是让所有生物处于安全或不受损害的状态。广义的生物安全是指生物体或其产物对健康、环境、经济和社会生活的现实损害或潜在风险，涵盖人类的健康安全、人类赖以生存的农业生物安全以及与人类息息相关的环境生物安全3个方面的内容。狭义的生物安全是指由于人为操作或人类活动而导致生物体或其产物对人类健康和生态环境造成的现实损害或潜在风险，是外来自然因素和人为因素对人类生命和健康造成的威胁。

生物安全威胁是指由现代生物技术开发和应用对生态环境与人体健康造成的潜在威胁，既包括恶意的，也包括自然发生的，既包括各种生物武器的威胁，同时也包括自然暴发的传染病的威胁。而非传统生物安全威胁是指除军事、政治和外交冲突以外的其他对主权国家及人类整体生存与发展构成威胁的生物因素，包括新发和再发传染病、生物恐怖、生物入侵、生物实验室事故，以及由生物技术发展产生的其他生物安全威胁。

二、非传统生物安全的形式与可能性

当前，世界范围内，环境变化、科技发展与社会经济全球化加速，刺激各类生物因子的自身扩张与传播所需条件的满足与实现，推动生物安全潜在危机的突显与激化，使危害来源更为广泛，形式更为多样，负面影响越显突出，非传统生物安全形势日益严峻。

（一）新发和烈性传染病严重危害人类健康

世界进入传染病高发期。一方面，原有病原体不断变异，或产生抗药性，或增加毒性，或重新流行。英国科学家的研究表明，在过去25年中，有38种人类新型疾病的最初传染源来自动物，平均每年就有1~2种新型疾病由动物传给人。据统计，从1973年到现在，全球大约出现过20多种广泛传播且抗药性非常强的致命疾病，这些疾病对人类的生存与安全构成了严重的挑战。另一方面，新传染病不断发现。新发传染病的病原微生物复杂，有病毒、细菌、立克次体、衣原体、螺旋体及寄生虫等，人类缺乏认识，又无天然免疫力，健康危害大，社会经济损失严重。据统计，20世纪80年代以来，在世界范围内发现和确认的新发与再发传染病近40种。传染病不仅在发病率方面居人类各种疾病的首位，而且在致死率方面也居全球人口死因之首，如艾滋病每年可造成全球200~300万人死亡，埃博拉出血热的死亡率更是高达50%~90%。

近年来，国内外传染病疫情频发，陆续暴发了H5N1禽流感、H1N1流感、H7N9禽流感、中东SARS、中东呼吸综合征、西非埃博拉、寨卡病毒、2019新型冠状病毒(2019-nCoV)等重大疫情，频率之高令人诧异，而HIV、结核、登革热、疟疾等所谓旧有的传染病仍然长期高位流行。2009年的甲型H1N1流感流行、2014年西非埃博拉病毒疫情、2019新型冠状病毒疫情等暴发特点说明，由于经济全球化所造成的人员流动造成对疫情监控更加困难，大规模传染病的跨国流行正在加剧，给人类健康造成了巨大的挑战。在我国，传染病同样是危害公众健康的重要问题，“旧传染病死灰复燃，新传染病不断出现”，特别是在农村和中西部欠发达地区，传染病危害尤为突出，在40多种新发传染病中，我国已发现20多种。近年来，我国HIV感染率逐年呈两位数增长，结核病、性病、血吸虫病危害与日俱增，SARS、人禽流感等新发传染病不断肆虐，各种重特大突发疫情时有发生。2019年12月，在我国湖北武汉暴发、继而演变为全国、全世界范围大流行的新型冠状病毒疫情，已经导致三千多万人感染，100余万人死亡，截至定稿时，疫情仍未得到有效控制。

（二）生物恐怖威胁进一步凸显

生物恐怖是指使用致病性微生物或毒素等作为恐怖袭击的武器，或通过一定的途径散布致病性细菌、病毒，造成烈性传染病的暴发、流行，导致人群失去活动能力和死亡，或是破坏动植物的活动和生长，引发社会动荡。近20年来，全球已发生多起生物恐怖事件。2001年美国发生炭疽邮件事件，导致22人感染、5人死亡；2002年津巴布韦一基督教派成员遭人投毒，造成7人死亡、47人受伤，折射出生物恐怖在全球范围蔓延、实施主体以非国家行为体为主体的特点。美国两党成员组成的一个委员会在2008年12月3日公布的报告中警告说，恐怖分子获得生物武器的可能性大于获得核武器。"防止大规模杀伤武器扩散与恐怖主义委员会"甚至建议奥巴马政府指派一位国家安全会议成员，专门负责协调防止核武器、生物武器扩散问题的情报与外交工作。英国《卫报》2015年2月21日报道，英军国防科技实验室下属的波顿当实验室在一份绝密文件中，评估了埃博拉病毒作为生物恐怖武器的潜在风险，以及基地组织、伊斯兰国（ISIS）等恐怖组织利用其攻击西方目标的可能性。英国皇家国际事务研究所发表的《2016年新发危险报告》指出，恐怖分子一直"渴望"获得生物武器，基地组织曾试图招募有生物学博士学位的人员，以达到获取生物武器的目的，基地组织成员还曾造访过英国生物安全3级实验室，希望获得病原体和炭疽疫苗。美国最新公布的《国家生物安全战略》也分析认为，"一些恐怖主义团体在试图获取生物武器"，将对美国的国家安全、人口、农业和环境构成重大挑战。在随着两用生物技术技术的门槛日益降低，西方国家普遍认为以生物黑客（biohacker）为代表的非国家行为体已成为生物恐怖威胁的主要来源。与国家组织相比，这类非国家行为体更加隐秘，研究自由度更大且难以被监管，业已具有基因编辑操作平台等典型两用技术的应用能力，并已成为美国除尖端学术机构、企业、政府研究机构、独立实验室之外第五大生物类研究组织。

（三）外来生物入侵威胁生物多样性、人畜健康

外来生物入侵加剧引起的生态安全、粮食安全和人口健康等问题日益加重。外来入侵物种能够通过与本地物种杂交、竞争、捕食等过程排挤本地物种的生态位，加速本地物种的消失，并导致当地生物多样性降低，生态环境退化。其次，由于缺少天敌，一些通过无意或有意途径引入的外来病虫害在当地大量繁殖，使农业、林业、畜牧业等行业遭受巨大损害，甚至直接威胁人类健康。而一些有毒或者能够携带病原体或寄生虫的外来入侵物种，甚至能直接威胁人群健康。20世纪80年代以来，外来生物入侵对

各国经济造成巨大危害，对生物多样性和人畜健康带来严重威胁，已成为各国可持续发展面临的共同问题。据统计，近年来美国、南非、印度等国每年因外来物种入侵造成的经济损失分别高达 1 500 亿美元，1 300 亿美元和 800 多亿美元，而全球因外来物种入侵给各国造成的经济损失每年超过 4 000亿美元。我国生物入侵面临的形势严峻，表现为入侵生物种类多、危害重、潜在威胁大。《人民日报》曾报道，我国几乎所有生态系统均遭入侵，已确认 544 种外来入侵生物，其中大面积发生、危害严重的达 100 多种。在国际自然保护联盟(RJCN)列出的全球 100 种最具有威胁的外来物种中，入侵我国的就有 50 余种。近 10 年来新传入我国的入侵物种有 20 余种，平均每年递增 1~2 种，侵入速度是 20 世纪 80 年代以前的几十倍。例如，国际著名的被称为小麦“杀手”的秆锈病新变种 Ug99，一旦入侵我国，极有可能将对我国 3.2 亿亩冬小麦造成毁灭性打击。

（四）生物实验室的泄露风险不容忽视

实验室生物安全隐患仍然存在，病原体意外泄漏或失窃可能带来生物安全危害，不仅可以导致实验室工作人员的感染，也可造成环境污染和公众感染，对动物、植物和人类带来巨大威胁。1979 年 4 月 3 日，苏联斯维尔德洛夫斯克市西南部发生炭疽芽孢杆菌意外泄露，造成下风向地域炭疽暴发流行，造成 1 000 多人发病，数百人死亡，间接影响至今仍然无法消除。近年来，美国生物安全实验室安全事件频发，包括 2014 年美国生物实验室对炭疽杆菌、天花病毒和禽流感病毒的操作失误、2015 年美国国防实验室通过邮件转运活体炭疽杆菌事件、密歇根州弗林特地区水系统污染事件等。2016 年 6 月，《今日美国》报道美国疾病预防控制中心(CDC)BSL-4 实验室曾发生多次安全事故，包括淋浴设备、出口门密封出现故障，以及进入高等级生物安全实验室的门无法保持关闭等。2003 年 SARS 暴发后，新加坡的专业实验室随即发生了一起 SARS 冠状病毒的实验室感染事件。这起实验室感染事件不仅造成了人员的伤亡，而且社会影响、经济损失也非常严重。此外，一些存放有重要病原体的高等级实验室生物安全一直是各国高度关注的重要安全问题。以天花病毒为例，虽然早在 20 世纪 70 年代末这种曾夺去无数人生命的恐怖病毒在自然界中就已经被消灭，但在美国亚特兰大的疾病预防控制中心和俄罗斯的病毒和生物技术研究中心仍然保留着用于科学研究的病毒样本，这在某种程度上来说对全世界都是巨大的安全隐患。

意外泄漏风险增加主要源于两种因素。一是世界上从事危险病原体研究的实验室越来越多。美国在 2001 年炭疽邮件事件后，为应对生物恐怖主义，高等级生物安全实验室数目显著增加。2018 年 2 月 23 日，美国疾病预防控制中心筹集约 4 亿美元，用来建造最先进的危险病原体研究实验室。其他国家为应对新发传染病威胁也在加紧高等级生物安全实验室建设。1990 年，世界上仅有 12 个生物安全 4 级实验室。到 2016 年，这一数字增加到 56 个，且许多实验室位于人口密集地区，全球有近 1 亿人(全世界人口总数的 1.8%)生活在 BSL-4 级实验室附近，是 1990 年的 4.6 倍。二是实验室工作人员相应增加。2004 年，美国获得许可从事管制生物剂工作的人数是 8 335 人，到 2016 年增加到 11 000 人。这些都大大增加因管理不到位而引发严重生物事件的可能性。

（五）生物技术谬用的潜在风险加剧

生命科学领域关键技术瓶颈的突破，导致专业化知识和技术平台门槛日益降低，容易造成技术的误用，也为技术误用和蓄意滥用提供了可能。例如，利用生物技术操作和修饰微生物，改变微生物的毒力、致病力、传染性和抗药性等特征；疫苗研制过程中，对病毒进行扩增、改造，甚至从头合成，可能无意中制造出具备强毒性的新型威胁因子。这些生物技术一方面能够推动科技的进步，促进人类预防与治疗疾病；但另一方面也有可能被恐怖分子所利用，研制出新型遗传重组微生物或毒素，甚至被恐怖分子和敌对势力设计生产成针对不同种族的“种族武器”。最近热议的人工合成马痘病毒的研究，为开发天花疫苗或基因疗法具有重要作用，但也可能再次引发天花疫情。大量生物技术公司能够提供专业化技术服务，加之基因遗传信息获取的便捷性，可为蓄意制造生物恐怖提供机遇。通过免费使用的生物信息数据库可查到高致病性基因的序列，甚至如何提高其致病性和传播能力的方法的学术文献也可轻松获取。这些都大大加剧了生物谬用和误用的风险。

20 世纪 70 年代现代生物技术出现伊始，部分科学家就提出应重视和防范生物技术的谬用。2001 年美国发生“炭疽邮件”事件使科学家认识到生物技术可能被谬用的现实威胁，防范与控制生物技术被谬用迫在眉睫。2011 年荷兰病毒学家通过现代生物技术研究出能通过空气传播感染雪貂的 H5N1 型禽流感病毒突变株，引起学术界和政府管理人员的严重关切和普遍担忧。2012 年年底，荷兰科学家对禽流感病毒进行基因改构实验再次引起了全世界持续广泛的争议，这也是生物技术两用性的里程碑事件。虽然出发点是为了研究疫情防控措施，但是工作内容的敏感性和科研过程的隐蔽性使人们普遍担忧生物技术谬用或误用的风险正在日益增大。随着科技信息加速传播，国际遗传工程机器大赛（iGEM）规模逐渐扩大，使得两用生物技术的普及率显著提高，寻找和培养具有相关专业知识和技术的人员变得非常容易。历史上科学研究“好心做错事”的例子并不少见，在缺乏有力的监管机制的情况下，类似活动很可能打开“潘多拉盒子”，如果被犯罪分子利用，必将引发对国际安全的重大威胁，甚至彻底改变世界。

（六）化生融合带来新的化学和生物威胁

在化学和生物防护领域，化生融合带来的技术革命和研究模式转变有可能突破以往的瓶颈，解决长久以来在防护、检测方面的难题，但也不可避免地会带来新的化学和生物安全风险，并对《禁止化学武器公约》（CWC）和《禁止生物武器公约》（BWC）的履约产生影响。

一是化生融合的发展为新型威胁的研发提供了技术手段。合成生物学是生物学与工程学、化学、计算机科学等学科交叉融合的一门新兴学科，在能源、生物医药、农业和化学等领域有着巨大的发展潜力和良好的应用前景。然而，与此同时，其研究与创新也面临着一定的风险与伦理挑战。从理论上来说，合成生物学等学科的日益普及有可能创造出新的化生战剂，能够人工设计合成致病力和传播力更强、耐药谱更宽的新型病原体，其危害更大，难以防范。2002 年，美国国防部 DARPA 开展脊髓灰质炎病毒的合成研究，首次证实在无模板情况下生物化学合成传染性病毒的可行性，这是世界上第一个人工合成的病毒。2005 年，美国应用反向遗传学技术重构 1918 年西班牙流感 H1N1 病毒，与同期流感病毒比较，重构的流感病毒致死率更高。鉴于合成生物学带来的潜在危害，美国国防部在 2017 年 3 月的一次内部讨论会上，明确将合成生物学带来的新威胁也列入大规模杀伤性武器中。

二是化生融合的发展对履约产生影响。在 CWC 和 BWC 的制约下，经典化学战剂和生物战剂的生产、使用和研发受到限制，而以生物调节剂和毒素为代表的中间谱系战剂有可能成为新型毒剂的主体，国际纯粹与应用化学联合会（IUPAC）在其 2013 年的报告“科学发展对化学武器公约的影响”中指出，合成生物学的发展使得大规模合成毒素、生物调节剂和其他生物活性分子成为可能，这些物质可以用于敌对的目的，对化学和生物安全以及公约履约造成新的威胁。OPCW 科学咨询委员会专家组的报告也指出，自然界存在合成含磷、硫和氟原子生物分子的天然代谢途径，通过生物学方法有可能获得经典化学战剂相关的磷、硫和氟化合物。同样，在 BWC 履约领域，各国专家已经注意到科学技术的新发展对公约履约的影响。美、英、德等国借《禁止生物武器公约》审议会先后强调，新型生物技术的两用性大大加剧了大规模疫情、生物恐怖主义的现实威胁。其中，美国已明确合成生物（biological synthesis）技术已将传统意义上的生物武器攻击范围扩大至包括“损毁橡胶和金属零件、降解燃料、食物及设备”等非生命物质；基因编辑技术可被用于修改或培育新的病原体和毒素，也可直接对人类、动植物的关键 RNA 功能进行破坏，从而制造出具有攻击性的“基因武器”。

三、非传统生物安全威胁的主要特点

作为非传统安全的代表，生物安全呈现出有别于其他传统安全的典型特点。

（一）非传统生物安全威胁具有跨国性和不确定性

一是生物风险来源的国际性。生物恐怖或者恶性传染病是全人类面临的重大生命与健康威胁，是对国际安全的共同挑战，同时也是各国经济发展的巨大威胁。在这个时代，生物风险既可以源自国内也可以来自国外，生物恐怖和传染病已不再是个别国家存在的威胁，而是这种威胁也扩展到其他国家以至全球；不仅是对某个国家构成安全威胁，而且对别国的国家安全也不同程度地构成危害。尤其是在全球化的背景下，不仅由于交通的发达、商业的繁荣使一国国内的人员流动的规模程度较以前大大增强，而且由于国际间的旅游开放、商业交往日渐频繁，人口的国际流动率迅速上升，这些都使病原体在全球传播的可能性大大增加，国与国之间的生物风险因素日益增多。现在许多疾病的潜伏期都很长，几乎都会长于36 h，也就是达到了全球任何两个地方之间的最长可能飞行时间。无论是恐怖分子，还是自然暴发的疾病的受害者，在出现症状之前都可能通过海关检疫，从而将疾病带到任何地方，国界线已无法阻止各种传染病的跨国传播。

二是生物安全威胁的不确定性。生物安全威胁既包括自然暴发的疾病的流行，也包括恶意的生物攻击行为，有时两者之间难以区分，一些隐秘的生物攻击有可能会被误认为疾病的自然暴发，特别是通过物体或水等媒介传播的病原体。理查德·贝茨警告说，现在“彻底毁灭的危险变小了，但大规模杀伤的危险更大了”，主要令人担心的不是拥有成千上万大规模杀伤性武器的对手，而是那些拥有少数杀伤性武器的敌人。在他看来，恐怖分子有可能使用生物武器来杀伤大量平民，因为生物武器比较容易制造、运输和走私，很难被发现，且杀伤性极强。

（二）非传统生物安全威胁具有多元性和危害严重性

一是威胁形式的多样性。生物威胁涵盖生物恐怖、突发传染病、生物入侵、实验室意外泄露等多种形式。这些形式在大多数案例中可以通过多种侦检手段判别出来，但有时需长时间研究才能得出正确结论，而有些案例虽经长时间研判也难于得出是生物恐怖袭击、突发新发传染病还是生物战等。生物安全威胁既可以表现为暴力性的生物恐怖，也可以表现为比较温和的传染病甚至生物事故；既可以表现为直接或显性的威胁，也可以表现为间接或隐性的威胁。在现代形势下，生物战的表现形式可能是类似生物恐怖，也可能表现为类似突发传染病或生物入侵等。生物威胁除了形式的多样性之外，威胁物质(生物剂)的多样性以及利用现代生物技术易于制造、便于携带、隐蔽性等，也都有别于其他形式。

二是威胁后果严重。生物威胁涉及的物质主体绝大多数是活的生物体，它的目标可能针对人，也可以针对动物、植物。对人可以是致死性的，也可以是非致死性的、失能性的。这些物质主体中有的并不能靠消毒剂即时杀灭，可能在环境中长期存活，产生长期危害，如炭疽芽孢杆菌芽孢。它可以袭击目标物的神经系统、免疫系统、呼吸系统、消化系统甚至生殖系统等。它发挥作用的物质也许并不仅仅是病原微生物，微生物也许只是一个载体系统，承载的物质可能是目标物的基因诱变物质、基因表达调控物质等，而这些作用及危害都是长期的。而生物事件后果往往影响到一个地区、一个国家甚至跨国范围，不仅会造成人员伤亡，而且也会造成长期的环境污染，甚至引起国际纷争和战争。例如用飞机喷洒，投下的带菌昆虫、动物等各种媒介在下风方向可造成几百或几千平方千米的污染区，从而在相当大的活动范围内造成大面积的污染，使人畜患病。美国流行病学家的评估表明，H5N1 禽流感若在美国发现而不加干预，就有可能会导致多达 1 900万美国人死亡，其规模可与 1918—1919 年发生在西班牙的流感相当。历史上，传染病的流行曾经改写历史。公元 571 年，埃塞俄比亚军队兵临麦加城下，但天花流行，使埃军濒于灭亡。公元 11—13 世纪，罗马教皇组织十字军远征期间，因天花流行而全军覆没。1812 年，拿破仑一世企图征服俄国，但斑疹伤寒流行，导致 50 万士兵丧生，无功而返。

（三）非传统生物安全威胁具有高扩散性

生物安全威胁的跨国性、不确定性和多元性导致生物安全威胁的高难度防扩散性。随着信息技术的发展，信息交流速度加快，信息传播范围更广，交流频度更大，控制的难度也大大增加。信息载体和信息交流的多样化使生物技术交流的形式更加多样，技术交流由有形的纸张传递向无形的电子和电磁信息转变，增大了信息交流的隐蔽性。技术人员全球流动的增多，增大了防生物扩散的难度。生物技术掌握在技术人员的大脑中，其所掌握的技术会因雇佣关系或工作关系的变化而属于不同的企业或国家，一旦被应用于生物武器研究，必将引起生物武器的扩散，如苏联大量生物武器技术专家外流就是造成生物扩散的一个重要源头。经济的全球化使生物制剂的流通量增大，流通方式多样化，增大了生物扩散的可能性。一些跨国生物制剂公司其原料、生产器材和设施的交流十分频繁，生物制剂相关物质经多国的转运后，很容易形成监控漏洞，一些唯利是图的企业可通过各国出口管制措施的不平衡进行非法交易，如伊拉克生物武器的发展就曾得到诸多跨国公司的支持。此外，技术的两用性也很难对生物技术进行有效的控制。

（四）非传统生物威胁防范具有复杂性

生物威胁多元化导致生物防范层次复杂。防生物扩散涉及科技、经济、法律等多个层面，科技和经济领域又涉及国家、政治集团、企业甚至于个人等不同层次，法律领域也涉及全球、局部地区和国家等不同层次，在防扩散方面其层次十分复杂。生物威胁来源具有多个层次，有来自国家的，有来自恐怖组织的，还有因突发事故引起的。因此，防范生物威胁也将区分为不同的层次。从军事上讲防范措施将包括战略、战役和战术 3 个层次，从政治上讲其将涉及政府、地方政治团体、组织和个人 4 个层次，从民族上讲其涉及种族和民族 2 个层次，从宗教上讲其涉及不同宗教、同一宗教的不同派别；生物危害的途径多样，可能会来自空气、水源、物品、动物和人员，因此，在防范措施的制定上也将分为整体、局部和重点部位等不同层次。

除此之外，构成生物威胁的主体物质——活的生物体或微生物种类是相当繁多的。仅我国公布的人间传染的病原微生物就有近 400 种；美国疾病预防控制中心（CDC）、美国国立卫生研究院（NIH）及欧盟等根据反生物恐怖需要提出的重要生物剂有几十种；联合国禁止生物武器公约议定书谈判“综合案文”将 51 种生物剂和毒素列入监控和核查清单；而近四十年来仅新出现的病原体就有 40 余种，且每年即有 1~2 种新病原体出现。生物威胁防范体系包括监测预警系统、生物检测系统、防疫系统、医疗救治系统和后果处置系统等方面，其涉及电子、生物、医学、化学等多个学科，并涉及一些跨学科门类，如生物化学、医药化学、生物信号技术、电子信号技术、生物免疫学等，其技术也相当复杂。

四、代表性事件

（一）生物恐怖案例

二次世界大战以来，受民族冲突、经济矛盾和社会矛盾的影响，生物恐怖事件不断发生。特别是20世纪80年代以来的20多年时间里，生物恐怖事件呈直线上升趋势。据统计，从1950年到2005年的55年间，全世界发生生物恐怖事件约为89起，导致50多人死亡，几百人感染致病。有代表性的案例如下：

1. 保加利亚叛国者事件

1978年，保加利亚叛国者乔治·马柯夫(Georgi Markov)和夫拉德米尔·考斯托夫(Vladimir Kostov)先后遭到暗杀。暗杀使用的是一种特制的伞式武器，伞的顶端有装填了蓖麻毒素的微型金属弹丸。马柯夫被伞尖刺中腿部，因刺进皮肤的弹丸释放毒素而中毒身亡。考斯托夫则因遭袭击时有衣服的遮掩而幸免于难。

2. 色拉污染事件

1984年9月末，拉金尼什(Rajneeshees)教徒在美国俄勒冈州的一家餐馆制造了用鼠伤寒沙门菌污染色拉的事件。拉金尼什教徒将自制的含有鼠沙门伤寒菌的酒秘密地喷洒于位于美国俄勒冈州的10家餐馆的色拉台的水果和蔬菜上，灌注到蓝纹奶酪的表面和桌面咖啡奶盅中，引发的伤寒暴发至少涉及751人。大部分病人在2~3天内出现食物中毒的症状。部分住院病人出现了结肠穿孔和结肠脓肿。

3. 潜艇事件

1984年11月30日，在大西洋某地一美军三叉戟潜水艇上，发生了肉毒毒素中毒事件。后来调查证实，这次中毒事件是由从地方订购的感恩节食品罐装橘汁被认为污染了肉毒毒素引起的，此次事件涉及两艘潜艇和一个基地，导致潜艇上13人中毒，其中10人死亡；基地50人中毒，40人死亡。事发24 h后，一恐怖组织声称与此次生物恐怖行动有关。

4. 炭疽邮件事件

“9·11”事件之后，美国发生了多起炭疽邮件袭击事件。从2001年9月22日—11月13日，恐怖主义分子将炭疽杆菌芽孢制成粉末状物，随信件寄往参议员、电视台、广播电台等处，并在信中写有“你们不能阻止我们，我们掌握炭疽”“你们现在要死了，你害怕吗?”等文字。信件在邮件分送、开启过程中，有关场所的空气及环境受到炭疽芽孢的污染，从而引发炭疽病，造成至少 22 人发病，5 人死亡。

此外，日本警方 1995 年 3 月在突击搜查日本奥姆真理教实验室时，发现他们正在进行一项原始的生物武器研究计划，研究的病原体有炭疽杆菌、贝氏柯可斯体和肉毒毒素，并发现肉毒毒素和炭疽芽孢以及装有气溶胶化的喷洒罐。警方调查发现，他们用炭疽杆菌和肉毒毒素曾在日本进行过 3 次不成功的生物攻击实验。

（二）重大传染病事件

1. 天花大流行

公元前 1100 多年，印度或埃及出现急性传染病天花。公元前 3—前 2 世纪，印度和中国流行天花。公元 165—180 年，罗马帝国天花大流行，1/4 的人口死亡。6 世纪，欧洲天花流行，10%的人口死亡。17、18 世纪，天花是欧洲最严重的传染病，死亡人数高达 1.5 亿。19 世纪中叶，中国福建等地天花流行，病死率超过 1/2。1900—1909 年，俄国因天花死亡 50 万人。

2. 鼠疫大流行

公元前 430—前 427 年，雅典发生大瘟疫，近 1/2 人口死亡，整个雅典几乎被摧毁。有专家认为此疫即鼠疫。历史上明确记载的第一次世界性鼠疫大流行始于公元 6 世纪，源自中东，流行中心为东地中海沿岸，持续近 60 年，高峰期每天死亡万人，死亡总数近 1 亿人。最令人恐怖的是第二次世界性鼠疫大流行，史称“黑死病”，1348—1351 年在欧洲迅速蔓延，患者 3~5 d 内即死，3 年内丧生人数达 6 200 万（有的说是 3 000 万），欧洲人口减少近 1/4，其中威尼斯减 70%，英国减 58%，法国减 3/4。1348 年疫情高峰时，佛罗伦萨、威尼斯、伦敦等城市的死亡人数均在 10 万以上。此次“黑死病”延续到 17 世纪才消弭。流行范围较广的是第三次世界性鼠疫大流行。1894 年，香港地区暴发鼠疫，20 世纪 30 年代达到最高峰，波及亚洲、欧洲、美洲、非洲和澳洲的 60 多个国家，死亡逾千万人。其中，印度最严重，20 年内死亡 102 万多人。

3. 霍乱大流行

19 世纪初至 20 世纪末，大规模流行的世界性霍乱共发生 8 次，地区性流行也出现过几次。1817—1823 年，霍乱第一次大规模流行，从“人类霍乱的故乡”印度恒河三角洲蔓延到欧洲，仅 1818 年前后便使英国 6 万余人丧生。1826—1837 年，霍乱第二次大流行，穿越俄罗斯并先后到达德国、英国、加拿大和美国。1846—1863 年，霍乱第三次大流行，波及整个北半球。1865—1875 年，霍乱第四次大流行，由一艘从埃及到英国的船所引发。1883—1896 年，霍乱第五次大流行，到达了埃及。1910—1926 年，第六次霍乱大流行。1961 年出现第七次霍乱大流行，始于印度尼西亚，波及五大洲 140 多个国家和地区，报告患者逾 350 万。1992 年 10 月，第八次霍乱大流行，席卷印度和孟加拉国部分地区，短短 2~3 个月就报告病例 10 余万，死亡人数达几千人，随后波及许多国家和地区；1997 年 9 月起，霍乱在非洲大规模蔓延，仅 1998 年的头 3 个月乌干达就报告病例 11 335 例，肯尼亚报告病例 10 108 例。

4. 大规模流感

早在公元前 412 年的古希腊时期，希波克拉底就已经记述了类似流感的疾病。1510 年，英国发生有案可查的世界上第一次流感。1580、1675 和 1733 年，在欧洲均出现大规模流感。1889—1894 年，“俄罗斯流感”席卷整个西欧。最致命的是席卷全球的 1918—1919 年流感。它可能源于美国，1918 年 3 月 11 日美国的一个军营 107 名士兵首次发病，不到两天即有 522 名士兵被感染，一周之内各州均出现病例，数月传遍全国，但未被引起高度重视。4 月，流感相继传至欧洲、中国、日本。5 月，流感遍布非洲和南美。9 月，疫情达到高峰。10 月，流感便使美国的死亡率达到了创纪录的 5%。当年，近 1/4 的美国人得了流感，67.5 万人死亡。全球约有 2 000~5 000万人在这场流感灾难中丧生。18 个月后，这场疾病离奇地消失。1957 年的“亚洲流感”和 1968 年的“香港流感”也波及世界多个地区。“亚洲流感”在美国导致 7 万人死亡，“香港流感”使美国 3.4 万人因感染致死。1977—1978年的“俄罗斯流感”始流行于苏联，后又波及美国及其他许多国家。

5. 甲型 H1N1 流感

甲型 H1N1 流感是一次由流感病毒新型变体所引发的全球性流行病疫情。2009 年 3 月月底，该流感开始在墨西哥和美国加利福尼亚州、得克萨斯州暴发，继而迅速在全球蔓延。截至 2009 年 7 月，甲型 H1N1 流感病毒目前已扩散到世界各大洲的 168 个国家和地区，造成全球 1 100 余人死亡，全球确诊病例总数为 16 万余人。世卫总干事陈冯富珍宣布把这次疫情定位为“国际关注的突发公共卫生事件”，世卫组织宣布把甲型 H1N1 流感警戒级别升至最高级 6 级，这意味着世卫组织认为疫情已经发展为全球性“流感大流行”。甲流全球大流行对旅游业的影响将非常、非常严重，估计最恶劣情况是旅客急跌 25%~30%，全球经济损失超过 2 万亿美元。受疫情影响，墨西哥内需低迷。首都墨西哥城的商业销售额同疫情暴发前相比下降了 25%，餐饮业营业额降幅达 70%，有关禁令使墨西哥城每天的损失高达 5 700 万美元，相当于当地经济总量的三分之一。

6. 艾滋病传播

艾滋病是人类近代医学史上最引起人们关注和最使人恐惧的一种疾病。自 20 年前美国加州大学洛杉矶分校医学中心首次发现艾滋病后，该病在全世界迅速蔓延，对人类健康造成了重大威胁。据世界卫生组织(WHO)和联合国艾滋病规划署(UN-AIDS)估计，到 2000 年年末，全球 HIV/AIDS 感染的成人和儿童数可达 3 610 万人。其中 2000 年新感染者有 530 万人，其中有 60 万为年龄小于 15 岁的儿童。自从流行开始到 2000 年年末，全球估计有2 180万成人和儿童死于 HIV/AIDS 感染。

7. SARS 事件

2002 年在中国广东顺德首发，并扩散至东南亚乃至全球，直至 2003 年中期疫情才被逐渐消灭的一次全球性传染病疫潮。有超过 8 000 人染病，近 800 人死亡。2003 年 4 月 15 日，世界卫生组织将香港、新加坡、多伦多、河内、中国台湾、中国大陆的广东和山西列为疫区。4 月 16 日，世界卫生组织正式宣布 SARS 的致病原为一种新的冠状病毒，并命名为 SARS 病毒。SARS 导致 770 余人死亡，对世界各国特别是亚洲国家的经济造成了重大影响。据亚洲开发银行(ADB)统计，因受 SARS 影响，全球在此期间经济总损失额达到 590 亿美元，其中中国内地经济的总损失额为 179 亿，占中国 GDP 的 1.3%，中国香港经济的总损失额为 120 亿美元，占香港 GDP 的 7.6%。

8. 西非埃博拉疫情

2014 年西非埃博拉病毒疫情是自 2014 年 2 月开始暴发于西非的大规模

病毒疫情，截至2014年12月17日，世界卫生组织（WHO）发表数据显示埃博拉出血热疫情肆虐的利比里亚、塞拉利昂和几内亚等西非三国的感染病例（包括疑似病例）已达19 031人，其中死亡人数达到7 373人。在世界卫生组织（WHO）的统一组织下，全球各国给予西非三国极大支持并最终在2015年年底至2016年年初完全控制了疫情。据WHO 2016年3月30日最后一期《埃博拉疫情报告》统计，西非埃博拉疫情共计报告病例28 646例（含疑似和可能病例），死亡11 323例。自2015年年末疫情基本得到控制以来，随后几次出现零星病例，提示疫情虽难以再次大规模暴发，但反复局部发生可能性仍存。2017年5月，刚果再次暴发埃博拉疫情。西非国家几内亚、塞拉利昂、利比里亚等，仍是疫情重灾区，共有约8 000人不治身亡。

9. 寨卡病毒疫情

寨卡病毒是一种蚊媒黄病毒，1947年通过一个黄热病监测网络首次在乌干达的猴子中发现。之后于1952年在乌干达和坦桑尼亚联合共和国的人类中间得到确认。20世纪60年代到80年代，从非洲到亚洲都发现有人类感染，通常伴随轻微病症。始自2015年的寨卡病毒疫情从巴西开始在全球范围内广泛传播。据WHO统计，截至2016年12月1日，寨卡病毒疫情已经波及67个国家和地区。其中56个国家和地区是首次出现寨卡病例，12个国家报告了人际间传播病例，26个国家报告了寨卡病毒相关的婴儿小脑症，19个国家报告了寨卡病毒相关的GBS综合征。2016年，WHO先后3次更新“寨卡战略应对计划”，对疫情、应对目标、计划和资金都进行了计划和建议。2016年9月以来，东南亚多国出现本土感染病例，包括新加坡、菲律宾、泰国、越南、马尔代夫、印度尼西亚、马来西亚等。WHO认为，东南亚本土感染疫情可能进一步扩大。截至2019年7月，世卫组织六个区域中的四个——非洲、美洲、东南亚和西太平洋都发现了由蚊子传播的寨卡病毒。

10. 2015年MERS疫情

中东呼吸综合征（MERS）是由一种新型冠状病毒（MERS-CoV）感染而引起的病毒性呼吸道疾病，2012年在沙特阿拉伯首次被发现。冠状病毒是一组能够导致人类和动物感染发病的病毒，能够引起人类发生从普通感冒到严重急性呼吸综合征（SARS）的多种疾病。与引发严重急性呼吸综合征

(SARS)相比，这一病毒同属冠状病毒，传播力较弱，但致死率更高。2015年5月，韩国出现首例中东呼吸综合征患者。仅三周时间，疫情就在韩国境内快速蔓延。医院疫情防控系统出现漏洞，致使病毒形成“二次传播”。脱离防疫监测的第14名感染者成为“超级传播者”，在三星首尔医院就诊后的短短4 d内，就导致91人感染，医院被迫暂停运营。2015年，韩国暴发的MERS疫情持续7个月，导致187人感染，其中38人死亡，近1.7万人隔离。疫情的扩大还导致外国游客锐减，给韩国经济造成了很大冲击。截至2016年11月30日，WHO共计报告MERS病例1 813例，死亡645例。

11. 2019年新型冠状病毒疫情

2019年12月以来，湖北省武汉市持续开展流感及相关疾病监测，发现多起病毒性肺炎病例，均诊断为病毒性肺炎/肺部感染。2020年1月12日，世界卫生组织正式将造成武汉肺炎疫情的新型冠状病毒命名为“2019新型冠状病毒(2019-nCoV)”。1月30日，世界卫生组织(WHO)宣布，将新型冠状病毒疫情列为国际关注的突发公共卫生事件(PHEIC)。此后，冠状肺炎疫情在世界范围内急剧扩散，新增病例数量近乎指数级增长，几乎遍及每个国家和地区。据世卫组织每日疫情报告，截至北京时间2020年6月26日16时，全球新冠肺炎确诊已突破960万例，累计死亡达40万余例。

（三）重大动物疾病事件

1. 疯牛病事件

疯牛病学名为“牛海绵状脑病”，是一种发生在牛身上的进行性中枢神经系统病变，症状与羊瘙痒症类似，俗称“疯牛病”。受疯牛病危害的不仅是牛，人若食用了被污染了的牛肉、牛脊髓等，也有可能染上致命的新型克-雅氏症。1985年4月，发现可疑病例，1986年，发现患牛17例，1994年5月，13万头牛患病，焚烧400万头牛，直接损失60亿美元。付农民赔偿费200亿英镑。1996年3月20日，英国政府正式承认疯牛病可传染给人，潜伏期5~15年。2000年，英国在人群中出现第一例通过母体感染疯牛病的患者。

2. 禽流感疫情

禽流感是禽流行性感冒的简称。是由A型禽流行性感冒病毒引起的一种禽类(家禽和野禽)传染病。禽流感病毒感染后可以表现为轻度的呼吸道症状、消化道症状，死亡率较低；或表现为较严重的全身性、出血性、败血性症状，死亡率较高。1997 年 12 月，香港报道的人类 H5N1 型禽流感(高致病性禽流感)病毒感染，在那次暴发流行中，18 人住院，6 人死亡。所有病例病因都是与患病鸟类接触后感染的，其中农场 1 例，活禽类市场 17 例。2003 年 11 月，韩国、日本、越南局部地区暴发了鸡、鸭禽流感，到 2004 年 1 月 14 日为止，越南已有 12 人因感染禽流感死亡。2004 年 1 月 15 日，在台湾的彰化出现中国首例禽流感患者。截至 2004 年 2 月 16 日我国内地确诊禽流感的地区涉及 15 个省份，分别是广西、湖北、湖南、安徽、广东、上海、新疆、浙江、云南、河南、甘肃、陕西、江西、天津和西藏。统计显示，这 15 个省份中，确诊发生禽流感疫情的有 41 个县。

3. 口蹄疫疫情

口蹄疫，俗名“口疮”“辟癀”，是由口蹄疫病毒所引起的偶蹄动物的一种急性、热性、高度接触性传染病。主要侵害偶蹄兽，偶见于人和其他动物。其临诊特征为口腔黏膜、蹄部和乳房皮肤发生水疱。历史上，1967 年英国口蹄疫大暴发导致 40 万头牛被屠宰，损失 1.5 亿英镑。2001 年上半年，口蹄疫在欧洲开始大规模发生，后来在世界许多地发都有发生。口蹄疫是一种由病毒感染引起的偶蹄动物，如牛、羊、猪、骆驼、鹿等共患的急性接触性传染病。易感染口蹄疫的偶蹄动物约有 70 多种。口蹄疫病毒生命力很强。含病毒的组织或被病毒污染的饲料、皮毛和土壤等可数周至数月保持传染性。受感染后恢复健康的动物会长期携带病毒。2003 年，在东南亚地区多次暴发口蹄疫，损失严重。仅台湾地区就宰杀猪超过 20 万头。

4. 非洲猪瘟疫情

非洲猪瘟(ASF)是由非洲猪瘟病毒(ASFV)感染家猪和各种野猪(如非洲野猪、欧洲野猪等)引起一种急性、出血性、烈性传染病。世界动物卫生组织(OIE)将其列为法定报告动物疫病。其特征是发病过程短，最急性和急性感染死亡率高达 100%，临床表现为发热(达 40~42℃)，心跳加快，呼吸困难，部分咳嗽，眼、鼻有浆液性或黏液性脓性分泌物，皮肤发绀，淋巴结、肾、胃肠黏膜明显出血，非洲猪瘟临床症状与猪瘟症状相似，只能依靠实验室监测确诊。本病自 1921 年在肯尼亚首次报道，一直存在于撒哈拉以南的非洲国家，1957 年先后流传至西欧和拉美国家，多数被及时扑灭，但在葡萄牙，西班牙西南部和意大利的撒丁岛仍有流行。2007 年以来，非洲猪瘟在全球多个国家发生、扩散、流行，特别是俄罗斯及其周边地区。2018 年 8 月 3 日，中国确诊首例非洲猪瘟疫情。截至 10 月 23 日 9 时，全国共发生 46 起疫情，涉及 12 个省(市、区)的 31 个地市(盟)，因非洲猪瘟疫情影响扑杀生猪超过 20 万头。

（四）实验室安全事件

实验室是进行科学研究和实验教学的重要场所，实验室生物安全(laboratory biosafety)也是科研人员和社会大众普遍关注的问题，生物安全事件的发生，不仅可能导致实验室工作人员感染，更有可能造成环境污染和大面积人群感染。据国内外有关实验室感染报道的统计，实验室易感染的病原微生物种类至少有 159 种，感染例数达 6 000 例以上，见表 2-5。代表性案例如下：

在 20 世纪五六十年代，苏联的某实验室就曾发生实验人员因操作不慎，打破装有感染了委内瑞拉马脑炎病毒的鼠脑安瓿造成了 24 例感染的重大事件。

1961 年在莫斯科 Gamateya 研究所从事肾综合征出血热(HFRS)研究的实验室发生了气溶胶感染，造成 113 人感染和发病。

1979 年 4 月 3 日，在位于苏联乌拉尔南部的大工业城市斯维尔德洛夫斯克的生物武器实验室发生爆炸，约 10 kg 的炭疽芽孢粉剂泄露，爆炸释放出大量的细菌毒雾，造成附近 1 000 多人发病，数百人死亡。

1993 年，美国疾控中心报告了 17 名实验室技术人员因经皮穿刺接触，导致感染人类免疫缺陷病毒(HIV)。

2003 年 1 月 11 日，美国密执安州立大学布氏杆菌病实验室发生布氏杆菌泄漏事件，共感染了 45 人，死亡 1 人。美国华盛顿国立卫生研究院的一次 Q 热实验室感染，导致 153 人发病，1 人死亡。

2003 年以后，新加坡、中国台湾和大陆的实验室先后出现了重症急性呼吸综合征(SARS)病毒的泄漏事故，造成多人受到感染。

2004 年 5 月 5 日，俄罗斯新西伯利亚病毒学与生物技术国家科学中心的 46 岁女科学家在 BSL-4 实验室中对感染埃博拉病毒的豚鼠进行抽血操作时，被带有豚鼠血液的注射器意外扎伤左手掌。后因救治无效死亡。

2011 年 4 月，美国 35 个州相继发生鼠伤寒沙门氏菌疫情，造成至少 73 人染病，其中 1 人死亡。

2014 年 6 月，美国某高级别生物安全实验室 86 人接触到致命炭疽菌，疑似在对活炭疽菌进行灭活时，没有遵循正确的程序，将带有活炭疽菌的样本转移到三个低级别实验室。

实验室发生生物安全事故，其主要原因与从事病原微生物操作的实验人员接触机会较多、传播途径不明、并受实验条件有限和缺乏足够的个体防护措施等有关；实验人员安全防护意识淡薄也是导致实验室感染的重要因素。实验室事故也与实验室的数量成正比例增长。USAMRIID 在 2006—2009 年分别发生了 8、9、20 和 17 起生物实验室安全事故。美国 CDC 2012 年报告显示，2004 年美国仅发生了 16 起特殊病原实验室病菌丢失或泄露事件，而在 2008 年和 2010 年则分别为 128 和 269 起。

表 2-5　国内外部分国家（地区）实验室感染事件

年份	国家/地区	病原体	感染数
1941	美国	布鲁菌	74
1956	苏联	委内瑞拉马脑炎病毒	24
1959	中国	流行性出血热病毒	1
1961	苏联	流行性出血热病毒	93
1967	德国	马尔堡病毒	13
1977	日本	流行性出血热病毒	11
1979	苏联	炭疽菌	350
1979	英国	天花病毒	2
1980	中国大陆	流行性出血热病毒	6
1998	中国大陆	流行性出血热病毒	9
2002	美国	炭疽菌	1
2002	美国	西尼罗河病毒	2
2003	新加坡	SARS 病毒	1

续 表

年份	国家/地区	病原体	感染数
2003	中国台湾	SARS 病毒	1
2004	中国大陆	SARS 病毒	2
2004	俄罗斯	埃博拉病毒	1
2004	中国台湾	登革热病毒	1
2005	中国大陆	流行性出血热病毒	4

第三章　非传统 CBRN 安全威胁防范策略

“9·11”事件之后，以美、俄为首的世界许多国家充分意识到非传统CBRN威胁已经严重影响和危害其国家安全，于是纷纷制定了相应的防范非传统CBRN安全威胁的政策法规、战略规划及应急预案，不断完善非传统CBRN事件的应急响应体系，大力加强CBRN应急响应力量建设，积极应对非传统CBRN安全威胁。

第一节　政策法规与发展战略

一、核与辐射安全相关政策及战略

随着近年来世界范围非传统核与辐射安全问题凸现，许多国家政府非常重视研究有关核与辐射危害的预防和处置等问题，研究制订了相应的政策、法规、发展战略及应急预案，从理论上指导核与辐射危害防范行动，一方面防患于未然，另一方面在发生核与辐射危害时能够采取正确、有效的措施，最大限度地降低危害影响。

（一）国际通用政策法规

国际社会在核与辐射危害防范领域有几个著名的公约，如：《核安全公约(1994年)》《核材料实物保护公约(1979年)》(该条约在2005年增加“核材料和核设施的实物保护”内容)、《不扩散核武器条约(1995年)》《及早通报核事故公约(1986年)》《核事故或辐射紧急情况援助公约(1986年)》……这些公约的基本目的是通过加强本国核安保措施与国际合作，包括适当情况下加强与安全有关的技术合作，以在世界范围内实现和维持高水平的核安全；在核设施内建立和维持防止潜在辐射危害的有效防御措施，以保护个人、社会和环境免受来自此类设施的电离辐射的有害影响；防止带有放射后果的事故发生和一旦发生事故时减轻此种后果。总之，为国际间核安全合作起到促进作用，也为各有核国家制订相应的核安全法规提供了共同的参照系。

上述条约中，《及早通报核事故公约》和《核事故或辐射紧急情况援助公约》是核应急领域最为重要的两项法律文件，它们确立了便于在核事故或辐射紧急情况下交换信息、迅速提供援助，以尽量减小其后果的国际框架机制。根据上述两项公约，国际原子能机构（IAEA）在应急准备与响应方面负有特殊职能，世界卫生组织（WHO）、世界气象组织（WMO）、联合国粮农组织（FAO）是两项公约的正式缔约方。

2011 年日本福岛核事故发生后，世界各国和国际的核安全监管力度提升到历史最高高度，提出了核领域监管独立性的要求。各核电大国对自身的监管部门分工和监管职能的独立性进行反思和总结，重新定位核安全监管职能，将所有核安全、核安保和核材料许可证颁发相关事项纳入一个国家核安全监管部门。如，美国核管理委员会（NRC）、日本原子能监管委员会、俄罗斯联邦核及辐射安全委员会、法国核安全局（ASN）、韩国核安全与核安保委员会（NSSC）和加拿大核安全委员会（CNSC）等机构，分别对本国的核安全进行独立监管。

虽然国际社会就核与辐射安全问题制定了诸多法律，但是在国际多边反核恐怖方面仍然存在不足。俄罗斯于 1998 年提出《制止核恐怖主义行为国际公约》（以下简称公约），经过长达 7 年的谈判后，2007 年 7 月 7 日，该公约正式开始生效。作为联合国框架内第十三个国际反恐公约，它将核恐怖主义确定为犯罪，国际法与各国国内法都应明确制止宣扬、开展核恐怖活动的行为，并为此进行国际合作。公约的生效标志着国际社会的反恐法规建设已基本覆盖了所有安全领域。任何宣传和通过掌握放射性材料、核材料、核装置和核设施的行为而危害他人、某一国际组织或国家的行为，均属核恐怖主义行为。公约的制定，切合了形势的需求，要求缔约国调整国内法，制止在其国土上酝酿针对该国和其他国家的核恐怖行为，并在侦查、防范、制止、调查以及情报分享和罪犯引渡方面开展国际合作，从而弥补现有国际法规体系对处理此类犯罪活动的不足。

目前，国际上尚未建立普遍适用的核安全机制，也未有一个全面的法规或具有法律效应的标准。2010 年 4 月，首届国际核安全峰会与会各国对国际核恐怖主义威胁达成共识，认为“核恐怖主义是国际安全最具挑战性的威胁之一，强有力的防范措施是防止恐怖主义、犯罪分子及其他非授权行为者获取核材料的最有效途径”。

2014 年，第三届核安全峰会倡议建立永久性的全球架构以保障核材料安全防止其落入恐怖分子之手。会上发布了《海牙公报》，就如何维护全球核安全达成了一系列新的共识，主要包括：一是减少可能被恐怖分子用于制造核武器的危险核材料的数量，主要是高浓铀和杯；二是加强对有可能被用于制造脏弹的放射性核材料的安全管理，包括低浓铀、钴-60 等；三是加强国际信息交流和国际合作，各国同意共同构建一个有效持久的全球体系以打击核恐怖主义，包括制订条约和指导方针、建立组织机构等。

（二）美国有关政策和法规

美国一贯重视通过立法来界定政府机构在紧急情况下的职责和权限，理顺各方关系。据统计，美国先后制订了上百部专门针对自然灾害和其他紧急事件的法律法规，且经常根据情况变化进行修订。

（1）《放射性弥散装置（RDD）和粗糙核装置（IND）事件防护行动应用导则》

“9·11”事件加大了国际社会对核恐怖活动的关切。美国制定了应急响应计划，然而仍认为在放射性应急响应和灾后重建方面存在漏洞。2006 年 1 月，美国国土安全部发布《放射性弥散装置（RDD）和粗糙核装置（IND）事件防护行动应用导则》（以下简称《导则》）意向书。

《导则》的正文部分有 6 章：引言、RDD 和 IND 事件的特征、响应阶段、RDD 和 IND 事件防护行动及防护行动指南、联邦执行和操作指南。另外还列出了 5 个附件。

国土安全部称，颁发《导则》的目的是在发生放射性散布装置或粗糙核装置事件后，为联邦、州和地方政府保护公众和应急响应人员以及减少环境辐射影响提供统一的联邦指导，确保地方政府和联邦的第一响应人员能够正确处理可能出现的问题和情况，指导有关机构针对意外事故或故意释放放射性物质的核恐怖事件等不同情况，给出了预计民众受到的放射性剂量水平和需要采取的特殊防护行动，以减少或避免公众或工作人员受到过多放射性的影响。《导则》与国家事件管理系统（NIMS）和国家响应计划（NPR）并存。

（2）大规模杀伤武器（WMD）防御法

1996 年 9 月，美国国会正式通过《1996 大规模杀伤武器（WMD）防御法》，简称 NLD 法（3 名该法提案议员姓名缩写），并列为《国防权威法》97

财政年度的一个附录。

NLD 法的主要内容有：应当增加政府对恐怖主义者使用 WMD 的响应能力；应制定有应急响应支援计划，以便向联邦、州和地方政府有关机构提供信息，包括核、化学、生物战剂的发现与监测，应急人员与公众的防护、去污等，设备的使用与维护；建立电话热线以及培训等应急支持；建立快速响应信息系统，采取措施(如为边境安全采购探测设备，支援有关国家防止非法转移与运输核、生、化武器及相关物质，加重对非法进出口核、化、生武器物质或技术的罪犯的刑罚等)阻断 WMD 及相关物质等。NLD 法还包括对抗 WMD 扩散的政策与对策的协调。

NLD 法做出的一些主要结论也具有借鉴意义，包括 WMD 及相关物质与技术从世界范围的来源日益增加，其信息可从因特网获得，而核、生、化武器的原料有可能通过商用渠道购得；伴随苏联的解体，滋长了核、生、化武器及相关物质扩散的可能性；获得或研制与使用 WMD 已经有效地成为很多极端主义分子和恐怖主义者的活动潜力，以及美国当前对核、生、化恐怖主义准备严重不足，通过培训和演习能显著改进应急准备工作等。

(3)联邦辐射应急响应计划(FRERP)

美国三哩岛核电厂事故后，1979 年 7 月美国总统发布行政命令 E012148，委任联邦应急管理局(FEMA)制定“国家意外事件计划”，以做好对核电厂事件的应急准备，FEMA 于 1985 年发布了第一版联邦辐射应急响应计划(FRERP)。

(三)世界一些国家有关核与辐射问题防范的政策和法规

1. 俄罗斯

建立完善的法律法规是俄罗斯核应急机制的重要保障。俄联邦于 1994 年通过了《关于保护居民和领土免遭自然和人为灾害法》，对在俄生活的各国公民，包括无国籍人员提供旨在免受自然和人为灾害影响的法律保护。1995 年 7 月，俄联邦通过了《事故救援机构和救援人员地位法》。在发生紧急情况时，联邦政府可借助该法律协调国家各机构与地方自治机关、企业、组织及其他法人之间的工作，规定了救援人员的救援权利和责任等。

2. 日本

日本在防范突发事件和灾害立法方面建有完善的体系，《紧急事态法》

是灾难管理的法律基础。在核事故应急管理方面，日本政府于2000年6月实施了“核灾害事件应急特别方案”。方案要求对核设施的安全性实施严格的控制，防止灾害事件的发生，并规定灾害事件发生时应成立综合应急指挥中心，指挥中心直接隶属于内阁首相。

3. 英国

英国为了防范次生核化威胁等突发事件，建立完善了一整套危机管理法律法规及制度。如英国新修订了《公民应急法(2005版)》，并有配套实施的《应急准备》《应急响应与恢复》《中央政府的应急安排》，以及各个牵头政府部门的应急预案等，从而在法律上构建了完整的英国危机管理体系。这些法律保障英国政府、各部门、机构、组织在应急状态下行使权力，确保危机处理有法可依。

（四）近期国际社会有关核与辐射防范问题的战略举措

2016年3月31日—4月1日，第4届核安全峰会在美国华盛顿召开，这次峰会以“加强国际核安全体系”为主题，共有52个国家的领导人或代表，以及国际组织负责人与会。会议发表了2016年核安全峰会公报。公报认为：核恐怖主义和放射性恐怖主义仍是国际安全面临的最严峻挑战之一，而且这种威胁正不断演变。

会议强调《核材料实物保护公约》及其2005年修订案和《制止核恐怖主义行为国际公约》的重要性；重申致力于实现核裁军、核不扩散及和平利用核能这一共同目标；重申各国为和平目的发展和利用核能的权利；重申各国在时刻保持各自控制的所有核材料、其他放射性材料，包括核武器中所用核材料和核设施的有效安全方面负有根本责任。

二、化学安全相关政策及战略

（一）国际通用政策法规

20世纪90年代以后，随着国际社会对化学品安全的日益关注，联合国有关机构通过制定了一系列有关化学品安全的国际公约/协定，见表3-1。通过建立国际化学品安全管理合作体制、实施化学品风险评价和风险管理等方式，促进全球化学品安全、人类健康和环境保护。

表 3-1　1990—2010 年国际社会有关化学品安全的主要公约

国际组织	国际公约/协定	适用范围
国际劳工组织	关于作业场所安全使用化学品的公约和建议书(1990)	化学品分类、标志
国际化学品安全规划	关于农药危险性分类和分类准则(1990—1991)	农药危险性分类和准则
联合国环境规划署	里约环境与发展宣言和 21 世纪议程文件(1992)	有毒化学品环境无害化管理
国际劳工组织	关于预防重大工业事故的公约(1993)	重大工业事故的防范和控制
禁止化学武器组织	禁止化学武器公约(1997)	全面禁止和彻底销毁化学武器
联合国环境规划署、粮农组织	关于在国际贸易中某些危险化学品和农药预先知情同意程序鹿特丹公约(1998)	禁止或严格限制化学品
联合国欧洲经济委员会	关于获取信息、公众参与决策和环境修正公约(1998)	确认可持续发展只有通过所有利益相关者的积极参与才能实现
政府间化学品论坛	巴伊利亚化学品安全宣言(2000)	各国化学品管理行动重点
联合国环境规划署	关于持久性有机污染物斯德哥尔摩公约(2001)	禁止或淘汰某些持久性有机污染物
联合国 GHS 专家小组委员会	全球化学品统一分类和标签制度(2002)	化学品危险性分类、标签和公示标准
联合国危险货物运输专家小组委员会	关于危险货物运输建议书规章范本(2003)	危险货物分类、运输和包装规定
联合国/世界卫生组织	《国际化学品管理战略方针》(SAICM)(2006)	综合性政策框架

1992 年在巴西里约召开的联合国环境与发展大会(UNCED)上通过了《21 世纪议程文件》，提出化学品健全管理的基本内容包括：适当的化学品立法；信息收集和散发；风险评估和解释能力；制定风险管理政策；实施和执法能力；污染场地修复和中毒人员的康复能力；有效的教育培训计划；突发事件应急能力。

1998 年组织间化学品健全管理规划机构(IOMC)公布的《国家化学品管

理和安全计划核心要素》文件中指出，世界各国通过赞同《21世纪议程》第19章，并在各种国际论坛的背景下，认识到将化学品健全管理作为可持续发展的关键组成部分的重要性。实现化学品健全管理需要一种全面的方法，旨在降低风险并预防化学品生命周期的各个阶段，从生产或进口到加工、储存、运输，销售、使用和处置的不利影响。实现化学品健全管理是一个涉及政府、工业行业、农业部门、工人、研究机构和学术界、公益团体和公民个人等广泛参与过程。

2006年2月6日，在迪拜举行的第一届国际化学品管理大会（ICMM 1）上，正式通过了《国际化学品管理战略方针》（SAICM）。这是联合国/世界卫生组织为促进全世界化学品安全而制定的一项综合性政策框架，是保护人类健康和环境安全的一项标志性国际措施，同时也是协调推进各项国际化学品公约与协定的重要工具。作为指导世界各国健全化学品安全管理的框架性文件，SAICM的总体性目标是实现"最迟到2020年，对化学品整个生命周期进行良性的管理，尽可能将使用和生产化学品对人类健康和环境的影响减小至最低"。SAICM由三部分核心内容组成：《迪拜宣言》《总体政策战略》（OPS）、《全球行动计划》（GPA）。

迪拜宣言是2006年2月6日第一届国际化学品管理大会（ICMM 1）提出的对SAICM作出的政治性承诺。迪拜宣言共30条，指明了SAICM的主旨和中心思想，包含了国际化学品管理现状、参与的组织机构、当前国际化学品管理的问题以及承诺执行等方面内容。宣言最后指出，决心以一种公开的、具有包容性的、参与式的和透明的方式充分合作执行SAICM。《总体政策战略》规定了SAICM的范围、需求、目标、资金考虑、基本原则和做法以及实施与进展评估。《总体政策战略》中第24~25条阐述了国际化学品管理大会（ICCM）的职责和作用。按照SAICM的要求，国家化学品管理大会承担着定期审查SAICM实施情况的责任。国际化学品管理大会的各级会议定期与有关政府间组织理事会的会议衔接举行，以强化协同增效作用，加强战略方针的多部门性质和成本效益。国家化学品管理大会分别于2006年、2009年、2012年、2015年和2020年举行。全球行动计划（Global Plan of Action，GPA）介绍了各利益相关方为实现《迪拜宣言》和《总体政策战略》中提出的承诺和目标而可能涉及的哥哥工作领域及自愿性开展的活动。

为促进SAICM总体目标的顺利实现，化学协会国际理事会（ICCA）在第一届化学品管理大会上首次提出了全球产品战略(Global Product Strategy, GPS)的构想。第二届化学品管理大会通过了全球责任关怀宪章和全球产品战略(GPS)。GPS是化学工业实行自我管理的措施之一，是对化学品制造和使用进行风险评估的一种制度，鼓励化工企业自行收集化学品安全数据，并与公众分享。GPS要求公司之间共享相关安全信息，并开发风险评价与风险管理程序，从全球范围加强对安全评估的指导，协助规定化学品使用条件并向公司提供指导，加强与用户、公众、以其他利益相关方的服务与对话。创建快速启动方案(QSP)是为实现SAICM总体目标而执行的“能力建设”活动之一。QSP是一个自愿的、有时间限制的信托基金，目标是“支持发展中国家、最不发达国家、小岛屿国家和经济转型国家的初期能力建设和SAICM框架下的活动”。QSP由联合国环境规划署负责行政管理，还包括多变、双边以及其他形式的合作。2010年4月，应SAICM总体政策战略第28条f项要求创建并公开了网络信息交流中心。该中心由德国政府提供资金支持。并且在“能力建设”的框架下，SAICM信息交流中心网站已经合并纳入了化学品健全管理能力建设信息交流网站的数据资料和许多功能。

近年来，联合国相关机构以及发达国家主管部门发布的关于化学品健全管理官方文书中提出了化学品健全管理的内涵、基本任务以及一系列指导原则。2010年联合国开发计划署(UNDP)将化学品健全管理(Sound management of chemicals)定义为：“在化学品的生命周期过程中，采用最佳的管理实践，预防和在不可能预防时，减少或者尽量降低人类和环境对有毒化学品和危险化学品的潜在暴露。”对世界各国化学品风险防控，实现化学品健全管理具有普遍指导意义。

化学品健全管理目标是保护人类健康，避免化学品对环境的不利影响。联合国开发计划署指出，各国应当努力制定和执行化学品健全管理政策和计划。各国政府应与工商界、学术界、其他非政府组织和公众进行协商制定这些政策和计划。化学品管理、环境与健康管理政策通常应当与国家其他重大政策，如经济发展、贸易、社会事务、农业生产和公共卫生等政策共同考虑。为了预防或减轻已确定的风险，化学品管理政策和计划应当针对化学品的采矿提取、进口、制造、加工、搬运处置、运输、储存、使用和处置的整个生命周期。

确保最迟至2020年时，依据科学风险评估结果，综合考虑安全替代品的费效比，不再生产或使用那些对人类健康和环境构成不可接受风险和无法控制风险的化学品；基于科学的风险评估结果并考虑所涉及的具体成本和效益，尽最大限度降低那些对人类健康和环境构成不可接受风险和无法控制风险的化学品的无意排放的风险。

联合国共193个国家2015年9月在美国纽约通过的《变革我们的世界：2030年可持续发展议程》文件提出了17项可持续发展目标，其中有两项目标涉及化学品和废物的健全管理，即：目标3：确保健康的生活，促进所有年龄人口的福祉。到2030年，大幅减少危险化学品以及空气、水体和土壤污染造成的死亡和患病人数；目标12：确保可持续消费和生产模式。到2020年，根据商定的国际框架，实现对化学品和所有废弃物整个生命周期的环境健全管理，并大幅度削减其向空气、水和土壤的排放，以便尽量减少其对人类健康和环境的不利影响。到2030年，通过预防、减少、再生利用和重复使用，大幅度第减少废弃物的产生。该议程涉及经济发展、社会进步和环境保护3个方面，三位一体、缺一不可。这无疑明确了全球化学工业在可持续发展中的定位和发展方向。

在近年的化学品安全管理，国际社会越来越重视绿色化学和可持续化学原则。绿色化学系指遵循绿色化学品的12项原则(即，预防废弃物、设计更安全的化学品和产品、设计低危险性化学合成工艺、使用可再生原料、使用催化剂而非化学计量的试剂、避免化学衍生物、原子经济最大化、使用更安全的溶剂和反应条件、提高能源效率、设计使用后可降解的化学品和产品、实时进行分析，防止污染和尽量减少发生事故的可能性等)，减少或消除生产、设计和化学应用过程中对危险物质需求与生成的一种化学方法。

经济合作与发展组织(OECD)则将“可持续化学(Sustainable chemistry)”定义为：“可持续化学是一个科学概念，其寻求提高自然资源利用效率，以便满足人类对化学产品和服务的需求。可持续化学包括设计、制造和使用高效、有效、安全和更环保的化学产品和过程”。可持续化学也是一个过程，其刺激所有行业的创新，以便设计和发现新的化学品、生产工艺过程以及产品管理实践来提高绩效和增加价值，同时实现保护和增强人类健康和环境的目标。

（二）欧盟有关政策和法规

欧盟国家在化学品安全管理上都执行欧盟指令和法规。为了协调统一欧共体国家对化学品安全的管理规定，欧共体理事会发布了《关于统一危险物质分类、包装和标志的指令》，并根据形势发展进行了多次修订。通过了《防止化学事故的塞维索指令》《关于防止危险物质重大事故危害的指令》（塞维索指令Ⅱ），加强重大化学危险源的安全和污染控制。2001 年欧盟针对现行化学品管理制度的缺陷，发表了《关于欧盟未来化学品政策战略》，并形成《关于化学品登记、评估和授权和限制法案（REACH）》，2007 年 6 月 1 日起该化学品监管体系开始实施，2008 年全面开始执行。根据 REACH 法规，有下列之一的物质，可以被视为非常高关注物质（SVHC）的：CMR 类，致癌物、致突变物、对生殖系统有毒的物质；PBT 类，持久性、生物累积性的有毒物质；vPvB 类，永久性和高生物积累物质；以及其他可能对人类健康环境产生严重影响的物质。它的监管范围几乎涉及所有（除食品、药品、农药）销售到欧盟的产品，规定任意一种高关注物质含量大于 0.1%且该物质进入欧盟的年总量>1 t 时，进口商需履行注册、通报、授权等义务。

欧盟国家对化学品，特别是新化学品的控制非常严格。新化学品必须要进行危害性鉴定、分类和评价，测定物理和化学特性、危险特性、毒性和健康危害数据等。欧盟 2003 年出台的新化学品法规要求建立统一的数据库，在 2012—2020 年完成目前市场上所有化学品的数据测定。欧盟对化学品的生产、使用、储存等重大危险源控制，对现有化学品的控制都有专门的指令，对欧盟国家危险货物运输也有统一的法规模式，见图 3-1，其他方面的法规运行模式也与此类似。新的欧盟化学品分类、标签和包装法规（EU-CLP：Regulation（EC）1272/2008）已于 2009 年 1 月 20 日开始执行，EU-CLP 贯彻了联合国全球化学品分类与标签统一协调制度（GHS），将逐步取代欧盟原有的两个指令：Directive 67/548/EEC（物质的分类与标签）和 Directive 1999/45/EC（配制品的分类与标签）。CLP 法规要求供应商的物质在其首次上市的 1 个月内必须到欧洲化学品管理局（ECHA）告知其分类和标签，即进行 CLP 通报。

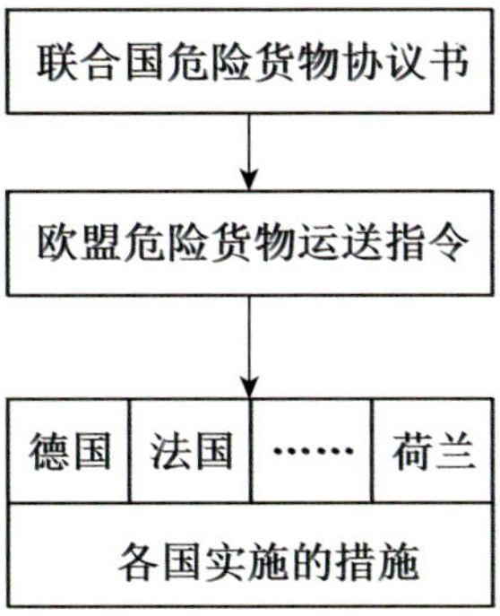

图 3-1 欧盟国家危险货物运输执行的法规模式

（三）部分国家政策和法规

早在 20 世纪 70 年代中期，美国、日本、欧洲工业发达国家就相继制定并不断完善化学品安全和环境管理法律法规，以加强对危险化学品的安全管理。到了 20 世纪 80 年代，发达国家普遍建立了一整套化学品安全管理和应急管理的法规和标准。

1. 美国

与世界其他国家相比，整体上来说，多年来美国危险化学品生产安全事故的发生数量是处于低位波动状态的。虽然危险化学品的生产使用数量在逐年大幅上升，但与之相关的生产安全事故却被控制在较为平稳的水平。这是美国政府和社会各界共同努力的结果，归根于危险化学品安全生产相关法律法规体系的健全完善、政府应急管理的科学全面，以及社会专业机构和专家的深度参与。

美国政府一直重视对危险化学品安全生产的立法和完善工作，制定和颁布了大量与危险化学品相关的法律法规，保障了危险化学品应急管理工作开展的合法性。美国先后制定了《有毒物质控制法》《职业安全与卫生法》《危险物质运输法》《应急计划与公众知情权法》《综合环境响应、赔偿和责任法》等一系列法律，加强化学品安全管理和化学危害应急响应的相关工作。另外，联邦应急管理署的《应急计划技术指南》、OSHA 标准《高危险化学物质生产过程安全管理》、环境保护署标准《风险管理计划》等对企业事故应急也提出了要求。

首先，对于一般生产经营活动中的危险化学品安全生产管理，从保障作业场所员工职业安全健康着手，其主要相关法律为《职业安全健康法》。该法于 1970 年经美国国会通过并颁布实施，奠定了美国现代职业安全健康发展的法律基础。

其次，对于影响范围更加广泛的危险化学品管理，为了解决其对社会各类活动、生态环境和公众安全健康等影响问题，美国政府于 1976 年颁布了《有毒物质控制法》(TSCA)。该法内容涵盖了危险化学品生产、运输、存储和使用等各个过程中的安全管理，建立了包括危险化学品报告、记录、跟踪、测试和使用等规定要求的一整套危险化学品管理制度，通过加强对各环节危险化学品的规范管理，降低其对环境、经济和社会造成的风险。2016 年 5 月通过了对有毒物质控制法规(TSCA)的修订，2016 年 11 月，美国环保署公布了《有害物质控制法》修订后的首批 10 种有害化学品目标清单。

再次，对于危险化学品生产、运输、存储和使用等重点关键环节，美国政府还颁布了更加专业严格的法律，特别是为了提高油气管道和危险化学品运输的安全性，美国政府于 2004 年颁布了《特别计划改进法》，明确要求要采取必要的措施，提高油气管道和危险化学品运输的安全水平，将其安全可靠的运输到工业企业和公众消费者手中。

此外，美国总统签署的相关行政令和总统令等也对危险化学品应急管理工作起到了很大的促进作用。

2. 日本

日本曾由于出现“水俣病”等 4 大公害事件，进而高度重视化学品安全问题，成为世界上第一个通过制定化学物质控制法对安全性进行控制的国家。日本先后颁布了《化学物质审查和生产控制法》(化审法)、《有毒有害物质控制法》《农用化学品控制法》《工业安全与卫生法》《禁止化学武器及特定化学品管理法》《特定危险废物进出口控制法》等有关化学品安全管理的法律法规。经过多年的不断完善和发展，日本建立了比较完备的化学品管理法律法规体系，形成了以《化审法》为核心，以特定类别化学品管理法律、管理与限制化学品排放的法律、保护消费者安全的法律，以及近百项政令和省令为补充的化学品管理法规基本框架，对化学品引起的职业安全问题、消费者安全问题、环境污染等问题实施了有效的管理。表 3-2 显示了日本主要化学品法规组成的框架体系。

表 3-2 日本化学品管理的相关法律法规

法律法规	主管部门	管理对象	法律目标
食品卫生法（1947）	厚生劳动省	食品添加剂、玩具，洗涤剂，包装与容器	目标在于防止化学品通过食入或饮用水造成卫生危害，确保食品安全，保护居民健康
农用化学品管理法（1948）	农林水产省 环境省	农用化学品	化学品风险评价与风险管理类法规，通过建立农用化学品登记系统，管理农用化学品的销售和使用，确保安全使用，在保护环境与人体健康的同时保证农业产量
肥料管理法（1950）	农林水产省	化学肥料等	管理肥料的注册、测试等，确保肥料安全应用和公平贸易，维护和改善农业产量，保护人体健康
爆炸品控制法（1950）	经济产业省	火药、爆炸物、引爆物等	通过对火药、爆炸物等物品生产、销售、储存、运输等环节的管理，预防灾害事故的发生，保护公众安全
有毒有害物质控制法（1950）	厚生劳动省	特定有毒物质、有毒物质、有害物质	化学品风险评价与风险管理类法规，从人体健康与卫生角度，对有称有害物质实施必要的管理
高压气体安全法（1951）	经济产业省	高压气体	预防高压气体造成的灾难事故，管理高压气体的生产、储存、销售，运输以及处理等环节，确保公众安全
医药事故法（1960）	厚生劳动省 农林水产省	药品，化妆品，医疗器械等	对药品、化妆品，医疗器械等开展管理，确保其安全、有效，保护人体健康
家居物品质量标签法（1962）	内阁府 经济产业省	纺织产品，塑料物品，电子电气设备等	确保家居物品的正确标签，保护一般消费者的利益
大气污染控制法（1968）	环境省	有害大气污染物	化学品风险管理法规，管理固定源排放的烟、尘、VOC 等物质，制定汽车废气排放标准，保护人体健康与生态环境免受有害大气污染物的危害
废弃物处置与清理法（1970）	环境省	废弃物	化学品风险管理类法规，法规的目标是通过压缩与控制废物的排放来保护生态环境，改善公众健康，采取措施促进废物的科学分离、收集、运输、循环和处理等
水污染控制法（1970）	环境省	废水	化学品风险管理类法规，通过对废水排放的管理，实现对地表水与地下水环境质量的保护

续 表

法律法规	主管部门	管理对象	法律目标
工业安全与健康法(1972)	厚生劳动省	职场所涉及的化学品	化学品风险评价与风险管理类法规，保护职业场所劳动者的安全与健康，预防与避免化学品工业事故的发生，建立危害预防标准，明确安全与健康管理的义务，促进预防工业事故的自愿性活动的开展等
含有害物质家居产品控制法(1973)	厚生劳动省	包含在家居产品中的物质	化学品风险管理类法规，法规目的是通过采取必要的措施，管理包含在家居产品中的有害物质，保护人体健康
化学物质审查和生产控制法(1973)	厚生劳动省 经济产业省 环境省	化学品(除农用化品，肥科、药品等受其他法规管理的化学品)	化学品风险评价与风险管理类法规，法规目的是建立对新化学物质生产或进口前的评价体系，对现有化学品依据属性进行生产、进口或使用环节的管理，防止环境污染以及对人体健康的风险
特定危险废物与其他废物进出口控制法(1992)	经济产业省 环境省	特定的危险废物	确保合理执行巴塞尔公约，管理国内危险废物的出口、进口、运输和处置，保护人体健康与生态环境安全
关于掌握特定化学物质环境释放放以及促进改善管理的法律(1999)	经济产业省 环境省	化学品(包括消耗臭氧层物质)	化学品风险管理类法规，法规目的是通过对指定化学品环境释放与转移数量的申报，促进企业自愿提高对化学品的管理水平，减少化学品的风险
土壤污染对策法(2002)	环境省	特定有害物质	化学品风险管理类法规，法规目的是通过实施有效的管理对策，防治土壤污染，控制特定有害物质，防止这些有害物质对人体健康产生危害效应，保护人体健康
食品安全基本法(2003)	内阁府	食品，食品添加剂，农用化学品，兽药，包装容器等	法规目的是对过建立基本原则，采取最为广泛的促进政策，明确中央政府与地方政府在食品安全管理中的责任，确保食品安全

(1)日本按照化学品各类用途(药品、农药、食品添加剂、工业化学品等)分别建立专项立法。例如，《化学物质控制法》管制对象为工业上作为原材料使用的化学品，即通常所述的工业化学品(General industrial Chemicals)。该法管制的化学品适用范围不包括元素、天然产品、放射性物

质或者根据《有毒和有害物质控制法》管制的特定有毒物质。《食品卫生法》管制的食品和食品添加剂等,《农用化学品管理法》管制的农药使用;《医药品法》管制的药品使用等不在其适用范围之内。(2)按照化学品生命周期过程的环节进行立法监管。日本认为,应当对化学品实施全生命周期,包括生产(进口)、加工使用、储存、运输直至废弃处理处置进行立法管理,但不是通过一部立法来实施管理。例如,日本《化学物质控制法》管控工业化学品的生产(进口)、加工、使用环节的审查与风险评估与监管;《工业安全与卫生法》管控作业场所化学品的职业安全与健康监管;《PRTR 法》专门监管化学物质环境排放与转移和相关信息公示;《大气污染防治法》《水污染防治法》和《土壤污染对策法》分别监管各类污染物排放控制;《废弃物处置与清扫法》》监管固体废弃物处理处置;《消防法》等监管危险货物(含危险化学品)的道路运输和事故应急等。

2010 年 4 月修订的《化学物质控制法》全面施行后,日本化学品管理政策理念由以往仅根据化学品固有危害性的"基于危害管理"转变为既考虑化学品固有危害性,也考虑其暴露量的"基于风险的管理",并紧跟国际化学健全管理发展趋势与需求适时修订完善。日本化学品管理理念转向"基于风险的管理"。主要体现在以下方面:(1)采用"透明的基于科学的风险评估程序",同时考虑"预先防范的方法"。所谓"预先防范的方法(Precautionary Approach)"是指在制定和实施日本环境保护基本规划时,"缺乏充分的科学确定性"不应当作为推迟采取措施的理由,同时应当采取行动改进对科学的认知。(2)全面考虑化学品风险高低,调整其管理类别。《化学物质控制法》修订后,日本改变了原来单纯基于固有危害性高低来选择管制对象的做法,而是全面考虑其风险高低来确定。(3)化学品申报登记管理充分考虑化学物质环境暴露量。日本在筛选优先评估化学物质中,环境暴露量的估算不是简单地将化学物质的生产量或者进口量等同视为"环境暴露量",而是以化学物质生产、使用中"环境释放量"作为评价其暴露量大小的依据。在暴露评估中,将化学物质的不同用途种类直接相关的排污因子乘以其生产量分别计算出环境释放量。其暴露量的计算结果更为科学。

日本化学品相关法律都明确列出管理重点对象物质并公布管理名单。例如,《化学物质控制法》主要用于监管工业化学品,其重点放在四类化学品监管上,即:(1)第 1 类特定化学物质(具有持久性、高生物蓄积性和对人类健康或者对食物链顶端动物具有长期毒性的化学物质)；(2)第2类特定化学物质(具有持久性、低生物蓄积性和对人类或人类生活环境中动植物的长期毒性，且在广域环境中大量残留的化学物质)；(3)监测化学物质(具有持久性和高生物蓄积性，但长期毒性不确定，需要开展测试研究的物质，作为第Ⅰ类特定化学物质候选对象)；(4)优先评估化学物质(具有持久性、低生物蓄积性，在环境中有相当数量残留，但未明确查明其不会造成长期毒性，不能确定其对人类和环境动植物有足够低风险的物质，作为第2类特定化学物质的候选对象)。日本《PRTR法》管制的重点化学品为：第1类指定化学物质和第2类指定化学物质(对人类和生态系统造成危害，且在自然环境中广泛分散存在并可能暴露的化学物质)，尤其是特定第1类指定化学物质(具有人类致癌性、生殖细胞致突变性或生殖毒性的物质)。

日本化学品审查与评估的核心是“审查筛选”和“风险评估”。日本《化学物质控制法》无论对新化学物质，还是现有化学物质都是遵循“申报→审查筛选→(优先物质)风险评估→发布管理名单→实施管理监控”的审查评估基本模式。截至2019年4月底，日本根据《化学物质控制法》审查评估并发布第1类特定化学物质33种，第2类特定化学物质23种，监测化学物质41种，优先评估化学物质251种。

日本《化学物质控制法》不是对所有审查的化学物质都进行风险评估，而是对审查筛选确定的“优先评估化学物质”进行风险评估。所谓优先评估化学物质是指“具有持久性、低生物蓄积性，确认其在环境中有相当数量残留，但未查明其长期(慢性)毒性，不能确定对人类和生活环境中动植物有足够低风险的物质”。目前日本主管部门已经公布优先评估化学物质251种。日本对各类管控化学物质实施针对性监管措施。

日本《PRTR法》是化学品环境立法管理的重要手段。美国根据《应急计划与公众知情权法》，最早建立并成功实施有毒物质释放报告制度(TRI)。加拿大、英国、澳大利亚、韩国等国家也根据《环境保护法》等法律实施了PRTR制度，而日本是世界上制定PRTR专项立法的少数国家(还有欧盟、法国)之一。PRTR法实施的主要功效，掌握指定化学物质环境排放量和环境介质及地域分布情况，为化学品风险评估中暴露水平提供支持。PRTR地图使人们能够一目了然地了解到指定化学物质的排放点位和环境排放数量。

日本还是世界上仅有全面开展环境中化学物质调查监测的国家，只有掌握各种环境介质中高关注化学物质浓度和地域分布，才能采取针对性有效措施，做到大气、水体和土壤环境介质的保护。

日本化学品健全管理建立了“法律标准体系”“化学品 GLP 实验室测试体系”和“化学品安全信息平台”三大支柱。日本高度重视化学品信息平台建设，也是发达国家中化学品安全信息平台的佼佼者。各主管部门和技术支持机构的官网及时公布化学品管理法规政策、导则规范、化学品 GHS 分类以及国际化学品管理动向等信息(日本版和英文版概要)。如日本国立技术与评估研究所(NITE)建立维护的“日本化学品风险信息公示平台(CHRIP)”“亚洲—日本化学品安全数据库系统(AJCSD)”和“日本化学品综合知识数据库(J-CHECK)”，为日本各界和国际化学品健全管理提供技术支持和信息服务等。

3. 德国

德国是欧盟成员国之一。根据欧共体成立条约，遵照欧盟理事会颁布的化学品安全管理指令和法规进行统一管理。但它同时还具有自己的特色，其中很突出的一点就是它的法规密度非常大。德国颁布了多层次的化学品安全管理法律法规：第一层次，必须遵守欧盟理事会颁布的欧盟指令或法规；第二层次是联邦政府制定的法律以及根据法律制定的法令和规章、技术规则；第三层次是各州在本辖区内制定的地方性法规。此外，德国工业协会也制定了一些自愿性承担法律义务的行业和准则。

对于德国或欧盟，在法规制定以及实施阶段，相关利益方的协商是非常重要的。它的目的是尽量确保各方面利益都能考虑到从而制定切实可行的措施并有效执行。通常这些法规在具体执行方式上会给企业一定的自由度。企业在不违背法规本意的前提下可以自由选择他们认为合适的方式去达到这些法规要求。

法规的制定以及政府的监管集中在危害性较大的关键领域，例如，关于化学品的危害性分类，对于一般化学品企业可以依据现有标准自行分类。同时，欧盟会基于风险分析选择具有较大危害的化学品来对其进行统一的危害性分类并强制执行，这些分类过程通常是公开透明的，最终的分类结果也是基于各利益相关方协商的结果。

对于化学品安全管理，除了相关的法规，行业协会的作用也非常重要。比如：德国员工互保协会(Berufsgenossenschaft)会发布关于事故预防和工人安全的标准，所有会员公司必须遵照执行。这些标准是由协会和会员公司基于科学的方法共同制定的。内容包括事故预防、职业防护以及污水处理等。另外，员工互保协会在员工遇到工伤事故时也会提供援助，包括工资、医疗费以及康复方面的支持。德国化学工业协会(VCI-Verband Der Chemischen Industrie)制定过关于化学品储存的指南用于指导会员公司的化学品储存管理。该指南也被德国劳动和社会事务部采纳以推荐的形式发布。

对于法规的执行，政府通常是通过定期审核来进行监管。在德国，对于企业合规性的审核监管是由各州负责执行。每个州都有责任部门来确定企业审核的频次，具体流程以及收费机制。审核的范围包括工人安全、工厂安全、危险物质管理、泄露应急处理、建筑设计、环保等方面。虽然审核内容会涉及不同部门制定的法规，但审核的具体执行都由一个部门来完成。审核员需要有一定的资质，具有大学教育背景并接受过政府部门的培训，了解审核涉及的所有相关领域。对于一些特定领域(比如工厂安全)，政府部门也会邀请这些领域的专家参与审核。审核有可能事先通知企业，也有可能突击检查。审核的频率取决于工厂的风险程度(通常每个工厂每3~5年审核一次)。审核结果会和企业沟通后执行，对于不符合项，企业需要给出整改措施和期限，甚至被处罚款。审核员会协助工厂管理人员来提高工厂的化学品管理水平。除了来自政府部门的审核，行业协会也会安排相应的审核。比如员工互保协会针对工人安全保护会进行单独的审核(比如是否有合适的保护装置、空气质量控制情况、产品安全技术说明书中提到的风险控制措施的执行情况等)。除了外部审核，企业自身会进行更频繁的内部审核。这些内部审核对于确保企业化学品的安全管理是非常有效的，并且这也是企业践行责任关怀的自我承诺。综上所述可以看出，德国的化学品安全管理是基于切实可行的化学品安全管理法规，良好的监管体系和有效的行业自律共同作用的结果。

德国主要化学品安全管理法规包括：

(1)强制执行的欧盟法规

欧盟化学品注册、评估、许可和限制法规(EU REACH，EC1907/2006)

物质和混合物分类、标签和包装法规(EU CLP，EC1272/2008)

(2)已纳入德国法规执行的欧盟指令

关于工作场所化学物质风险管理指令(Directive 98/24/EC)，对应德国法规：Gefahrstoffverordnung，BGBl. I S. 1643，1644。

产品安全指令(Directive 2001/95/EC)，对应德国法规：Equipment and Product Safety Act (ProdSG)。

关于采取鼓励改善工人在作业中安全和健康条件的措施的指令(Council Directive 89/391/EEC)，对应德国法规：Arbeitsschutzgesetz-ArbSchG。

赛维索指令-关于危险物质重大事故危害控制的指令(Seveso Directive 2012/18/EU)，对应德国法规：关于环境污染的联邦控制法令 Federal ambient pollution control act (Bundes-Immissionsschutzgesetz)，危险事故法令(Störfall-Verordnung StörfallV)。

(3)德国特定法规

职业安全法规(ASiG)

产品责任法律(ProdHaftG)

(4)行业协会的规定或指南文件

德国员工互保协会(Berufsgenossenschaft)

事故预防规定(BGV AV 1 Provisions for incidence prevention)

职业防护医疗护理规定(BGV AV 4 Preventive occupational medical care)

污水处理设施规定(BGV C5 Provisions for sewage water technical plants)

德国化学工业协会(VCI-Verband Der Chemischen Industrie)

化学品储存管理(Leitfaden für die Zusammenlagerung von Chemikalien)

4. 韩国

2016 年 12 月 28 日，韩国化学物质管理协会(KCMA)对 K-REACH 法规部分义务修订草案(行政预告编号 2016-869)发布公众咨询。此次修订主要针对年报、注册、供应链传递、通报等 K-REACH 法规规定义务。

韩国 REACH(K-REACH)全称为“韩国化学品注册与评估法案(The Act on Registration and Evaluation of Chemicals，又称化评法)”，于 2015 年 1 月 1 日正式实施。该法案采用类似欧盟 REACH 法规的登记、评估、授权和限制要求，对新化学物质、现有化学物质和下游产品进行管理。K-REACH 是继欧盟 REACH 之后，又有一部具有国际影响力的化学品管理法案，K-REACH 管理见图 3-2。

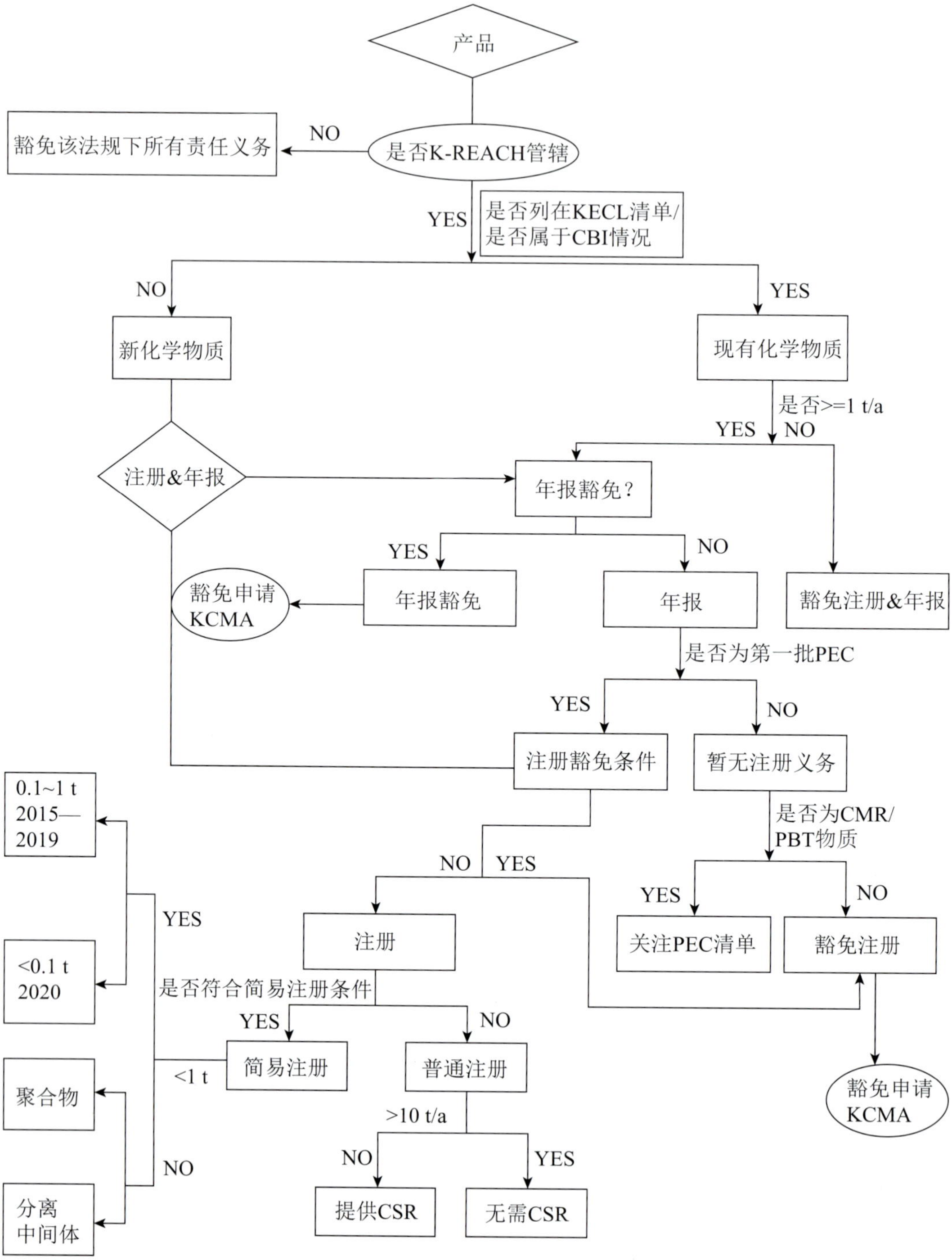

图 3-2　K-REACH 管理过程

5. 俄罗斯

俄罗斯非常重视化学和生物威胁的防御，制定并颁布多个有关化学和生物安全的法律法规和战略计划，力争在国家层面掌控化学和生物安全。

一是批准专项计划。2008年10月，俄联邦政府791号文件批准《俄罗斯联邦2009—2013年化学和生物安全体系》专项计划。后于2011、2013、2014、2015年多次进行修订，2011年11月俄联邦政府915号文件改其名称为《俄罗斯联邦2009—2014年化学和生物安全体系》专项计划。为保证政策延续性，巩固相关工作成果，2014年7月，俄联邦政府又通过了《俄罗斯联邦2015—2020年化学和生物安全体系》专项计划，并将其列入了俄《保护居民和地区免受紧急情况影响、确保水利设施消防安全和人身安全的国家纲要》。

二是签署总统令。2019年3月，俄罗斯联邦总统普京签署了法令，批准了《关于俄罗斯联邦确保至2025年及以后的化学和生物安全领域的国家政策》基础文件，为下一步制定相关法律和规定提供了框架依据。该法令是俄国家安全领域国家管理制度的一部分，旨在保护居民和环境免受危险化学和生物因素不利影响、防止化学和生物威胁、建立和发展化学和生物风险监测系统以及在化学和生物安全领域开展国家间和国际合作。相关法规已制定并实施了很长时间，且一直随着形势变化、国家政策及科技发展做着相应的调整。早在2004年，俄罗斯就出台了《2010年前及未来俄罗斯化学及生物安全国家政策基础》法案，确定了主要目标和原则，并称“确保化学和生物安全是加强俄罗斯国家安全的最主要途径”。此后2005年又出台第303号政府决议，确定了各政府部门关于生物和化学安全的职责。2013年11月，普京签署2573号总统令，颁布《2025年前及未来俄罗斯化学及生物安全的国家政策》，进一步加强俄罗斯化学及生物安全保障。

三是颁布政府法令。除了相关法令，为了执行俄罗斯联邦在确保化学和生物安全领域的国家政策，2019年8月，俄罗斯联邦政府总理梅德韦杰夫签署批准《俄罗斯联邦确保至2025年及以后的化学和生物安全领域的国家政策》的实施计划(第1906-p号法令)，部署了联邦政府部门在2050年前需要执行的相关工作，包括改进化学和生物安全领域的法律规范性、在化学和生物安全领域实施国家政策的若干保障项目两个方面共18项规划，明确要求各政府机构每年1月20日之前提交计划执行情况报告，并由俄卫生部每年 3 月 1 日前向俄联邦政府提交执行进度报告。

俄罗斯对进入市场流通的农药和农用化学品实施注册管理制：申请者需提供相关的农药试验数据、开发申请程序及生物有效性的评估结论，并通过卫生和流行病学检查及农用化学品使用规定要求，最终该产品被列入国家农药和农用化学品目录中方可正式入市流通。俄罗斯联邦工业和贸易部 2019 年 9 月提议修改《农药和农用化学品安全管理法》，以提高俄罗斯该类产品的出口竞争力。该部认为：取消用于出口目的的农药和农用化学品的强制性国家注册要求，会对化学工业产品的出口量产生深远影响。据悉，法律修正案预计于 2020 年 12 月生效。

6. 英国

英国是较早开始探索危险化学品安全战略治理的国家之一。早在 1999 年，英国政府就发布了《化学品战略》，“旨在为未来 20 年提供政策和目标”。《战略》具有框架性、超前性，强调英国化学品安全管理应从末端控制向源头控制过渡，从产品控制转向生产使用环节控制和产业控制，从事故防止转向风险控制，在管理对象、环节和层面上区别于传统的化学品管理和污染防治。《战略》在广泛征求社会各界对化学品环境安全问题的意见的基础上制定的，充分考虑实际情况，具有可实现性。其成功经验主要有四个方面：

一是治理体制机制方面，英国政府将《战略》上升至国家层面，作为国家化学品管理战略推行，由环境、食品与乡村事务部牵头执行，吸纳产业界（市场力量）、与化学品生产使用有利害关系的个人和社会团体组成利益相关者论坛参与管理活动，形成了比较完善的源头治理体系。规定各类治理主体的职责及相互间的关系，在化学品的风险评价中，规定产业界提供数据信息并承担初步风险评价义务，利益相关者论坛提供建议和监督，政府颁布相应的标准和提供必要的指导，并进行监督和审查。

二是治理法律制度方面，《战略》主要有两个特色：之一是制度设计既关注化学品的生产和使用，也关注化学品经环境途径对环境和人体的风险，体现了 EHS 管理的本质；之二是法律制定以国际普遍接受的原则为基础，并与国际规章相嵌套。

三是治理标准体系方面，《战略》所确立的标准十分详细且具有可操作性，如在对化学品毒性标准的设计，提出以致畸性、致癌性、致突变性、激素破坏性、生殖毒性和生态毒性等为毒性的表征，以持久性、生物累积性、环境迁移性等为辅助指标。国内《新化学物质环境管理办法》虽规定在对新化学物质进行评审时，应涉及化学物质名称和标识，物理化学、人体健康、环境等方面的危害特性，暴露程度以及对人体健康和环境的风险，人体健康和环境风险控制措施的适当性四项内容，不过没有就具体操作标准进行说明。

四是治理方法方面，《战略》体现出明显的源头治理特色。方法之一是强制淘汰，逐步淘汰已确认对环境和人体健康存在难以承受之风险的化学品；之二是鼓励替代，《战略》鼓励产业界开发低危险替代产品、工艺、技术，推行最佳的环境实践和清洁生产，不断减少化学品对环境和人体健康的风险，同时保持化学工业的竞争力；之三是实行风险负担，从传统的“谁污染谁治理”转向强调风险产生主体也即“潜在污染主体”须承担风险责任，《战略》规定产业界承担源头控制和风险控制的义务，负责实施风险管理，通过提高风险成本倒逼化工企业减少生产和使用高危化学品、增加开发低危险替代产品来达到减除化学品安全风险的效果。

三、生物安全相关政策及战略

非传统生物安全威胁的高难度防扩散性、全球传播性，生物安全的前瞻性、科学性以及生物技术在其发展过程中带来的风险性，决定了非传统生物安全防范策略应是多方面、多层面同时进行的，既有国际公约与法律法规的制订与完善，也有各个国家相关政策的及时出台及法律体系的整体保障。

（一）国际通用政策法规

20 世纪 80 年代中期，生物技术安全问题引起国际上的广泛注意。经济合作与发展组织（OECD）在 1985 年和 1992 年先后发布有关重组 DNA 安全问题和生物技术安全问题的文件，并于 1986 年正式出版了《重组 DNA 安全因素》报告，成为有关基因工程安全操作和转基因生物安全使用的第一部国际性技术指南。1991 年联合国粮农组织制定《影响植物遗传资源保护和利用的植物生物技术行为守则草案》；1991 年联合国工业发展组织制定《向环境释放生物体的自愿行为守则》；1992 年里约热内卢联合国环境与发展大会第一次在国际范围内讨论了生物技术的安全使用和管理问题，大会通过的《生物多样性公约》，第一次通过国际法律规范来调节生物技术对生物多样性的保护和利用、生物技术的安全使用和转让以及生物技术惠益的分配等问题。1995 年联合国环境署制定了《国际生物技术安全准则》。1992 年，联合国环境与发展大会签署《21 世纪议程》和《生物多样性公约》两个纲领性文件；2000 年 1 月，《生物多样性公约——卡塔赫纳生物安全议定书》在蒙特利尔召开的缔约国大会特别会议上正式通过。这些自愿行为守则或准则为各国进行生物技术安全规范和管理以及国际合作提供了依据，在没有生物技术安全国际强制立法的情况下发挥了重要作用。

实验室是进行生物技术试验的重要场所，具有较高的潜在安全风险。1886 年德国科学家科赫发表了关于霍乱的实验室感染报告，这是世界上关于实验室生物安全最早的文献记录。实验室生物安全的概念最早由美国在 20 世纪 50—60 年代提出并逐渐发展为一个国际性问题，日益受到世界卫生组织（WHO）和各国重视。1983 年，WHO 根据实验室所处理的生物危害物质的风险程度将生物实验室的分为 1~4 级。同年，WHO 和美国疾病控制与预防中心联合出版了世界上第一部关于实验室生物安全的指导规范——《实验室生物安全手册》，为各国实验室生物安全提供了安全指南。欧盟在高等级生物安全实验室的建造、管理、运营等方面积累了丰富经验并位居世界先进水平，2011 年，欧洲标准化委员会（CEN）发布了关于实验室生物安全专业人员能力要求的指导性文件——《生物安全专业人员能力》使生物安全领域专业人员所应具备的知识、技能、应急能力以技术指南的形式得以确定下来。

生物军控机制亦在形式和内容上发生明显变化，从集中于一个军控条约和一个国际组织转变为多个国际组织共同参与、多个国际条约或协议联合发挥作用的形式，在内容上从不同侧面、不同角度增加大量的应对非传统生物安全威胁的措施的军控机制。

（1）《禁止生物武器公约》

《禁止生物武器公约》阐明了国际社会禁止生物武器的宗旨、原则和目标，对各缔约国在禁止生物武器上的行为做了规定，其中也包括缔约国在任何情况下不发展、不生产、不储存、不获取除和平用途外的微生物制剂、毒素；不协助、鼓励或引导他国获取此类制剂、毒素等与非传统生物安全相关的条款，见表 3-3。该公约对防止生物武器扩散发挥了不可替代的重要作用，但在非传统生物安全方面也存在着明显的缺陷：一是对非缔约国从事生物武器扩散活动没有约束力，对非国家行为体也没有做出具体的限制；二是概念定义模糊，在防御性的生物研发和进攻性的生物研发之间没有清晰的技术边界，导致缔约国基于潜在对手的能力进行科技研发，可能会导致“更持久、更模糊的具有军事含义的生物技术竞争”。

表 3-3 化学和生物战剂谱及其与 CWC 和 BWC 的相关性

经典化学武器	工业和有毒化学品	生物调节剂肽类	毒素	基因改造生物武器	经典生物武器
神经性毒剂 糜烂性毒剂 全身中毒性毒剂 窒息性毒剂 失能性毒剂 刺激必毒剂		P 物质 神经激肽 A	石房蛤毒素 蓖麻毒素 肉毒毒素	改造的或特制的细菌和病毒	细菌 病毒 立克次体
		←禁止生物与毒素武器公约			→
←禁止化学武器公约			→		
←毒物			→	←感染	→

针对公约存在的上述问题，各缔约国在公约修订和完善方面进行了不懈努力。2001 年，美国炭疽事件发生后，《禁止生物武器公约》缔约国决定修约，即采取必要的国家措施包括制订有关刑事法律来执行公约的禁止规定，以及建立国家机制，确保和维护微生物和毒素病原体的安全并进行监督；加强对有关国家机构和国际机构在监测、检测、诊断和防治影响人类、动物和植物的传染疾病方面所做的努力以及现有的机制，从而制止和预防恐怖主义威胁事件的发生。2016 年 11 月，在瑞士日内瓦召开了《禁止生物武器公约》第八次审议大会，各缔约国围绕生物科技发展、国际合作、国家履约与应对违约国际援助四大议题，集中探讨了国际生物安全治理面临的重大问题。

(2) 澳大利亚集团

防止生物技术以及生物两用品和相关设备的跨国扩散，已成为全球关注的重大热点问题。1985 年澳大利亚集团成立，其目的是在防止化学、生物武器扩散，对化学、生物两用品及设备和技术的出口控制方面加强协调，统一步骤。目前，澳大利亚集团有 43 个成员国，每年举行例会，探讨如何通过提高各参加国出口许可措施的有效性，防止潜在的恐怖分子获得研制生化武器所需的各种原料。

澳大利亚集团的参加国并不承担任何具有法律约束力的义务。其合作的有效性纯粹依赖于它们对不扩散生化武器目标的共同承诺及其各自所采取的相应措施的力度。各参加国通过出口许可措施的采用，确保某些化学品、生物用品以及用于制造化学和生物两用品的设施和设备的出口不为生化武器的扩散为虎作伥。鉴于国际化工和生物技术行业已成为生化武器扩散者获得研制生化武器所需原料的目标来源之一，澳大利亚集团所开展的各项活动的重要性也就愈显突出。

2003 年和 2005 年，澳大利亚集团对其出口控制清单和指导原则进行了 2 次修改。目前生物剂控制清单中包括人及人畜病原体和毒素共 73 种、动物病原体 17 种和植物病原体 17 种，以及与生物控制剂相关的遗传单元和基因修饰体。生物两用设备与技术控制清单中包括 8 大类两用设备及相关技术。

(3)联合国决议

①安理会第 1540 号决议

2004 年 4 月 28 日联合国安理会通过的第 1540 号决议是国际社会在军控和防止大规模毁灭性武器扩散方面的一次重要行动。对生物安全而言，这个决议也具有重要的地位。决议申明决心履行《联合国宪章》赋予安理会的首要责任，采取适当、有效的行动，应对核生化武器及其运载工具的扩散对国际和平与安全所造成的威胁，支持旨在消除或防止核生化武器扩散的各项多边条约，各国不得以和平利用的目标来掩护扩散；安理会严重关注恐怖主义的威胁，以及非国家行为体；严重关注非法贩运核生化武器及其运载工具和相关材料所造成的威胁；决心在今后促进在不扩散领域对全球威胁做出有效应对。

②安理会关于防止恐怖分子获得核、化学和生物武器的决议

2003 年 10 月安理会 5 个常任理事国首次讨论一个旨在防止恐怖分子获得核、化学和生物武器的新决议。俄罗斯和美国各自起草了一项议案。美

国、俄罗斯、中国、英国和法国23日讨论了俄罗斯提出的议案和美国的建议。美国时任总统布什认为，如果恐怖分子获得了大规模杀伤性武器，这将会“导致突发性袭击，并会在一定范围内带来我们想象不到的灾难性后果。”美国主张安理会通过一项新的反对大规模杀伤性武器扩散决议，并希望新决议要求所有成员国把大规模杀伤性武器扩散视为犯罪行为，制定严格的出口控制，加强本国内敏感材料的保管。

③2006 年 9 月 20 日，联合国大会通过《联合国全球反恐战略》，鼓励秘书长更新他可利用的专家和实验室的名册以及各种技术准则和程序，以便及时、高效率地对生物犯罪的指控进行调查。2007 年 8 月和 11 月，联合国裁军事务部大规模杀伤性武器办公室组织召开了“秘书长生化武器调查机制”政府专家组第一期和第二期会议。包括安理会五常在内的十几个国家的代表就“秘书长生化武器调查机制”的指导原则与程序、调查附件等技术细节的更新问题进行了磋商。

(4)国际卫生条例

2005 年 5 月 23 日，世界卫生大会第 WHA58. 3 号决议通过了世界卫生组织修订的新的《国际卫生条例》，将条例适用范围从鼠疫、黄热病和霍乱等三种传染病扩大到可能构成国际关注的所有突发公共卫生事件，包括那些由于意外和蓄意释放病原体或化学、核放射物质造成的威胁。新条例对各成员国在疾病监测、疫情调查与应对能力的建设方面提出了明确的要求，对可能引发全球疫情的疾病突发事件的报告、调查与处理程序等都有明确的规定。新的条例于 2007 年 6 月 15 日生效。

此外，国际刑警组织也于 2004 年颁布反生物恐怖方案，主要涉及通过国家措施和国际合作处理非国家行为者获取和使用生物武器的问题，目的是提高人们对生物恐怖威胁的认识、制订警察培训方案、加强现行立法的执行、促进新法的制订、鼓励在反生物恐怖袭击方面的国际合作等。核威胁倡议协会(NTI)和世界经济论坛组织了一个防止非法基因合成问题的国际专家工作组，并于 2020 年 1 月 9 日发布《生物安全创新和减少风险：可获取、安全和可靠的 DNA 合成全球框架》报告，提出了标准化的筛查方法以应对相关威胁。

（二）美国有关政策和法规

美国从 20 世纪 70 年代起就开始关注生物威胁，特别是 2001 年发生炭疽生物恐怖事件以来，美国对生物安全的关注提升到了前所未有的高度。近年来连续出台了关于生物安全的国家战略、法规与文件多项，从国家层面部署实施各类生物安全防御计划。

20 世纪 90 年代，随着东欧剧变、苏联解体，美国开始担心苏联核武器和生物武器会流向一些敌对国家、地区甚至是恐怖组织手中。为了保护美国国家安全，防止受到生物武器的危害，美国国会在 1990 年 5 月 22 日通过《生物武器与反恐法》(Biological Weapons Anti-Terrorism Act)，规定禁止国际社会生产、传播和储备细菌武器和有毒武器，禁止各国从事与生物武器有关的非法行为。1991 年 12 月 4 日，美国国会又颁布了《控制和消除化学武器与生物武器法》(Chemical and Biological Weapons Control and Warfare Elimination Act of 1991)，规定国际社会要和美国共同努力，制止化学武器和生物武器在国际舞台的扩散和滥用，对违反规定的国家、组织实施打击和制裁。同年 12 月 12 日，老布什总统签署了向俄罗斯提供紧急援助的《纳恩—卢格法》(Nunn-Lugar Act)，以协助俄罗斯销毁苏联留下的包括生物武器在内的大规模杀伤性武器。

“9 · 11”事件及随后的炭疽事件，使美国政府认识到重构生物防御能力和生物防御发展战略的重要性，并将国家的生物武器防御战略提升到国家优先发展战略层面：“生物恐怖主义正成为我们国家面临的一种现实威胁……重要的是，我们要正视这些现实威胁，并做好应对未来出现紧急事件的准备”。针对生物恐怖准备方面的不足，美国相继出台了一系列针对生物恐怖袭击的法律法规。

2001 年 10 月 23 日，美国国会通过了《生物恐怖主义预防法》，强调要扩大对生物武器的识别和鉴定范围，对使用特定生物制剂和毒素危害公共卫生和安全的行为人施行处罚和监禁。

2001 年 10 月 26 日，美国总统乔治 · 布什签署颁布《爱国者法案》，规定任何人如拥有无法判定为用于预防、保护和其他和平目的的任何生物剂、毒素或施放工具都将被视为非法；受限制人员(包括非法居民、来自恐怖分子国家名单上的人)如拥有、转运或接受任何美国选择剂清单上的生物剂都将被视为犯罪。

2002 年 5 月，美国会通过《反恐怖法案》，要求任何人如拥有、使用或转让任何一种“选择剂(Select Agent)”都必须先在美国卫生与公共服务部登记并获得批准，并要求根据生物剂对公共卫生的威胁程度采取适当的生物安全(Biosafety)和生物安保(Biosecurity)措施。

2002年6月12日，乔治·布什总统签署了《公共卫生安全与生物恐怖主义预警应对法》，要求美国政府提高应对生物恐怖主义和公共卫生突发事件的能力，强调“事前预防”和“事后报告”的工作原则，要求研究机构和医药公司对联邦机构清单上的生物物质和设备进行登记。没有及时登记或及时报告的持有者将面临严重的处罚，并有可能受到长期监禁。同日，布什签署《防止生物恐怖袭击法案》，拨款430亿美元用于购买疫苗、改善食品检查和加强供水系统的安全，并对在防范和应对生物恐怖中的主管部门、具体措施、资金使用等都作出了详细的规定。

2002年12月，美国疾病预防控制中心(CDC)开始实行选择剂计划(Select Agent Program)，颁布“拥有、使用和转让选择剂和毒素的最后规则”，规定49种人及人畜共患病病原体列入CDC选择剂清单，以及33种动植物病原体列入美国农业部选择剂清单。

2002年12月11日，美国总统乔治·布什签署了《防御大规模杀伤性武器的国家战略声明》文件，指出美国生物防御战略由三大支柱构成：第一个支柱是遏制生物武器的扩散，实施反扩散政策(Counterproliferation)；第二个支柱是防止恐怖分子获得生物武器，实施不扩散措施(Nonproliferation)；第三个支柱是加强情报侦破和分析能力，提高国际合作水平，做好应对准备。

为了降低细菌、病毒传播带来的损失，2003年1月28日，紧接着，布什在国情咨文中提出设立“生物盾牌计划”(Project BioShield)，2004年美国国会通过了《生物盾牌计划法案》，并于2004年7月21日起实施。生物盾牌计划的目标是通过研究、开发、采办和存储针对炭疽芽孢杆菌、天花病毒、肉毒毒素等可能用于生物恐怖的烈性病原体以及化学、放射和核袭击损伤的新一代疫苗、药物、诊断和治疗等医学应对措施，实现国家在遭遇威胁时能够快速高效地应对，保护美国人民健康和国家安全。重点目标是在未来10年拨款56亿美元资助有关针对天花、炭疽、肉毒毒素、鼠疫和埃博拉等病毒疫苗和解毒药品的研发，以应对生化恐怖袭击；为在发生生物战或生物恐怖的情况下实现快速响应，提升政府在发展、生产、获取、储存及提供医学应对措施方面的能力。主要内容包括：建立特殊储备基金(SRF)，采办医疗物资用于建立国家战略储备(SNS)；授权卫生与公共服务部(HHS)和国土安全部(DHS)资助支持科研机构、生物技术公司、制药企业等进行医学应对措施的研究开发；改善基础设施，加强研发能力等。

针对“9·11”事件暴露出来的防御能力的不足，美国政府于2004年4月发布《21世纪的生物防御计划》，声明美国将采取一切手段保护本国国家安全和全球利益，通过建立更加完善的生物传感设施和基础医疗设施，提高对生物武器袭击的识别和应对能力。在具体措施上，提出21世纪美国生物防御计划的核心是“威胁预警、预防和保护、监控和检测以及反应和恢复”，加大生物防御战略建设，并提出五点主张：(1)启动防扩散安全倡议(The Proliferation Security Initiative)，遏制大规模杀伤性武器(包括生物武器)的扩散；(2)实施生物瞭望计划(Biowatch Program)，建立环境传感器网络，对美国主要城市进行检测，防止美国农业和食品、药品供应系统受到生物毒素的污染；(3)实施国家战略储备项目，增加战略性药物、疫苗和医疗设备的储备，确保疫苗和治疗药物可以在12 h内送达美国任何地方；(4)继续实施生物盾牌计划，加快研发和检测新的医疗对策的能力；(5)与国际社会开展合作，共同探究应对生物武器袭击的有效方案。

为有效应对生物突发事件，美国政府2005年1月发布《国家突发事件应急预案》，强调加强包括生物恐怖事件在内的突发事件的处置能力。在美国启动的另一项国家战略——“国家战略储备(SNS)计划”中，突出了向国家性突发事件提供重要医疗物资的重要性，并规定“在突发事件发生的24 h内必须向州和社区供给大量急需医疗物资”。

在签署公共行政法案的同时，乔治·布什总统还签署了多个国土安全总统指令文件(HSPD)。从2001年到2008年，乔治·布什总统共签署了HSPD-4、HSPD-7、HSPD-9、HSPD-10、HSPD-18、HSPD-216 6个涉及生物安全的国土安全总统指令文件。这些总统指令文件主要涉及如何预防大规模杀伤性武器的伤害、加强关键性基础设施的识别和保护、维护农业和食品系统的安全以及改善公共卫生和医疗设备等。

随着公共行政法案和国土安全总统指令文件的相继生效，美国国土安全部在2008年1月制定了应对自然灾害和人为灾害的《国家应急框架》(NRF)文件。该文件为美国政府提供应对大规模恐怖袭击事件和紧急性自然灾害事件的对策和建议。为了建立全面的国家应急框架，美国国会出台四点声明：(1)要充分认识到生物武器的危害，根据各方提供的情报对生物武器的危害做出正确评估和预期判断；(2)要实施预防与保护相结合的对策，既要防止特定生物制剂和毒素被敌对国家或组织掌握，也要保护关键性基础设施的安全；(3)要坚持监督与预警相结合的原则，做好前期预警和识别工作；(4)要能从生物武器袭击和大规模伤害中快速恢复过来，及时采取对策解决出现的各种问题。

2009年11月23日，美国国家安全委员会发布了由奥巴马总统签署的《应对生物威胁国家战略》(National Strategy for Countering Biological Threats)，重点提出“对防止生物技术谬用要予以高度重视，必须采取行动减少滥用的风险，以确保生命科学的进步，惠及所有国家的人民”。该战略指出美国实施生物安全计划的七点目标，包括促进全球卫生安全、提高生物安全责任意识、提高科技识别生物风险能力、防止生物技术丢失或滥用、提高生物风险预防和应对能力、加强各部门间沟通联动、加强国际合作。该战略强调生物技术安全，提出要通过科学研究提高生物防御能力。

2010年2月1日，美国国防部发布的《四年防务评估》报告指出，为了建设生物安全体系，防止生物武器扩散给美国带来的不利影响，美国政府应该从三方面着手准备：(1)加强应对措施研究，制定预防策略，未雨绸缪；(2)加强对大规模杀伤性武器的监测、定位和防护能力，作好陆海空阻截；(3)加强国际合作，构建多重国防网络，并重点关注一些国家和地区的安全。同年5月27日，奥巴马签署《国家安全战略报告》，指出生物武器与核武器对美国国家安全的重要性，防备生物武器和核武器的攻击是美国国家安全优先考虑的方面。为此，美国应该继续壮大整体实力，保持经济领域、军事领域和高科技领域的优势；加强国际合作，建设全球公共卫生安全体系；建设公平公正的国际秩序，提高国际法和国际组织的效力。7月2日，奥巴马签署了《优化管理布萨特行动法案》，提出了“布萨特”的概念：(1)研究布萨特的科研机构和企业对美国国家安全至关重要；(2)实施布萨特计划可以防止特定生物制剂和毒素被滥用、被偷窃、丢失和意外释放；(3)通过加强各联邦部门间的协商与合作，既可以使布萨特计划合法化，又可以消除布萨特的负面影响。

2012年7月31日，美国政府发布《生物监测国家战略》，提出“建立一个高效整合的国家生物监测系统，为各级决策提供重要信息”的目标。该战略提出生物监测的4项指导原则：一是调动现有能力，充分利用现有资源，如拓展卫生信息电子报告系统，通过社会媒体等普及手段实现信息的快速共享等；二是发动全社会广泛参与，强化发现、追踪、分析突发事件的能力；三是惠及各个层面，寻求在社会各个层面实现一系列重要核心功能；四是立足全球视野，着眼全球卫生安全，加强国际联系，促进全球生物监测网络持续发展。为推动《生物监测国家战略》的实施，美国翌年6月又发布了《国家生物监测科学和技术路线图》。该路线图是美国升级打造立足国内、放眼全球的新型生物威胁监测体系的重要战略举措，它对美国联邦政府机构和部门已有项目计划进行了梳理，确定了后续发展的重点，包括美国国家生物监测整合系统（NBIS）、国家生态观测网络（NEON）、国家动物健康监控系统（NAHMS）、野生动物和人类病原体扩散全球监测网、国防部下一代诊断系统（NGDS）、国防部社区流行病早期报告电子监测系统（ESSENCE）、国防部生物检测"生态系统"计划等。路线图试图克服重复建设的弊端，重点加强部门间的合作，促进数据交换融合，增强信息数据整合处理能力，创新发展不同系统间的信息数据集成与分析预警能力。

2016年11月，美国总统行政办公室和总统科技顾问委员会联名向美国总统提交公开信，敦促政府立即采取行动，确保美国有能力应对生物威胁挑战。信中建议，总统应该创建一个新的跨部门实体机构，负责规划协调和监管涉及情报界（IC）、国防部（DOD）、国土安全部（DHS）、卫生与公共服务部（HHS）和农业部等众多部门的国家生物防御行动。此外，还建议设立20亿美元的公共卫生应急响应基金、大幅加强疾病监测公共卫生基础设施建设、推动更强大的国际疾病监测系统、具备在6个月内完成成熟疫苗研发生产能力、将新型广谱抗生素和抗病毒药物确定为国家优先发展方向等。

2017年12月18日，美国总统特朗普发布《国家安全战略报告》。在报告的第一部分，特朗普指出生物事件的暴发会带来灾难性的后果，以美国为对象的生物威胁不断增多；生命科学的进步有益于人类的健康和社会的发展，但同时也为那些意图伤害美国的行为者提供了新的路径。因此，美国应该从源头检测并遏制生物威胁，及早发现和减轻疫情，防止疾病蔓延，加强人类和动物交叉领域的卫生安全，同时鼓励生物医学的创新，完善应急响应与统一协调机制。

为应对生物威胁及推动生物国防的发展，美国政府于2018年9月18日推出由国防部、卫生与公共服务部、国土安全部和农业部共同起草《国家生物防御战略》。该战略系统阐述了生物安全总体形势，明确生物防御目标和路径，提出构建更加协调、高效和负责任的生物防御体系，并确立了5个目标：

一是通过加强风险意识促进生物防御团体的决策。美国将在战略和战术层面建立风险意识，评估风险，协调国内和国际监测与信息共享体系，及时应对生物威胁；加强情报信息分析，提高生物事件风险和影响的建模与预测能力；评估蓄意、偶然和自然发生的生物事件风险；加强生物监测系统整合评估，改进信息共享，加强生物监测实验室网络运行。

二是确保生物防御团体有能力防范生物事件。美国将采取措施预防和减少自然发生疾病的暴发和传播；加强全球卫生安全应对能力，防止地区性生物事件发展成为流行病；加强生物安保，防止国家和非国家行为体企图寻求、获取或使用生物武器、相关材料或其运载工具，力求在促进和加强合法使用和创新科学技术的同时防止其滥用；加强生物安全和生物安保的实践和监督，以降低生物事故的风险。

三是确保生物防御团体做好准备应对生物事件。美国将采取措施减少生物事故的影响，包括加强在新兴技术领域的投资和领导；使国内具备强大的公共卫生和兽医基础设施；开发、更新和检验响应能力，建立风险沟通机制，加强和有效地实施医疗应对措施，开展国内和国际合作以支持生物防御。

四是迅速响应以降低生物事件的影响。美国将汇总和分享生物威胁和生物事件信息，通过实时信息共享，增强态势感知；协调开展响应行动和活动，遏制、控制和减轻生物威胁或生物事件影响；开展行动调查及有效的公共信息传递，为各级政府和非政府机构决策提供支撑，降低生物事件的影响。

五是促进生物事件后社会、经济和环境的恢复能力。美国将采取行动提高恢复关键基础设施服务的能力，协调联邦政府、州各级政府、国际和非政府组织的恢复行动，实现高效的恢复行动；提供恢复支持并开展长期应对措施，最大限度地减少国际生物事件对全球经济、健康和安全造成的影响。

《国家生物防御战略》是对美国在生物安全领域系列政策文件的系统总

结与完善，标志着美国对生物安全的重视程度提升到新水平。同年 10 月 19 日，美国卫生与公共服务部发布《美国生物安全国家行动计划》，该计划根据美国在 2016 年参与世界卫生组织“联合外部评估”中所暴露的卫生系统存在的差距和漏洞提出了针对性的具体行动措施，部署数百项跨部门跨机构的防控活动，致力做好预防、检测和应对突发公共卫生事件的准备，帮助美国政府更好地完善生物防御系统，提高准备和应对突发公共卫生事件的能力，见图 3-3。

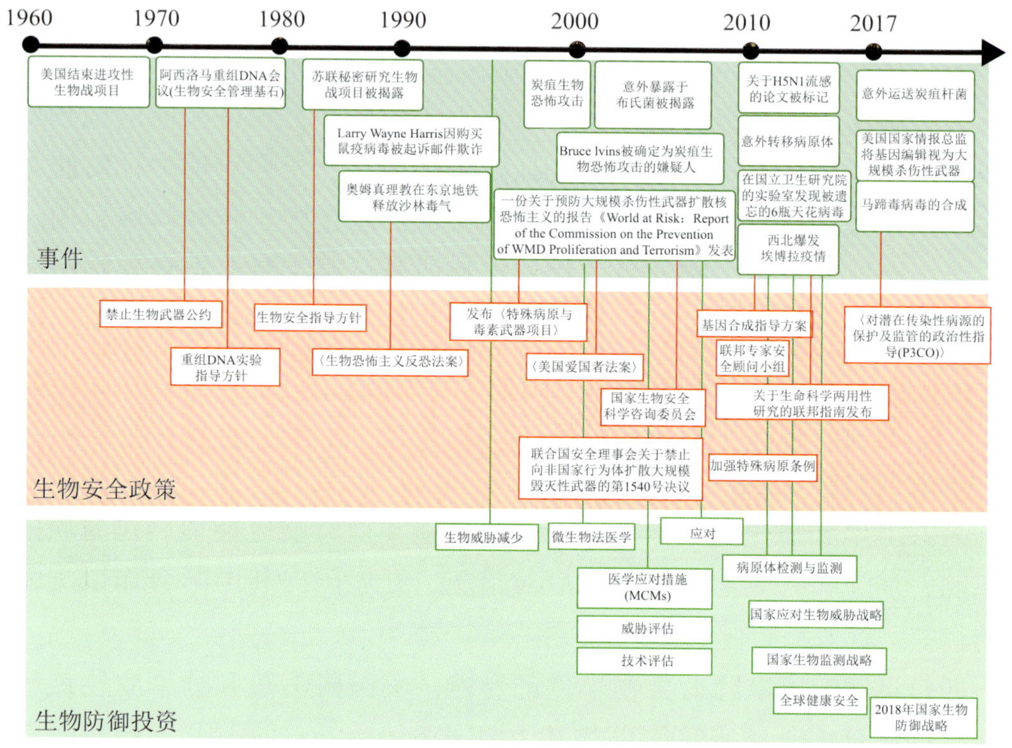

图 3-3　1960—2018 年美国生物安全领域的政策、投资和主要历史事件

2019 年 1 月，美国卫生与公共服务部发布《国家卫生安全战略实施计划 2019—2022》。该计划为加强国家预防、检测、评估、准备、减轻、应对 21 世纪卫生安全威胁并从中恢复的能力提出了目标，指导政府所有部门提高应对当前风险并准备应对一系列新的、不断演变的威胁所需的能力。该实施计划针对三大核心目标部署了行动：(1)准备、动员和协调所有政府部门共同应对突发公共卫生事件和灾害。发挥领导作用，加强国家防范，统一全国力量以应对突发公共卫生事件和灾害；动员、协调和调配美国政府的医疗和公共卫生资源；可持续地加强医疗和公共卫生基础设施，提升应对

突发公共卫生事件和灾害的能力和水平；评估区域灾害卫生应对能力的有效性和可行性，以更好地查明和解决公共卫生事件和灾害期间协调患者护理方面的不足。(2)保护国家免受新发和流行传染病及化学、生物、放射性和核威胁的健康影响。持续致力提高新发和潜在的大流行性传染病的早期发现能力；迅速开展疫苗和药物的鉴定、开发、生产工作，并提供安全、有效的医疗对策；保持生产足够的疫苗和其他必要的微生物制剂的能力，以防止大流行性流感，以及化生放核物质对国家战略性卫生安全构成威胁；支持各地的库存储备，以及微生物制剂的迅速获取、分发、发放、管理和安全监测工作。(3)发挥私营部门的能力。为有效医疗对策的开发和生产发展维持强有力的公私伙伴关系；促进建立有弹性的医疗产品供应链；维持和改善私营部门应对大规模传染病疫情和突发公共卫生事件的快速部署能力。

美国是世界上最早在生物安全领域开展研究，并率先制订生物安全法的国家，建立了比较完善的生物安全法律体系。1973 年随着第一例重组 DNA 实验在美国获得成功，美国于 1976 年就颁布了世界上第一部生物技术安全管理法规《重组 DNA 分子研究准则》。1986 年颁布的《生物技术管理协调大纲》是美国关于生物技术安全管理的法律框架。该大纲明确规定，食品与药品管理局、农业部、环境保护局、职业安全与卫生管理局、国立卫生研究院 5 个部门负责生物技术安全的政府管理，所有转基因作物及其下游产品的商业化都要符合联邦法规所确定的标准。

近年来，美国先后出台多部针对生命科学两用性研究的不同层级政策法规，包括：2012 年，美国国家生物安全科学咨询委员会(NSABB)发布《美国政府生命科学两用性研究监管政策》；作为政策补充，白宫科技政策办公室(OSTP)于次年发布了《美国政府生命科学两用性研究机构监管政策》，以加强联邦资助生命科学研究监管，确保识别两用性研究并制定风险降低措施；2014 年，NSABB 对高致病性禽流感 H5N1. 严重急性呼吸综合征(SARS)、中东呼吸综合征(MERS)病毒的功能性获取研究叫停，要求所有独立的研究机构和联邦政府科研机构自 2015 年 9 月 24 日起都必须严格遵守《生物安保和生物技术两用性研究的关注》(DURC)的规定，并建立专门的实体审查机(IRE)；2015 年 10 月，实施了《美国政府对生命科学两用性研究关注的制度性监管政策》。2016 年 2 月，美国国家情报局局长詹姆斯·克莱珀(James Clapper)在向美国参议院的报告中明确了 CRISPR 为代表的基因工程技术可被用于制造基因武器，具有极大的两用性风险，美国国防部已将生物编辑技术列为大规模杀伤性武器。美国白宫正在启动政府研究机构内部针对基因驱动技术的生物实验室风险监管评估，并于 2016 年 12 月由美国国家科学技术委员会总统行政办公室发布了最新一期的《国土生物防御科技能力报告》，特别提出了多项针对两用性研究带来生物威胁的应对措施。

此外，美国政府还先后颁布了《生物技术管理协调框架》《对转基因植物产生的新蛋白建立早期食品安全评价的提议》《源于转基因植物并用于人类和动物的药品、生物制剂、医药设备管理指南》《转基因植物产生农药的管理》《转基因药用与工业用植物田间试验管理公告》等与生物安全相关的法律、法规。

（三）其他国家政策和法规

1. 日本

日本高度重视反生物恐怖工作，开展了全面防御生物武器袭击和恐怖对策研究，制定了《发生大规模恐怖袭击时政府的对策》《可能产生炭疽病菌等污染时的对应》等文件，提出具体应对措施和行动预案。2001 年，日本内阁确立了《处理生物化学恐怖政府基本方针》，相关职能部门据此制定了各自的防生化袭击对策、措施。日本财务省提出《关税定率法》修正案，禁止对人体有害的 12 种病原体入境，以防止恐怖分子使用病毒和细菌实施生物恐怖袭击活动。同时，日本政府还修改和重新解释了相关法律，比如《消防法》就规定了消防队员参与处理生化危机的义务与责任，《传染病法》则将炭疽菌等易传染病毒列入管辖范围。日本多次修改《关于感染症预防及感染症患者医疗的法律》和《检疫法》，对日本在大规模传染病的预防、处理、治疗及紧急对策方面做了详细规定。同时，日本政府大幅增加了反恐资金，其中用于防御生化袭击的资金更呈现惊人的增长，日本厚生劳动省 2002 年预算中用于防生化医疗器材方面的资金达 99.89 亿日元，2003 年增加为 105.76 亿日元，其他省厅也相应追加了应对生化恐怖的预算。

日本持续开展国家综合创新战略研究与评估，致力识别对经济和社会发展产生重大影响的技术，而生物技术就是其关注的重点基础技术之一。2019 年 6 月，日本发布《生物战略 2019——面向国际共鸣的生物社区的形成》，展望“到2030年建成世界最先进的生物经济社会”，提出要加强国际战略，并重视伦理、法律和社会问题。2019年11月19日在东京举办的第19届年会议题主要包括：《实验室生物安全指南》第二版修订；2020年奥运会和残奥会前输入性传染病防治措施；根除脊髓灰质炎的最后阶段战略及其执行计划；近期应当关注的动物源病毒感染的传染病；以及日本及海外的生物安全四级实验室(BSL-4)设施运行情况等。

自2015年起，日本文部科学省拨付特别领域研究补助金资助开展“全球传染病等生物威胁的新冲突领域研究”项目。该项目由日本国立保健医疗科学院、日本防卫医科大学、东京工业大学、国家传染病研究所和防卫研究所等组成。项目致力于形成一体化的政策建议，并针对全球生物威胁提出国际共享与外交纷争的解决方案。项目研究认为生物安全的概念包括传染病、公共卫生和安全保障3个重要方面，重点应关注4个领域：(1)生物安全发展现状与全球治理；(2)生物安全与病原体管理；(3)合成生物学与基因工程的生物安全；(4)两用生物技术的生物安全研究与教育。2016—2019年，该项目组织了6次生物安全研讨会，邀请行政部门、公共卫生部门、民间研究机构、企业和大学等人员参与研讨。2019年1月19日，该项目在东京举办第6次研讨会，会议主题为“新一代的生物安全”。会议研讨指出，公共卫生和安全部门在自然发生的传染病和人为传染病(生物武器)威胁的风险控制方面面临着巨大挑战：从公共安全和国家防御的角度来看，重点是更多应对人为传染病的威胁；而在外交和发展援助方面，更多是应对自发性传染病威胁。因此，在风险控制、风险管理和风险应对方面，与公共卫生部门和国家安全机构的合作至关重要。会议介绍，日本以内阁官房为中心，依照《国民保护法》《传染病法》《甲型H1N1流感特别措施法》等相关规定，调动多机构合作应对灾难性生物事件，并在2018年9月组织公共卫生、市政危机管理、消防、警察等部门开展了一次应对突发生物恐怖袭击的桌面推演。会议提出，生物技术发展带来的双用途问题已成为跨越安全领域和公共卫生领域的全球性挑战，专门探讨了在《禁止生物武器公约》框架下促进不同研究领域的互动，以及与包括科学家社区在内的不同行为主体的互动，逐渐推动全球合作治理的做法。

日本主要通过非强制性行政指南对基因工程的操作程序生物技术本身进行安全管理。日本在1979年制定了《重组DNA实验管理条例》，开始生物技术的安全管理。科学技术厅和厚生省相继颁布了有关重组 DNA 实验的准则，成立了有关生物技术委员会，负责对重组 DNA 技术生产药品和食品的管理。日本目前有《重组 DNA 生物在农业、渔业、林业、食品工业和其他相关工业中的应用准则》《重组 DNA 生物在饲养业中应用的安全评估准则》《重组 DNA 生物在饲料添加剂中应用的安全评估准则》《重组 DNA 技术生产的食物和食品添加剂准则》《重组 DNA 技术在制药等行业中的应用准则》和《重组 DNA 技术工业化标准》6 个针对工业应用的准则正在实施中。

2. 英国

尽管英国并未遭受生物恐怖袭击，但英国认识到生物恐怖袭击的“可怕的可能性”，建立了由军备控制、阻止供应、防止使用和防御使用四大支柱构成的生物武器威胁处置战略：评估英国遭受攻击者可能使用的生物与毒素战剂的危害；建立侦检、预警、识别、诊断与监测生物武器剂的手段与规程；提供能够为英国武装力量实施生物战剂保护的物理防护措施；提供预防、治疗与处置生物战剂的医学对策。为确保遭袭各方得到快速而有效的响应，最大限度地挽救生命，并将财产和环境影响降至最低，2001 年 10 月英国出台了由英国内政部领导、CBRN 战略委员会和 CBRN 执行与提供小组负责实施的“化生放核复原计划”。该计划涵盖“识别威胁源；为受害者及其他沾染者提供建议；为人员伤亡安置紧急医疗救助；为受害者及相关区域实施洗消”等内容。根据“化生放核复原计划”，英内政部须提供“能够为救护车与紧急情况部门全国范围内使用的机动洗消单元；主要医务人员使用的个人防护服；应急医疗设备储备(战略上分布于全国，且 24 h 内可用)；专业训练给警察，以处置 CBRN 突发事件；高性能的气密防护服给消防员”。新颁布的《生物化学物品管理条例》，严格监管医院和实验室中的致命毒素和病菌，涉及对象包括狂犬病、脑灰质炎和流感病毒在内的约 100 种病毒和细菌。为防止致命病菌外泄，英国警方对各大学、医院、制药公司的科学家以及实验室工作人员逐一“过筛子”，进行身份认定和背景调查。政府安全人员加强对全国生物实验室的安全检查，并对库存的病菌进行详细的登记核查。

英国政府长期以来将公共卫生列为国家安全问题的优先事项，将流行病和新发传染病列为最高风险事件，将使用生物、化学、放射性和核武器的攻击列为二级风险。在 2018 年的国家安全能力评估中，将“影响英国的疾病和自然灾害”提升为未来10年可能推动国家安全优先事项的六大挑战之一。2018年7月，英国发布《英国国家生物安全战略》，首次将整个英国政府为保护国家及其利益免受重大生物风险损害而开展的工作结合在一起，强调英国政府将全力保护英国及其利益免受重大生物安全风险的影响。该战略围绕4个方面提出了多项行动建议：(1)了解当前和未来可能面临的生物风险，加强信息的广泛收集、共享、评估以及国际合作。(2)预防生物风险出现或进一步威胁到英国及其利益。加强各政府部门之间的协调，以及国际双边和多边接触与合作；加强边境控制以防止生物风险过境；持续与学术界和产业界合作，确保开展负责任的生物科学研究。(3)尽早、尽量可靠地发现、描述和报告生物风险。在政府所有层面综合处理生物风险监测信息，保障和加强政府的信息分析能力；确保及时通报疫情、事故和灾害，保障全社会知情并能迅速采取行动；为医疗系统从业者提供培训、信息和支持等。(4)应对已经影响到英国及其利益的生物风险，减轻其影响并迅速从中恢复正常。针对全国风险评估中可能影响最大的风险制定应对计划；制定英国政府应对重大国际疾病暴发的计划；与产业界伙伴合作建设灾害应对和恢复能力；定期评估应对植物和动物疾病威胁的能力；继续确保适当的医疗资源储备和供应链弹性等。2019年1月，英国政府发布《解决抗微生物药物耐药性2019—2024：英国五年国家行动计划》，警示未来超级病菌可能会给公共健康带来巨大致命威胁，提出了应对抗微生物药物耐药性的关键途径。2019年7月，英国国家安全战略联合委员会发起主题为“生物安全和公共卫生：为传染病和生物武器威胁做好准备”的调研活动，以评估政府在生物安全和公共卫生方面的工作情况，协调完善政府处理生物安全威胁的方案。

3. 俄罗斯

俄罗斯历来重视本国的生物安全问题，2017年普京总统指出有人有目的地采集俄罗斯人的生物资料，企图制造针对俄罗斯人的生物武器。俄罗斯确保生物安全的法律依据是《俄罗斯联邦宪法》，俄罗斯联邦在保障居民生物安全和卫生与流行病学领域的国际条约，兽医、检疫和植物保护法律等。从2003年起，每隔5年，俄罗斯政府都会根据形势发展变化，制订《俄罗斯联邦化学和生物安全规划》。2003年12月4日，俄总统批准了《到2010年之前实施俄罗斯化学和生物安全政策的基本原则及未来前景》。2005年5

月 15 日，俄开始实施《关于联邦执行机关在俄罗斯生物和化学安全问题上权限界定的规定》。2008 年 10 月 27 日，俄政府批准了联邦专项计划《俄罗斯国家化学和生物安全系统(2009—2013 年)》。2019 年 3 月 11 日，普京批准了《关于批准 2025 年前俄罗斯联邦化学和生物安全领域实施国家政策基本原则的项目规划及未来前景》。2020 年年初，俄罗斯对外颁布《俄罗斯生物安全法草案》，该草案为确保俄罗斯联邦的生物安全奠定了国家法规的基础，并规定了一系列旨在保护居民和周围环境免受危险生物因素的影响，预防生物威胁(危险)以及建立和开发生物风险监测系统的配套措施。

为应对生物恐怖主义给国家造成的危险，俄罗斯联邦政府授权国家生物安全专家组详细制订国家生物安全构想，提出实施生物安全的体制、机制和措施。俄总统普京声明，恐怖分子的目标就是获取大规模杀伤性武器，“生物恐怖活动已成为一种现实”，因此必须调整俄国家防御政策，以应对严峻的生物恐怖威胁形势。俄以宪法和紧急状态法为基础，制定了以《俄罗斯联邦紧急状态法》和《俄罗斯联邦战时状态法》为核心的国家安全法律体系。在防止大规模流行病传播方面，俄罗斯制定了《联邦公民卫生流行病防疫法》，对制定和实施的防范措施、相应联邦机构的职能、主要领导、公民、企业、机关和法人团体的职责等作出了规定，明确了公民卫生流行病防疫的基本原则、具体防范措施、联邦卫生防疫局的职能、政府在卫生流行病方面的调解作用以及违犯《防疫法》应负的法律责任等。

4. 德国

像其他欧洲伙伴一样，德国坚信国际合作是处置生物威胁的最佳途径。因此，德国建立了有效的机制来加强《禁止生物武器公约》的遵守与核查。“9・11”后炭疽欺骗信件在德国的出现，暴露出德国在快速反应人员的准备与协调、实验室识别能力等方面存在的不足。由国内情报部门——联邦宪法保护局发布的最新报告指出，恐怖活动持续对德国的国内安全造成各种不同程度的威胁，鉴于德国是一个被认为是恐怖分子获取某些武器相关部件和技术的国家，德国今后的重点是防扩散。在一份危险评估报告中，群众防护咨询委员会将化学和生物危害造成的危险，尤其是通过意外和自然事件，置于风险等级之首，并认为此类危害在 2016 年前更加突出。基于这种形势，德国提出了“保护德国人民的新战略”。其中心思想就是加强联邦与州一级官员在大规模灾害(如自然灾害或工业灾害、流行病、国际恐怖主义等)方面的职责分担与合作，建立“四级危害控制体制”，做到从日常防护到对大规模灾难与异常毁坏情况的特殊防护。根据这一新战略，德国加强生物反恐能力建设，如制订突发事件计划、全面训练救援部队、采购防护与诊断设备、改进实验室能力等，建立了联邦民众防护与灾难援助办公室(BBK)，并在其下建立了德国紧急准备信息系统(deNIS)、德国联合信息与态势中心(GMLZ)和星基预警系统(SatWas)，提供新型协作与信息共享机制。

5. 法国

法国将反恐怖视为“应予最优先考虑的事”。特别是涉及使用毁灭性大杀伤武器的恐怖活动成为各种公共机构的主要关注点。法国在原反恐怖计划外，启动了新的反生物恐怖计划，包括增加对饮用水的安全检查，加强对感染病例的监测和报警，加大生产抗生素和重新开始生产某些疫苗，以及增强对伤病患者的诊断和救护能力等。政府宣布在法国全面实施一项名为“生物中毒”的紧急计划，加强对生化武器袭击的预防、监控、报警和紧急干预。法国打击生物恐怖主义的计划是著名的“Biotox 计划”。该计划由预防、监测与干预三部分构成：预防，即采取各种安全措施，其中包括饮用水、所谓“敏感”的储藏地、禁止高危生物产品的流通等；监测，由全国卫生警戒研究所负责，密切关注国家认定的有关某些传染病体貌特征和来自微生物学和毒物学实验室的信息；干预，根据防区筹建一些专门医院，并负责派出防疫小组。“Biotox 计划”涉及的内容包括：生物恐怖活动的预防；可用作生物武器的主要生物剂；疫苗、抗生素和解毒药的战略储备；侦察与预警机制；传染病的强制性传播；微生物学和毒物学实验室网络，包括参比实验室的分配；各种行动者在紧急情况下的反应等。为了确保得到紧急药品和疫苗，法国成立了专业机构，以确保随时对主要抗生素的储备进行调用。目前，法国正在制定可接待大批伤病员的医疗计划。

在法律法规建设方面，法国颁布了镇压恐怖主义法案，其中增加了一项罪名，即“帮助外国恐怖分子进入法国及在法居留”罪。包括界定职责和初始反应的操作方面，以及处置各种生物剂和特定影响的规定。

6. 中国

作为国家与公共安全体系的重要组成部分，生物安全在拓展国家利益，维护国家主权，保障社会稳定，以及有效防范对人民生活和生态环境的生物威胁等方面发挥着重要的作用。我国中央国家安全委员会已将生物安全纳入国家非传统安全的战略视野，将大规模传染病等领域纳入关注视角，正在制定并将推出国家《生物安全法》。在生物安全方面，针对新发和再发传染病不断出现对人类健康和社会稳定造成的巨大威胁，外来物种入侵对生态环境和经济发展带来的现实和潜在的危害，生物恐怖和新型生物制剂对群体、社会乃至种族生存构成巨大的潜在威胁，我国主要致力于研发重要烈性病原检测技术，建立新发传染病和烈性病原监测体系，建立外来生物物种、新型生物制剂和生物新技术应用的安全评估体系，发展各类传染病和生物恐怖制剂的预防和控制方法。

根据国家社会未来发展需求，中国科学院制订了国家科技发展路线图，路线图指出，2020 年前后，完善我国新发和再发传染病的预防控制和突发公共卫生事件的应急体系；初步建成以区域为节点的国家生物安全实验室网络，初步阐明重要病原的跨种传播、遗传变异、免疫应答、致病机理，发展烈性病原高灵敏快速监测检测技术，研制出新型抗病毒药物和疫苗；完成主要外来物种和转基因生物的环境生态风险和健康安全评估。发展生物新技术应用的安全评估方法。在 2030 年前后，重点建设生物恐怖和外来种入侵的预警防范体系，建成新型生物制剂和生物新技术应用的安全评估体系；突破重要有害外来物种的综合防治技术，突破新发传染病、生物恐怖制剂和新型生物制剂的预防和控制技术，建立相应的技术、药物和疫苗国家储备。

国务院及国家相关各部委相继颁布了《基因工程安全管理办法》《农业生物基因工程安全管理实施办法》《人类遗传资源管理暂行办法》《农业转基因生物安全管理条例》《农业转基因生物安全评价管理办法》《农业转基因生物进口安全管理办法》《农业转基因生物标识管理办法》《农业生物基因工程安全管理实施办法》《微生物和生物医学实验室生物安全通用准则》《病原微生物实验室生物安全管理条例》等。2002 年 10 月国务院颁布实施了《生物两用品及相关设备和技术出口管制条例》，在所附管制清单中共列出了 79 种病原体、17 种毒素、7 大类双用途设备及相关技术，2006 年又重新进行了修订，对生物两用品及相关设备和技术的贸易性出口、对外交流和交换等实行严格管理，防止有关活动用于敌对目的。2003 年 12 月 3 日我国政府发表了《中国的防扩散政策和措施》白皮书，首次介绍了中国政府防扩散出口管制体系的特点、落实防扩散出口管制法规的具体措施以及严格执行防扩散出口管制法规的情况，是中国政府介绍中国防扩散政策和措施的权威性文件。中国的出口控制体制普遍采取了出口经营登记制度、许可证管理制度、最终用户和最终用途证明、清单控制方法、以防扩散为根本出发点的审批原则、全面控制原则，并规定了处罚措施等国际通行做法。

近年来，我国先后发布和实施《生物技术研究开发安全管理办法》(2017年7月)、《中华人民共和国人类遗传资源管理条例》(2019年3月)，建成并启用最高等级(P4)生物安全实验室，初步形成了国家生物安全实验室体系。2019年10月，我国《生物安全法》草案首次提请全国人大常委会会议审议，明确了维护国家生物安全的总体要求，保障人民生命健康的根本目的，以及保护生物资源、促进生物技术健康发展、防范生物威胁等主要任务。随着生物安全保障与技术支撑能力的提升和相关社会治理法律法规的完善，我国国家生物安全治理体系和治理能力有望进一步提高。

第二节　管理与响应机制

一、核与辐射安全管理与响应机制

（一）国际组织的安全管理体系

1. 国际原子能机构（IAEA）

国际原子能机构是各国为和平利用原子能而建立的政府间组织，属联合国的专门机构之一，1957年10月成立，总部设在维也纳。其宗旨是谋求加速和扩大原子能对全世界和平、健康及繁荣的贡献；并尽其所能，确保由其本身或经其请求、或在其监督或管制下提供的援助不被用于推进任何军事目的。IAEA的主要职能是：协助关于和平利用原子能的研究、发展和实际应用；提供材料、服务、设备及设施；促进科学及技术情报的交换；鼓励科学家和专家的交换和培训；制定并执行保障监督措施，以确保由原子能机构本身或通过原子能机构所提供的核材料和其他材料、劳务、装备及情报不被用于推进任何军事目的；与联合国主管机关及有关专门机构协商或合作，制定保护健康和尽量减少生命和财产危险的安全标准，并规定这些标准的应用范围。IAEA 主要采取提供设备、材料和专家服务；召开研讨会；安排科学访问；举办培训班和执行研究合同等形式履行上述职能。

2. 核应急响应中心（ERC）

核应急响应中心虽然是国际原子能机构的下属机构，但具有相对独立的职责和作用，是对全世界范围内的核放突发事件进行应急响应的核心单位。该中心是国际原子能机构为更好地履行及早通报公约与援助公约赋予的职责，于 1986 年在秘书处下设立的 24 h 报警点和行动中心（operational focal point），即 ERC。IAEA 成员国和相关国际组织可通过 ERC 迅速、高效、直接地接收和/或发布通报和/或报警信息或事件报告、应急援助请求、信息请求等。IAEA 总干事指定 ERC 为 IAEA 对全球范围内任何地点出现的核事故或辐射紧急情况做出响应的管理和协调中心。ERC 中心设在位于奥地利维也纳的 IAEA 总部。在行政管理关系上，ERC 中心隶属于核安全司辐射与废物安全处辐射安全科应急准备与响应股。

ERC 是 IAEA 负责核事故或辐射应急情况通报和应急援助请求的主要行动中心。IAEA 认为，发送通报和/或援助请求的首选通信方式是传真和电话。设在维也纳国际中心的联合国保安与安全科（UNSSS）也是一个 24 h 综合性报警点，并且是 ERC 的通信中心替补。如果地址正确的话，发来的任何通报、报警信息或援助请求都将同时送至 UNSSS 和 ERC。

（二）世界主要国家的核安全管理体系

1. 美国核应急管理体制

美国的核应急体制是由美国联邦应急管理局（FEMA）、能源部（DOE）和核管理委员会（NRC）共同管理的。联邦应急管理局在美国国家应急计划的框架内协调各种灾害管理，能源部下属的核应急管理局主要负责美国军用核设施和核活动的应急管理，核管会主要负责美国民用核电以及核技术应用的应急管理。美国政府十分重视核应急管理工作，核应急工作有明确的法律依据和经费预算，在多年的核应急工作中积累了很多好的经验和方法。

(1)美国联邦应急管理局(FEMA)

美国联邦应急管理局是美国专门应对各类灾害或突发事件、保护关键基础设施、公众生命和财产安全的政府机构，总部位于华盛顿。雇员2 600人，后备应征人员4 000人，在全美设有10个区域性机构，见图3-4。主要任务有：减小灾害风险、应急准备、应急响应、应急演习、公众教育和灾后恢复。在灾难响应和恢复以后，联邦应急管理局还制定了灾难援助计划。援助计划包括针对家庭和个人的个别援助计划，以及面向公众的公众援助计划。

美国制定了完善的联邦应急计划，核应急计划是联邦应急计划中的一个组成部分。联邦应急管理局组织制定的与核应急有关的文件包括：《联邦辐射应急响应计划》《针对核电厂辐射应急准备与响应的评估准则》《辐射应急准备演习手册》《辐射应急准备演习评估方法》《运输辐射事故应急导则》和《核应急相关文件汇编》等。

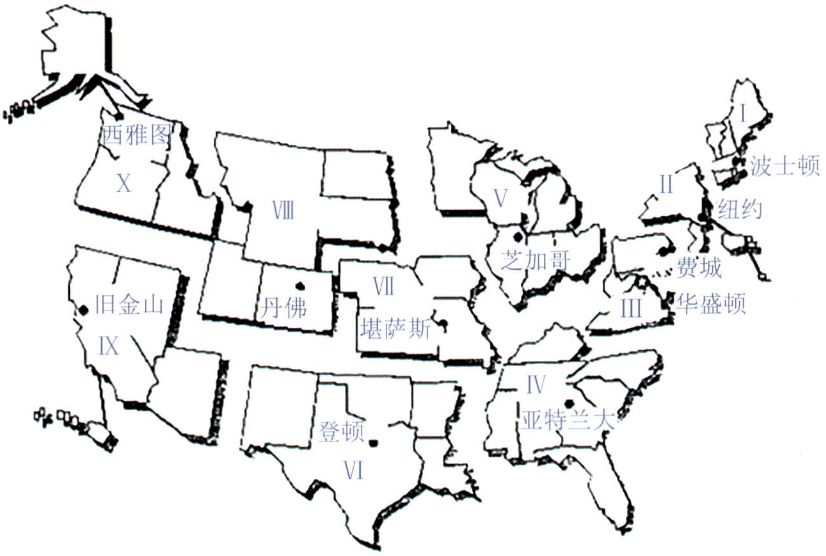

图3-4　美国联邦应急管理局10个区域管理机构

(2)能源部核应急管理办公室(军用核设施)

美国能源部核应急办公室隶属于能源部核军工管理局(NNSA)，主要任务是制定核应急方面的政策；在核事故应急时执行整个能源部的核应急管理职能。能源部核应急办公室下设两个机构，一个是核应急管理处，下设3个业务科：政策科、培训科、计划科；另一个是应急响应处，下设3个办事机构：应急指挥中心、应急响应科、现场响应科。

能源部核应急办公室主要负责能源部的核事故应急管理事务，这个办公室也是能源部核事故应急管理指挥中心和技术支持中心。在核事故应急情况下，能源部应急办公室是能源部所有部门的综合协调者。

(3)核管会核保安和事故响应办公室(民用核设施)

核管会是按照1974年的能源改组法案成立的国内民用核设施和核活动的独立管理机构。美国核管会核保安和事故响应办公室是美国民用核设施和核活动的应急管理机构。它是民用核设施保安的政策制定和管理机构，负责制定和执行核管会的事故应急计划、核应急准备管理和事故中的应急响应，它是核管会与联邦应急管理局(FEMA)在事故应急响应中的接口单位。

(4)国土安全部

2002年，在原有国土安全办公室、联邦应急管理局等机构的基础上，经美国总统建议成立国土安全部(Department of Homeland Security，DHS)，被认为是重构与改善关于国土安全的国家战略的重大举措。DHS负责领导联邦政府做出对包括WMD在内所有恐怖威胁的准备与响应。为此，DHS将制定国家政策及建立州与地方政府指南，指导联邦、州与地方的CBRN响应队伍与计划，使得原来分散在联邦各部门的人员统一起来，这样的单一机构主要任务就是防范恐怖主义。DHS将统一联邦政府发展与实施对抗CBRN恐怖威胁的科学技术防范措施，包括对有关国家研究与发展的指导与确立优先权，以及促进广泛科学研究机构为国土安全与反恐怖提供重要支持。DHS具有明确、有效的组织结构，包括4个部门——边境与交通安全、应急准备与响应、化生放核防御和信息分析与基础结构防护。“防止核武器与核材料的输入”是DHS当前的一个重要研究与发展项目，其中包括发展与部署核材料储存的安全保障与材料移动的探测的新技术与系统，特别是更好地探测在公海、入口与整个交通系统的非法核材料运输。2003年，美国国土安全部成立了一个由8个部门(国土安全部、国家环保局、商业部、国防部、能源部、劳动部、卫生和公共服务部、核管会)的放射性/核应急准备与响应、后果管理等方面的专家组成的应急响应工作组。

在核恐怖防范方面，美国联邦政府制定了有关应急计划和预案等主动防御措施，有效利用各部门和机构间的资源和专业知识打击和防范核恐怖袭击。1992年5月，美国环保局修订了“核事故防护行动指南和防护行动手册”。美国2002年的《国土安全法》要求国土安全部建立并采取对策，为化学、生物、放射性和核威胁做好准备和响应。同时，国土安全部于2003年5月12日—16日在西雅图举行了一场“脏弹”恐怖演习，此后类似的演习一直持续举行。

2. 俄罗斯核应急管理体制

俄罗斯的核应急管理由紧急情况部负责。1994年1月，叶利钦总统发布总统令，成立俄联邦民防、紧急情况与消除自然灾害后果部，简称紧急情况部。该部负责俄罗斯的民防事业，在发生紧急情况时向受害者提供紧急救助。其处理的紧急情况包括人为和自然因素造成的灾难。俄罗斯的核事故应急管理属于紧急情况部管理的范围。

紧急情况部负责制定国家紧急情况下的处理措施和各类应急预案，向国民宣传并教育国民如何处理紧急情况。该部于1995年成立了下属的紧急情况保险公司，在发生紧急情况时向国民提供保险服务。1997年该部成立下属的紧急情况监测和预测机构，对可能发生的紧急情况进行预测并采取预防措施。这一系列机构的设立，有力地保障了俄罗斯在遇到紧急问题时能够有良好、畅通的渠道对事故进行处理。

与此同时，行动部门早作预案，行动迅速。如在劫持人质事件发生后，俄危机处理机制的支持与保障系统紧急启动，各部门密切配合，保证了解救行动的正常进行。事件中，有关人员及时准确地向普京总统传递情报，国家最高领导层加强与社会各政治力量的沟通，缓解社会紧张状态。普京曾数次发表电视讲话，安抚社会情绪。此外，俄具有健全的反恐机制。俄联邦反恐危机处理机构由总统统一领导，各部门在反恐过程中密切配合，保证了反恐行动的顺利实施。

3. 日本核应急管理体制

日本核事故应急管理体系与中国类似。国家核事故对策总部由经济产业省、科技厅、防卫省、警察厅、厚生省、农水省、国土厅、海上保安厅、气象厅和消防厅等部门组成。对策总部的最高长官由通产大臣和科技厅长官分管承担，前者掌管核电站应急事宜，后者负责核燃料和同位素生产方面的应急事宜，而日本原子能委员会是技术后援单位。当发生涉及需要公众撤离的严重核事故时，由首相亲自担任核事故对策总部的最高指挥官，统一指挥消灾对策的所有活动。当核电站发生事故时，核电站通过电力公司向经济产业省和地方政府通报情况，地方政府的核事故对策分部立即组织居民实施应急响应行动，如隐蔽、撤离、医疗救护等。经济产业省对地方事故应急分部所采取的应急行动给予指导和支援，必要时还派遣专家亲赴现场。

经济产业省下设应急中心，该中心设有技术室和指挥室。技术室设有信息和通信系统。信息和通信系统从事信息收集、信息显示、信息传递和数据分析等一系列活动。该室内装有 10 台电视机，可以监视国内外媒体对事故应急响应处理的即时报道情况。应急指挥室设有大屏幕显示系统，可以显示各种对策的分析过程和结果。它也是总部对策拟定和实施应急指挥的场所。

2003 年 10 月，日本成立了核能安全组织(JNES)，进一步加强对核电设施的安全监管力度。核动力工程设计试验中心(NUPEC)是经济产业省的一个下属事业单位，它除承担核应急技术的支持工作外，还承担有关核安全的研究和开发工作。NUPEC 具体承担对核电厂事故的信息收集、分析、判断、预测和后果评价工作，并向经济产业省提出实施消灾措施的建议。该中心设有信息收集系统，核电厂资料数据库系统，预测、评价和决策支持系统，通信系统和显示系统。经济产业省通过 NUPEC 的应急中心与全国 15 个核电厂的核电机组保持联系，实现在线的气象数据和环境监测数据采集。NUPEC 还与美国和法国签订了应急信息通报和相互支援的双边协定。

二、化学安全管理与响应机制

(一)国际组织的安全管理体系

国际方面，1995 年联合国环境规划署、国际劳工组织、粮农组织、世界卫生组织、联合国工业发展组织、联合国训练研究所、经济合作与发展组织联合成立了“组织间化学品健全管理规划(IOMC)”，促进和协调各组织单独或联合开展化学品安全管理政策和活动。IOMC 的成立标志着国际化学品安全管理合作机制确立了基本框架，见图 3-5。

欧盟成立的欧洲化学局负责执行和协调欧盟化学品管理法规和指令，提供所需要的科学技术支持，并承担危险化学品数据和评价程序联络工作。

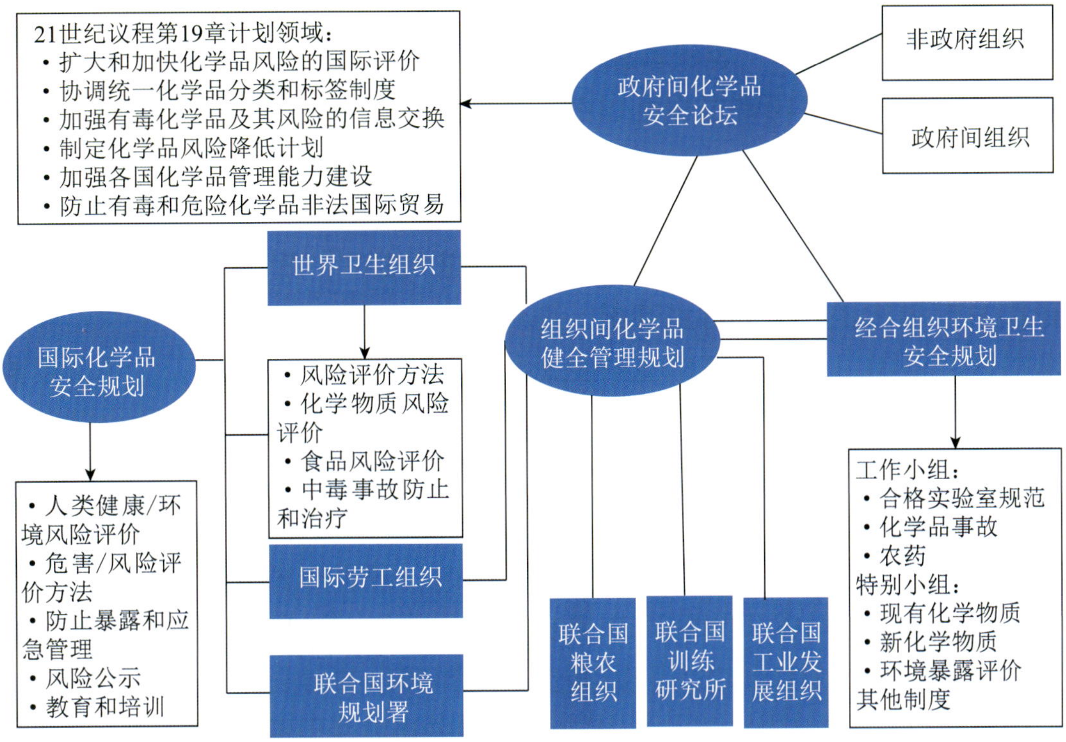

图 3-5 国际化学品安全管理合作机制基本框架

2008 年全面执行《关于化学品登记、评估和批准法案》后，成立扩大编制的欧洲化学品管理局，代替原来的欧洲化学局进行化学品的管理工作。此外，欧盟国家化学品安全和环境管理法规都执行欧盟指令或法规，各成员国政府都有化学品安全主管当局负责危险化学品安全管理工作。

为规范化学品安全数据的测试评价，欧盟国家普遍建立了相应的合格实验室系统。欧盟还建立了较完善的化学品安全信息技术支持系统，所有欧盟化学品法规分别以各成员国语言发布在欧盟网站上，欧洲化学局的网站上还专门提供欧盟国家化学品安全法规、指令、法规综述和指南文件，供公众查阅。

欧盟国家的国际性化学事故应急救援行动由 CEFIC 组织实施。在欧盟国家内部和欧盟国家之间，建立应急救援网络。在这个网络的运作下，欧盟范围内国家发生与化学品有关的事故时，都能得到有效的援助，有效地降低危害。

（二）世界主要国家的化学安全管理体系

1. 美国

除化学品安全管理法规标准体系外，发达国家在健全化学品管理体制和协调机制以及化学品风险评价和风险管理所需的化学品合格实验室及化学品管理信息管理等技术支持体系方面也多有建树。

美国建立了完整的化学品安全和环境管理立法体系，拥有强有力的化学品安全主管当局，严格的执法管理计划和程序，完备的化学品管理技术支持体系和公众参与机制。在管理重点和需求方面依部门机构和地区而异。

在美国，由联邦环保局、职业安全和卫生管理局、消费产品安全委员会、食品和药品管理局四个联邦当局来负责执行化学品安全管理的大部分法规。每个当局负责监管化学品寿命周期中不同的阶段，其他当局起配合和提供技术支持作用。此外，运输部、有害物质和疾病登记局等部门也参与相应的工作。

同时，为了解决制定法规和执行法规管理中跨部门化学品管理问题，在政府主管当局之间还建立了特别协调机制，有效地开展化学品安全协调管理。根据《有毒物质控制授权法》还设立了"部门间测试委员会"，负责判定研究需求和协调对农药和工业化学品的测试工作。

美国危险化学品安全生产的政府管理比较成体系，依据法律规定，美国政府成立了相关部门，对危险化学品的生产、运输、存储和使用等环节进行安全监管和应急管理。与上述法律相对应，在联邦层面上，危险化学品应急管理的主要部门有劳工部下属的职业安全健康局（Occupational Safety and Health Administration，简称 OSHA）、环境保护部（Environmental Protection Agency，简称 EPA）、交通部下属的管道和危险材料安全管理局（PHMSA），以及国土安全部下属的联邦应急管理署（Federal Emergency Management Agency，简称 FEMA）。

美国职业安全健康局（OSHA）的主要职能是制定职业安全健康标准，开展监察执法行动，确保相关法规标准贯彻落实，同时为企业提供职业安全健康宣传教育支持。

美国环境保护部（EPA）是保护美国公众健康和环境安全的重要部门。在危险化学品管理方面，根据《有毒物质控制法》的规定，环境保护部有权参与规范新旧化学品制造、加工、分销、使用和处置等方面的工作。

管道和危险材料安全管理局（PHMSA）是美国监管危险化学品运输安全的重要部门，通过制定和颁布与危险化学品运输安全相关的法规政策，以及开展安全生产宣传教育来预防危险化学品运输事故的发生。

联邦应急管理署（FEMA）是美国境内突发事件的主要应急管理部门，负责联邦层面重特大事件的应急处置协调。

美国化学品运输应急中心（CHEMTREC）：在美国，法律法规的完善和政府应急管理的强化是危险化学品安全管理的重要基础，而社会专业机构和专家的深度参与则是相关政策落实和工作开展的重要保障。其中，作为危险化学品应急的重要机构，美国化学品运输应急中心（CHEMTREC）在化学品运输应急相关工作开展等方面一直承担着重要的角色。

一般来说，当与危险化学品相关的灾害和事故发生后，企业负责人、员工或相关合作商会致电化学品运输应急中心，寻求进一步科学处置的指导办法和帮助。基于已有的数据资源和专家，化学品运输应急中心能够快速提供危险化学品专家、应急处置专业人员、毒理专家、医疗和工业卫生专家等智力支持，并综合考虑事故的基本情况选择合理的解决办法，在最短时间内控制事故危害。

美国化学安全和危害调查委员会（CSB）依据美国 1990 年《清洁空气法案》（CAAA）规定而建立，是一个独立的政府部门。委员会的 5 位核心委员由美国总统任命，并经美国参议院确认。CSB 的主要任务是，调查涉及固定工业设施的化工事故和危害，向国会、政府部门、相关工业行业、从业人员和美国大众提出防止化学品事故的安全建议和安全信息。委员会形成了“事故调查—明确问题—提出建议—进行整改—情况反馈”的闭环管理模式，其所提出的建议与对策具有科学性、合理性、安全性。美国职业安全健康局作为执法部门，负责调查与作业场所相关的所有死亡事故和灾难性的严重事故，但主要倾向于对事故企业违法情况进行调查，并提出事故处理意见。对那些已被证实不重视且重复违规的雇主，美国职业安全健康局将对其采取强制措施。对于严重违规者，强制措施包括严格检查、增加检查频率，以及申请联邦法院强制执行。而 CSB 不但要调查事故原因，还要对美国职业安全健康局制定有关职业安全健康方面的法律法规的符合性进行调查。因此，美国职业安全健康局也是美国化学安全和危害调查委员会的调查对象之一。

总之，在美国，通过法制和体制的不断完善，危险化学品应急管理体系也越来越完善，特别是在联邦层面上，通过相关法律法规的颁布和政府部门的改革创新，为危险化学品安全生产管理工作的开展创造了广阔的空间。同时，社会相关力量的参与，推动了政府危险化学品安全生产管理工作的落实，并调动了全社会参与危险化学品安全管理积极性，从各个方面上促进了社会对危险化学品管理的关注，形成了全社会共同参与危险化学品应急管理工作的局面。

在化学品安全管理的技术支持体系方面，美国率先建立了所有化学品测试活动都必须遵循的合格实验室规范（GLP）标准，高等院校的研究人员在国家支持下开展了各种化学品安全研究工作。美国还建立起完备的化学品安全信息收集、管理和发布数据库体系，开展化学品风险评估工作，并通过立法将有关法规、指南、数据和结果以网站信息、化学品数据库、信息交换站和热线等方式告知公众，加大公众知情和参与力度，为化学品安全管理的有效实施提供了有力保障。

在应急系统的建设中，美国联邦政府设立了联邦应急管理局，并成立了国家应急响应领导小组（NRT）。该小组由环境保护署牵头，由下列16个政府部门组成：环境保护署、职业安全健康管理局、国防部、商务部、农业部、交通部、公共卫生事业管理局卫生部、联邦应急管理局、内务部、司法部、能源部、财政部、核工业管理委员会、国务院、总务管理局、美国海岸警卫队。国家应急响应领导小组的主要职责是协调有关油品和危险品的重大事故应急计划、准备、响应行动，提出准备和实施事故应急预案的指导性文件。联邦紧急事务管理局的主要职责是制定政策，领导协调联邦应急援助，指导州和地方政府提出、审查评估及检查预案和实施预案的能力。根据《应急计划和社区知情权法案》，每个州的州应急委员会要通过州长来任命。州应急委员会要指定应急预案区域，任命地方的应急预案委员会，监督和协调他们的活动，并评审当地的应急响应预案。地方的应急响应委员会为社区准备应急响应预案，并建立接受和处理事故所产生的公共信息任务。美国重大事故应急计划体系，见图3-6。

美国应急系统对突发化学事件的处理步骤为：接到突发事件的报告后，首先对事件对健康和环境能带来的危害进行快速评价，评价内容主要是毒

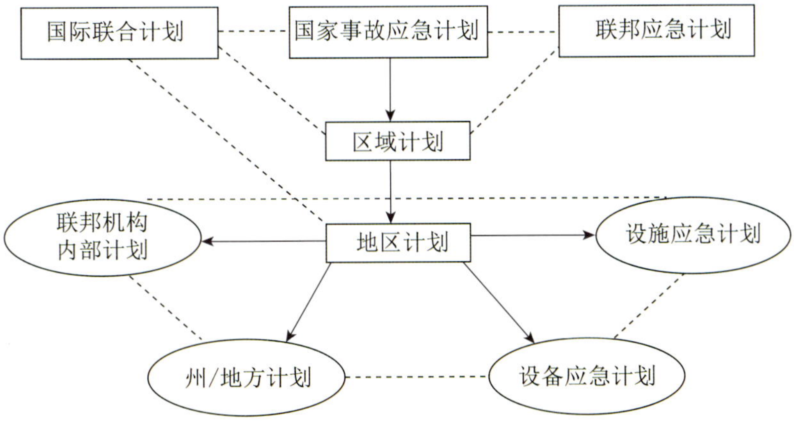

图 3-6 美国应急计划体系

物(化学物质本身及其衍生的新化学物质)毒性和物理(爆炸、倒塌)伤害;其次根据快速评价得出的初步信息,迅速采取行动,实施灾害控制方案。通过政府灾害控制部门,迅速调集应急处置的相关部门,根据各自的职能落实具体任务。最后根据危险程度,围绕事故现场划分危险区域。

2. 日本

在日本内阁中,负责化学品监管的主要部门有:厚生劳动省、经济产业省、环境省、农林水产省和总务省。各项化学品相关立法大多由 1~3 个政府部门合作监管。在各种政府主管部门内设置相应司局和处室,配制足够管理人员编制和力量。各主管部门都下设技术支持机构,如 NITE 化学品管理中心,以保证化学品健全管理的科学、有效和符合国际惯例规范。为了促进化学品健全管理,日本化学品相关主管部门之间建立了有效的协调和合作机制。日本设有多个部门间协调机构,如:关于斯德哥尔摩公约省厅局长会议、关于 GHS 部际间会议和部际间关于内分泌干扰化学品处长级合作委员会。

厚生劳动省在化学品安全管理上拥有更多的职权。该省对《化学物质控制法》《有毒有害物质控制法》《药品法》《食品卫生法》《工业安全与卫生法》等 6 部法律负有执法责任。

厚生劳动省、经济产业省和环境省合作共同负责《化学物质控制法》的监督管理。在新化学物质的安全性评价方面,厚生劳动省负责毒性测试和评价,经济产业省负责降解性和蓄积性测试评价,环境省负责生态学效应测试评价工作。

在厚生劳动省工业安全健康司内设有化学品危害控制处和化学品风险评价办公室。此外，该省还设有药品和食品安全局、食品安全司和劳动标准局等负责医药品、食品和职业安全等评价和监督管理工作。

在经济产业省制造产业局内设有化学物质管理政策处负责化学品安全管理。在环境省环境健康司内政策规划处设有化学品评估办公室以及环境健康和安全处设有环境风险评估办公室负责化学品环境安全管理。

此外，三个省还分别设有医药和食品卫生审议委员会、化学品审议委员会以及中央环境政策审议委员会三个专门委员会负责化学品安全评价、政策研究与咨询等工作。

在农林水产省内设有消费安全局农产品安全管理处负责农药登记和安全使用监督管理，包括食品安全、农林水产品中农药、肥料等残留的风险管理与风险公示等。

此外，总务省(MIC)中设有火灾与灾害管理局，负责监管危险货物储运安全工作。日本内阁涉及化学品安全管理相关主要部门及其职责如表16所示。

日本还有许多依托政府部门成立的独立行政法人单位，在政府部门的授权下从事与化学品危害鉴别与风险评估相关研究工作，为国家化学品健全管理提供技术和信息支持。例如，国立技术与评估研究所(NITE)、国立职业安全与健康研究所(NIOSH)和国立高级工业科学与技术研究所(NAIST)等。

其中日本国立技术与评估研究所(NITE)内设化学品管理中心配置了充足的管理和技术资源，具有强有力管理和技术支持能力，在日本《化学物质控制法》和《PRTR法》等法律实施中发挥着重要作用。该化学品管理中心承担主要职责任务有：

①日本NITE的“化学品管理中心”内设规划处、数据分析处、安全评估处、PRTR处和风险评估分析处，除了东京总部之外，在全国设有8个地区办公室，参与执行申报企业合规性检查监管工作；

②为实施《化学物质控制法》提供技术咨询和技术支持工作，包括化学物质名称审核和遵循IUPAC命名法规范化；“中间体”或“小量(小于1 t/a)备案审查与现场检查；通过提供咨询和沟通，帮助生产/进口厂商优化履行法律合规性责任；为评审委员会准备材料；开展优先评估化学物质筛选和

风险评估，预测化学品对人类健康和环境中生物可能造成的不利影响。风险评估结果用于选择《化学物质控制法》监控管理的各类特定化学物质，并确定必要的监管措施；对 GLP 实验室进行符合性检查认证；以及开发和推动采用定量的结构活性关系模型（QSAR），估计化学物质结构与其生物活性之间的相关性和对化学品风险评估方法等提出建议等；

③支撑环境省《PRTR 法》实施，负责解答数据报告相关疑问，接收企业报告 PRTR 数据并负责整理和汇总相关企业报告的指定化学物质环境释放数据。汇总的全国环境释放数据以 PRTR 地图的形式发布在 NITE 网站上，地图显示出日本全国境内每 5 km 或 1 km 距离指定化学物质排放源的位置、排放量及大气环境中的浓度。该 PRTR 地图使人们能够一目了然地了解到指定化学物质的排放点位和环境排放数量。通过提供这些信息，NITE 促进企业经营者自主管理化学品，促进所有利益相关方之间对化学品风险和管理方法的沟通，更好地理解化学品管理的目标。

④配合《化学物质控制法》和《PRTR 法》等的实施，全面收集化学品危害、暴露、GHS 分类和风险评估管理信息，建立、更新维护日本化学品风险信息公示平台（Chemical Risk Information Platform，CHRIP），提供有关国内外化学品法律法规和危险性信息。NITE 还开发并运行维护“亚洲—日本化学品安全数据库系统（AJCSD）”，存储着东南亚各国新颁布化学品管理法律法规信息。“日本化学品综合知识数据库（J-CHECK）”，广泛散发《化学物质控制法》管控的化学品安全信息。NITE 通过提供这些化学品安全信息，为日本各界和国际化学品健全管理提供技术支持和信息服务。在化学品安全管理的技术支持体系方面，日本制定有针对各种化学品测试评价的 GLP 计划，拥有 GLP 实验室 79 家。日本还拥有各类化学品安全研究所和信息中心，建有大量化学品安全信息数据库系统。每年政府投入巨额资金支持化学品研究、测试、评估和管理等工作。

3. 德国

德国涉及化学品安全和环境管理的联邦当局主要有：联邦环境部、联邦劳动和社会事务部、联邦卫生部、联邦运输和住房部以及联邦国防部。根据德国宪法规定，授权各州执行环境法律的任务，并可根据需要自行决定设置相应机构。德国各州都设有三级行政机构，即地区环境部、专区环境署、地方环境署。执法任务常交给地区环境部或更下级环境署完成。只有在涉及技术性很强的任务时，才委派专门当局来完成执法任务。此外，在各联邦政府当局下面还设有化学品安全和环境管理的技术支持机构，协助主管当局工作。

德国化学品安全管理的一个显著特点是建立了众多主管当局和机构协调管理机制。德国化学品相关主管单位认为，成功实现化学品安全和人类健康与环境保护，建立联邦主管当局之间以及联邦当局之间与地方当局之间的协调机制非常重要，实现化学品安全和环境管理的目标需要付出的协调努力甚至超过建立立法框架本身。因此，德国化学品安全和环境管理方面成立了众多的协调委员会和专家工作组，特别是由联邦环境部长和各州环境部长组成的环境部长会议在协调事务上发挥着重要的作用。

（三）国外非传统化学安全威胁的应对策略

1. 主要内容

目前从国内外非传统化学安全威胁预防及响应的资料来看，不同国家和研究机构在对其进行研究时各有其特色分析方法，且各有偏重。有的将非传统化学安全威胁的应对划分为事前规避和事后响应两大部分，有的分为预防、响应、恢复 3 个过程，也有的将其分为预防、预备、响应和恢复 4 个阶段，见图 3-6。不管如何考虑各个阶段的应对策略，但有一方面大家的看法基本一致，那就是在实际情况中，通常很难确切地把每一种问题或措施归结到相应的步骤中，这些阶段往往是重叠的，因此有时把整个过程描述为“安全连续性”或“应急管理周期”。但它们中的每一部分都有自己单独的目标，并且往往成为下个阶段内容的一部分。

非传统化学安全威胁的应对可以从 4 个阶段来考虑，我们把它简单地理解为一个完整封闭的循环过程，见图 3-7。

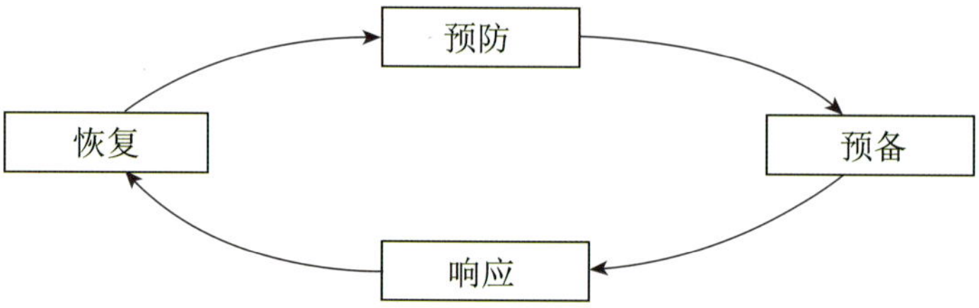

图 3-7　非传统化学安全威胁应对的主要内容

预防(prevention)工作就是从应急管理的角度，防止紧急事件或事故发生，最大限度地减少事故发生的可能性，避免应急行动。如制定安全法律、法规、安全规划，强化安全管理措施、安全技术标准和规范，对员工、管理者及社区进行应急宣传与教育等。

预备又称准备或消减(preparedness / mitigation)，是在应急发生前进行的工作，通过应急响应计划、风险通报等措施来减轻事故后果，建立应急管理能力，它把目标集中在制定应急操作计划及系统上。

响应又称反应(response)，是在事故发生之前以及事故期间和事故后立即采取的行动。响应的目的，是通过发挥预警、疏散、搜寻和营救、防护以及提供避难所和医疗服务等紧急事务功能，控制对健康、环境和财产的不利影响，使人员伤亡及财产损失减少到最小。

恢复又称善后(recovery / follow-up)工作应在事故发生后立即进行，它首先使事故影响地区恢复最起码的能力，然后继续努力，恢复到正常状态。要求立即开展的恢复工作包括事故损失评估、污染评价和清除、废墟清理、食品供应和提供避难所等；长期恢复工作包括厂区重建、再发展以及实施安全减灾计划，从事故和其他不良事件中总结经验等。

预备、响应和短期恢复工作，要求在各部门协调和决策时具备熟练的战术，以便应对事故情况下的应急行动。长期恢复和减灾则要求在计划、政策设计和采取降低风险行动以及控制潜在事故的影响方面，具有战略性的行动。

在应急行动产生之前，预防和预备阶段可持续几年、几十年，乃至几百年。然而，如果应急发生则导致随之而来的恢复阶段，新的应急管理又从预防工作开始。事故应急救援预案又称事故应急计划，是事故预防系统的重要组成部分。应急预案的总目标是控制紧急事件的发展并尽可能消除事故，将事故对人、财产和环境的损失减小到最低限度。有关统计表明：有效的应急系统可将事故损失降低到无应急系统的6%。

次生化学事件应急救援包括事发单位自救和对事发单位以及对其周围危害区域的社会救援。其中工程救援和医学救援是应急救援中最主要的两项基本救援任务。

事故应急救援工作是在预防为主的前提下，贯彻统一指挥、分级负责、区域单位自救和社会救援相结合的原则。其中预防工作是事故应急救援工作的基础，除了平时做好事故的预防工作，避免或减少事故的发生外，落实好救援工作的各项准备措施，做到预有准备，一旦发生事故就能及时实施救援。重大事故所具有的“发生突然、扩散迅速、危害范围广”的特点，也决定了救援行动必须达到迅速、准确和有效，因此，救援工作只能实行统一指挥下的分级负责制，以区域为主，并根据事故的发展情况，采取单位自救和社会救援相结合的形式，充分发挥事故单位及地区的优势和作用。

事故应急救援又是一项涉及面广、专业性很强的工作，靠某一个部门是很难完成的，须把各方面的力量组织起来，形成统一的救援指挥部，在指挥部的统一指挥下，各部门密切配合，协同作战，迅速、有效地组织和实施应急救援，尽可能地避免和减少损失。

事故应急救援的基本任务包括下述几个方面：

(1)立即组织营救受害人员，组织撤离或者采取其他措施保护危害区域内的其他人员。抢救受害人员是应急救援的首要任务，在应急救援行动中，快速、有序、有效地实施现场急救与安全转送伤员，指导群众防护，组织群众撤离是降低伤亡率、减少事故损失的关键。由于重大事故发生突然、扩散迅速、涉及范围广、危害大，应及时指导和组织群众采取各种措施进行自身防护，并迅速撤离出危险区或可能受到危害的区域。在撤离过程中，应积极组织群众开展自救和互救工作。

(2)迅速控制危险源，并对事故造成的危害进行检验、监测，测定事故的危害区域、危害性质及危害程度。及时控制造成事故的危险源是应急救援工作的重要任务，只有及时控制危险源，防止事故的继续扩展，才能及时有效地进行救援。特别对发生在城市或人口稠密地区的化学事故，应尽快组织工程抢险队与事故单位技术人员一起及时控制事态继续扩展。

(3)做好现场清洁，消除危害后果。针对事故对人体、动植物、土壤、水源、空气造成的实际危害和可能的危害，迅速采取封闭、隔离、洗消等措施。对事故外溢的有毒有害物质和可能对人或环境继续造成危害的物质，应及时组织人员予以清除，消除危害后果，防止对人的继续危害和对环境的污染。对危险化学品事故造成的危害进行监测、处置，直至符合国家环境保护标准。

(4)查清事故原因，评估危害程度。事故发生后应及时调查事故的发生原因和事故性质，评估出事故的危害范围和危险程度，查明人员伤亡情况，做好事故应对准备。

2. 应对策略

根据1972年联合国人类环境会议的建议，联合国环境规划署1976年建立了国际潜在有毒化学品登记中心。该机构的主要任务是在各国联络点的协助下，收集、管理和传递有毒化学品对人类和环境的影响数据以及各国对化学品控制法规、政策、标准等信息，并建立数据库，为各国服务。

1980年，世界卫生组织、联合国环境规划署和国际劳工组织联合成立了国际化学品安全规划，它的主要任务一是为化学品的健康和环境风险评价国际一致意见提供一个论坛，二是帮助各国利用这些评价结果加强化学品突发事件的应变能力。

1995年七大国际组织成立的组织间化学品健全管理规划在一些化学品管理活动中不断发挥着作用，其领域包括：进行化学品风险的国际评价、统一协调化学品分类、开展化学品及其风险的信息交换、制定化学品风险降低计划、加强国家化学品管理能力建设、防止有毒和危险化学品的非法国际贸易等。

欧盟国际性的化学事故救援行动首先在危险货物运输方面取得进展，而后逐步扩展到其他方面。其值得借鉴的主要做法包括：

(1)组成国际性的应急网络：该应急网络通过欧洲化学品制造商联合会中心(CEFIC)组建，目前欧盟10个国家的化工协会都是CEFIC成员。

(2)推行运输应急卡制度：在运输危险货物时必须携带运输应急卡，其主要内容包括货物性状、危险类别、个体防护、一般应急措施、附加措施、火灾、急救及附加信息。

(3)统一应答语言。

(4)统一应急响应程序。

在欧盟国家内化学事故应急分3个级别：Ⅰ级提供24 h的电话/传真咨询；Ⅱ级派专家到事故现场进行技术指导；Ⅲ级派救援组携带装备到现场开展救援活动。按应急等级实施的程序，见图3-8。

国际经合组织1992年曾出版《化学事故预防、准备和响应导则》，在过去的十年中，各国政府和化学工业界一直在执行这些指南和导则。同时经合组织的化学事故工作组一直在根据新的形势和新的经验完善和更新指南，2003年经合组织又根据新的形势(包括考虑恐怖分子对化学设施的袭击)进行了修订。在新版报告中，经合组织提出了目前应优先完成的工作和优先

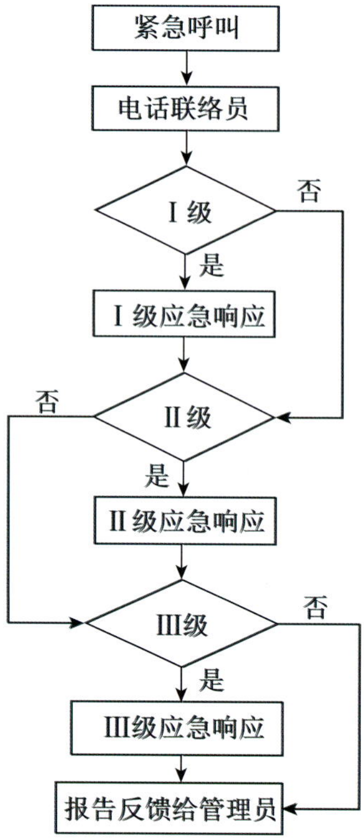

图 3-8　按应急等级实施的化学救援程序

提高的能力。

目前应优先完成的工作包括：

(1)执行国家事故管理系统和国家响应计划，以便加强各方面能力的协调发展；

(2)通过相互援助协议扩大区域性合作，以最有效有利的方式达到所需的目标水平；

(3)执行国家基础设施中期计划，以加强重点基础设施防护能力的协调发展。

优先提高的特殊能力包括：

(1)加强信息和协作能力，使预防、防护、响应和恢复行动更为有效；

(2)加强互操作通信能力，以使不同部门不同权限的人员在处理相关事务时提高工作效率；

(3)加强化生放核的侦检、响应和洗消能力；

(4)通过建立应急准备公共卫生和保健实体来加强医疗救护和大批人员

疾病预防能力。

3. 美国的应对策略

2005 年 5 月美国国土安全部对州和地方当局明确提出了在应对化学威胁的协调和准备工作中应具备和提高的能力，这反映了美国在应对化学威胁时所采取的各种策略和方法。其中，

预防能力包括：信息收集和威胁确认；情报融合和分析；信息共享和协作；恐怖分子调查和逮捕；化生放核侦测；

防护能力包括：威胁分析；重要基础设施防护；食品和农业安全和防御；公众健康调查；市民准备和参与；

响应能力包括：现场事件管理；应急行动中心管理；志愿者管理；工人健康和安全；公众安全(Safety and Security)响应；动物健康应急支援；环境健康和疾病控制；消防行动；WMD/有害物质响应和洗消；市民保护：撤离和/或现场保护；隔离和检疫；搜索和救援；紧急公共信息和报警；医疗分类和就诊前处理；医疗支援管理和配给；大批人员疾病预防；大批人员护理(住宿、食物和相关服务)；死亡人员管理；

恢复能力包括：建筑损坏评估和减低危险；经济和社区恢复。

同时，除了国家、地方政府积极研究能够应对化学威胁的方法和策略，美国一些民间团体和组织也在集中各个化工企业的力量积极寻求自身的保护和发展。例如，美国化学理事会(American Chemistry Council，ACC)及其成员团体在新的联邦化学设施安全法颁布后，一直在努力寻找可行的解决方法和措施。2005 年 9 月，该理事会就化学设施保护问题提出了一些可操作性较强的措施。他们提出的主要措施包括：建立保护化学设施安全的国家标准；要求设施进行脆弱性评估、执行安全计划；给国土安全部提供监督、视察、执行职权，以确保设施能够防范来自恐怖活动的威胁。

美国化学理事会在“9·11”事件后通过了 Responsible Care® 安全编码，该编码已经成为工业安全计划的基准。但问题是目前美国还有很多处理、储存、运输、甚至生产化学品的设施并不是美国化学理事会的成员，因此不必遵守其所制定的严格标准。

ACC 强制执行的 Responsible Care® 安全编码有四个组成部分，总共包括 13 项管理措施。这四个组成部分包括：区分设施安全优先次序；评估设施的脆弱性(使用的方法是由圣地亚国家实验室和化学工艺安全中心研究或

核准的)；执行安全改进措施；由地方官员或可靠的第三方组织检验物理加强措施。

ACC 所属设施已完成严格的脆弱性评估，并进行了大量的安全改进活动，如：控制场地进入；保护周界；补充和训练新的保安；创建并执行安全计划；确保主要系统的备份；通过第三方审核检验物理加强措施。

在加强运输安全方面，ACC 及其成员单位与海上、火车、卡车等运输工业，以及一些联邦、州、当地安全官员关系密切，其采取的安全措施包括：执行新的协议和程序；加强检查；加强公路、水路和铁路的沿途监督；筛选职员；限制接近设施；进行安全审核；使用防破坏的密封装置、包装、运输装置。

同时，ACC 还注意更严格的信息和计算机安全；新技术和老技术相结合；对敏感问题限制使用无线传输和不加密码的手机；对可能从电话泄露的信息进行限制；在一定时间周期后销毁文件；对文件、办公室和车辆上锁；注意计算机、电子通信设施和网络的安全；对未授权的事务或其他可疑的迹象进行数据流分析。

最后，ACC 还要通过计划和演练使应对措施更加熟练高效：组织有经验的专家、联邦的当地执法人员和应急响应专家对计划进行评估；确保技术处于备用状态并能快速反应；对设施和运输公司的雇员进行培训。

美国国家司法协会也对化学设施脆弱性进行了评估研究，并开发了脆弱性评估模型(VAM)。该模型是一种系统的基于风险的评估方法，其中风险(R)是事件后果严重性(S)、敌人袭击的可能性(LA)、敌人袭击成功的可能性(LAS)的函数。VAM 比较了相对的安全风险。如果风险是不可接受的，可推荐出一些措施来降低风险。例如，后果的严重性可通过不同途径来降低，如：减少化学设施储存的有毒有害物质数量、将化学设施建在远离人口密集的地区。尽管敌人的行为并不能为化学设施所控制，但设施可采取适当措施避免自己成为具有吸引力的打击目标。减少敌人成功制造灾难性事件的最通用的办法是，加强防护措施，避免敌人袭击。由于每一种事件都可能具有它特有的后果、袭击的可能性、袭击场景、敌人成功的可能性，因此有必要确定每种风险因素组合所导致的风险。

VAM 有 12 个基本步骤：评价进行脆弱性评估的必要性；给评估项目定位；掌握设施特点；推导严重程度；评估威胁；对各种威胁进行优先排序；

准备进行现场分析；现场调查；分析系统的有效性；分析风险；提出降低风险的推荐措施；准备最后报告。

三、生物安全管理与响应机制

在应对重大生物突发公共事件时，要在极短的时间内全面动员全社会的各种资源，运用范围广泛、种类繁多的科技手段去应对多方面、多层次的甚至是连续不断的挑战，提出系统的解决方案，并迅速加以实施。这就需要国际组织和各国政府建立完善的生物安全管理与响应机制。

（一）国际组织的安全管理体系

以生物恐怖、恶性传染病、生物入侵、生物技术谬用为代表的非传统生物安全威胁是对全人类的威胁，是对国际安全的共同挑战。各国意识到：各国之间只有共同行动起来，积极参与国际生物安全方面的公约、协议，构建全球与区域范围内的生物安全体系，加强国际合作、共同开展科技攻关与反恐协作，才可能尽量避免生物武器落到恐怖分子手中，才能共同抵御传染病的流行。

联合国是最具普遍性和权威性的国际组织。在联合国框架下加强生物防扩散与国际合作机制，防止生物技术被恶意使用，同时充分保障各国平等享受生物科技红利，为生物安全领域人类命运共同体奠定重要的制度基础。

世界卫生组织（WHO）是全球流行病治理的正式渠道和主要机制，在应对非传统生物安全威胁的全球行动中，发挥着重要作用。世界卫生组织报告建议，为防范前所未有的大型疾病侵害，全球各国必须达到空前的团结，“没有任何一个国家（不论它有多强大、多富有、科技多先进）能够独立预防、检测和应对所有公共健康面临的威胁”。世界卫生组织是联合国属下的专门机构，国际最大的公共卫生组织，总部设于瑞士日内瓦，共有 6 个区域办事处，150 个国家办事处，现有 7 000 多名工作人员。世界卫生组织的宗旨是使全世界人民获得尽可能高水平的健康。其主要职能包括：促进流行病和地方病的防治；提供和改进公共卫生、疾病医疗和有关事项的教学与训练；推动确定生物制品的国际标准。截至 2020 年 3 月，世界卫生组织组织共有 194 个成员国。现任总干事为谭德塞博士。

澳大利亚集团是生化领域的多国出口管制非正式机制，它对加强化学、生物两用品及设备和技术的出口控制，防止生化武器及相关物项和技术扩散方面发挥了一定积极作用。集团每年举行例会，探讨如何通过提高各参加国出口许可措施的有效性，来防止潜在的扩散分子获得研制生化武器所需的各种原料。澳大利亚集团 1985 年成立，截至 2018 年 1 月，澳大利亚集团成员国达到 43 个（包括欧盟集团）。

此外，生物安全的防扩散也需要国际间的合作。全球拥有有毒病原体的公司或实验室成百上千，他们的管理各不相同。世界培养库联盟（WFCC），是一个松散的联盟，其成员包括 61 个国家的 472 个活体微生物库。根据该联盟提供的数据，拥有炭疽菌的细菌库就有 46 个，它们分散在许多不同的国家，如德国、印度、伊朗等。可见，如果没有各国之间的共同行动，任何单一国家的力量是无法阻止恐怖分子得到炭疽菌之类的生物武器的。

（二）世界主要国家的生物安全管理体系

1. 美国

在公共卫生应急响应方面，美国建立了以卫生与公共服务部为领导，以疾病预防控制中心为核心，全方位、立体化、多层次和综合性的决策、支持系统，以及强大的公共卫生防护组织网络。其公共卫生突发事件快速反应体系主要由平时预防机制、监测机制、快速反应机制组成。指导原则是“一部为主、多方支持、分层协调、快速反应”。在发生公共卫生危机时，美国应急管理体制的总原则是“先阻止传染病蔓延，再找出病因”。在决策层面，依据法律授权，颁布总统行政命令，界定传染病性质，并对卫生部门进行授权。然后，根据总统行政命令，总医官依法授权颁布和实施传染病防治条例和规定。在具体防范传染病条例执行方面，形成了卫生与公共服务部牵头，多部门分工协作的机制。从纵向看，这个体系自上而下地纵向包括联邦疾病控制与预防系统—地区州医院应急准备系统—地方城市医疗应急系统三个子系统，确保城市在公共卫生危机的最初 48 h 内能有效应对，从而使得城市在全国应急资源被动员起来之前能以自身力量控制危机事态。从横向看，公共卫生突发事件应对系统是包括公共卫生、突发事件管理、执法、医疗服务和第一响应者在内的多维度、多领域的综合、联动、协作系统。其主要特点包括：

①三级响应系统的协作。“9·11”事件和炭疽威胁后，美国建立了新的突发公共卫生危机事件三级应对体系，其主体为：(联邦)疾病控制与预防系统、(州)医院应急准备系统和(地方)城市医疗应急系统。其中，CDC是突发公共卫生事件危机管理的核心机构和协调中心，也是具体决策和执行机构，负责全国范围内的疾病监测并定期予以发布、制定全国性的疾病控制和预防战略、应对突发公共卫生事件、实施公共卫生监测以及整合调配卫生资源等。医院应急准备系统的各家医院通过网络与CDC实时联系，医院将具体疾病信息传输给CDC。(地方)城市医疗响应系统则主要与地方医院和卫生机构等协调互动。

②各机构和系统间协作。从三级政府管理体制角度讲，联邦政府层面，国防部、卫生与公共服务部、联邦调查局、环境保护局、应急管理局和能源部均参与危机应对体系的建立以确保该体系强有力的指挥功能；地方政府层面，根据卫生与公共服务部的要求，各州成立突发事件应急委员会，建立战略管理、综合协调及系统评估机制以应对各类突发事件。

③危机响应的国际协作。美国CDC在紧急事件运作中心成立了由医学专家、微生物学家、流行病学家和有处理国际事件和传染疾病经验的公共卫生官员等专业人员组成的国际联合小组，负责危机情态的国际交流。同时，就重大疾病的控制、流行趋势、病原学检测等向各国提供不同程度的技术或信息支持。

在生物恐怖预防与管理方面，美国建立了由国土安全部牵头，国防部为后盾，卫生系统为骨干，公共卫生研究院所和医药产业机构为基础，多机构、多部门联合参与协作的生物恐怖应急处置体系。早在1993年，美国便将应对核生化武器袭击和反恐怖纳入政府计划，建立了国家级的反恐怖办公室，由国防部等16个部门、机构协调应对和处理可能发生的一切恐怖事件。“9·11”之后，为加强对国内突发事件的管理与处置，布什政府整合了包括应急管理局和动植物检疫局等在内的22个相关部门，协调将多机构、多计划转变为一个保护美国民众和国土安全的集成性机构——国土安全部(DHS)。同时，制定各种预案，建立全国性的反恐怖网络系统及国家、州、县、有关机构的国家级反生物恐怖技术组织。作为美国应对国内突发事件的最主要部门，国土安全部的主要职责之一是在出现包括生化袭击在内的一系列突发事件后，实行从预防、准备、应急到恢复的全程监管，并负责指导和协调各联邦机构的工作。在国土安全部的领导下，卫生与公共服务部、疾病预防控制中心（CDC）、国家卫生研究院（NIH）等有关单位分别在检测、研究、防疫、治疗等领域各司其职，共同应对可能发生的生化危机。

2. 日本

日本的突发公共卫生事件应急组织体系是在国家危机管理体系的基础上建立的，它以应急法律体系为指导，依托相关的卫生应急组织机构，通过资源保障体系、信息管理体系以及健康教育体系共同形成的多系统、多层次和多部门的协作机制。国家突发公共卫生事件应急管理系统由厚生劳动省、派驻地区分局、检疫所、国立大学医学院和附属医院、国立医院、国立疗养院和国立研究所等构成。地方应急管理系统由都道府县卫生健康局、卫生试验所、保健所、县立医院、市村町及保健中心组成。国家和地方层面的应急系统通过纵向行业系统管理和分地区管理的衔接，形成全国的突发公共卫生事件应急管理网络。当突发公共卫生事件的危险来临时，日本政府会向国民及有关机构发出紧急通报，同时召开各种类型的会议以研讨对策措施；中央主管机构收集信息并制定和实施应急对策，协调各级系统应对危机。除此之外，日本突发公共卫生应急处置系统也与消防急救、警察、医师会、医疗机构协会、通信、铁道、电力、煤气和供水等各个社会功能系统建立了预定的配合机制。

3. 印度

印度是世界上洪水、地震等自然灾害最严重的国家之一，其突发公共卫生事件处置体系依托于其抗灾应急管理体系。印度的管理体制分为国家、邦、县和区，四级政府均设置统一的灾害管理机构，以邦为核心，中央主要负责协调资源等支持工作。在重大危机时，组织管理、营救、赈灾、防疫和安置措施等工作都以邦为管理核心；而财政资源支持、交通运输、物资跨境调运以及灾情警报等工作则由中央政府进行支援；县、区级的灾害管理机构是危机管理的具体实施者。

基于统一协调的原则，印度政府制定了《全国危机管理框架》，作为有关单位和利益相关方采取行动的战略支撑，政府各部、邦和中央直辖区政府均要按照这一框架制定各自的危机管理计划。这一框架明确规定了国家、邦级和县级机构职能，内容涉及危机管理的指导方针、基本制度、机制体制、预防战略、预警系统、灾难减除准备及反应和危机应对人力资源开发等方面。为确保救灾行动的及时启动，印度政府制定了《国家突发事件应急行动计划》，明确了自然灾难后中央各部局所需采取的具体行动计划。中央政府危机管理的协调通过主管部和辅助部进行，主管部负责采取各种行动应对危机。当危机需要多个部门采取行动时，主管部的秘书协调所有辅助部的行动。每一个主管部都制定了详细的突发事件应急预案以应对其职责范围内的危机事件，并将预案发给危机管理小组和各个辅助部门。

印度采用与美国十分相似的生物技术安全体系。为了保证生物技术工作者在实验室环境下的安全性，早在 1983 年印度生物技术委员会就颁布了一套生物技术安全规则。为了保证人类和环境不受生物技术操作和生物技术产品应用的危害，印度环境和农业部于 1989 年颁发了关于遗传工程生物及其制品生产、进口、利用、研究、保存和分发的条例和程序。这些条例和程序既适用于生物技术的研究开发，也适用于生物技术的大规模应用。印度生物技术研究、小规模田间试验和实验室试验的生物技术安全规则由生物技术部组织实施。生物技术部下设“研究院所生物技术安全委员会”和“遗传操作审查委员会”，安全委员会每年至少召开 2 次会议，并每半年向“遗传操作审查委员会”提交 1 份在研项目情况报告。此外，该委员会还承担生物技术安全的人才培训，实施对实验室人员的健康监测。“遗传操作审查委员会”主要负责对在研项目情况进行审查；对从事生物危险性较大项目的单位，进行基础设施条件和安全措施的检查；为病原生物及其传播媒体、种质材料、细胞器等的进口和出口发放许可证。印度环境与林业部下设“遗传工程审批委员会”，主要负责审批大规模使用危险微生物的项目、重组产品的项目和此类产品的工业生产项目。此外，还建立了“邦级生物技术协调委员会”和“县级生物技术委员会”，分别为邦级、县级生物技术管理机构。“邦级生物技术协调委员会”主要通过邦政府有关的部、邦污染控制局、医疗卫生服务管理处等机构对有关违犯生物技术安全规则的行为进行监督、调查和处罚；对使用遗传工程生物和危险微生物的研究院所和企业进行安全防范方面的定期检查。“县级生物技术委员会”主要负责对上述单位进行现场检查，建立信息库，查清各单位可能出现的安全事故隐患，进行安全性监测，督促解决；负责协调处理万一出现的紧急意外事故；定期向“邦级生物技术协调委员会”或“遗传工程审批委员会”提交安全情况报告。

4. 英国

英国政府在处理疯牛病、口蹄疫、猪瘟、流感等传染病危机的过程中，积累了丰富经验，并形成了应对各种严重流行病的机制和网络。其公共卫生突发事件实行垂直管理，是以卫生部和国民医疗服务体系为主导的自中央到地方的垂直管理体系。中央的卫生部是“掌舵者”，负责制定战略性指导纲要、疫情的分析判断、政策制定、组织协调和信息服务等，为地方提供智力支持，对地方的相关部门进行绩效评估。为了加强政府在重大突发事件中的组织协调能力，2001 年 7 月，英内阁办公室新设立了民事突发事件秘书处，主要负责向首相报告可能引发危机的各种事件；针对各种突发事件的监测和协调指导；建立突发事件分析监测网络等。若公共卫生突发事件、生化袭击等突发事件发生时，负责政府和民间机构的组织协调。地方行政当局和公共卫生部门，包括公共卫生突发事件控制中心分支机构、国民保健系统所属医院诊所、社区医生等，接受卫生部的战略性政策指导，是主要的“划桨者”，直接提供应对危机的服务，主要负责疫情的发现、报告、跟踪和诊断治疗。正是这种有效的组织机制，使得英国对突发性公共卫生危机的响应具有高度的敏捷性、快速性。

在应对生物恐怖袭击方面，英国建立了由应急委员会和内政部负责、各相关部门协调配合的新体制，以处理包括生化袭击在内的各种突发灾害，负责制定应急计划，协调政府各部门的应对工作。内政部负有在英国范围内发生的恐怖威胁的反应协调的主要职能。内阁办公室负责突发事件的整体计划，并监督跨部门能力计划的执行。此外，政府还指定首席医疗官兼任内政部、劳工部等相关部门的第二常务秘书，以便协调各部门有效开展工作，并设置情报安全协调员，负责各部门间有关生化袭击的情报交流。

5. 俄罗斯

“大总统、大安全”是俄罗斯综合突发事件管理系统的特点。俄罗斯生物安全和生物恐怖活动预防涉及多个政府部门：卫生部对危害人体健康的病原体有关的研究所和企业的活动进行监督，农业部负责监督对危害动植物的病原体有关的研究所和企业的活动，而基因工程则受工业与科学技术部监管。俄处理危机的机构是联邦安全会议。该会议由总统任主席，总理任副主席，负责在出现重大紧急状况时，统一政府对策，协调内务部、联邦安全局、国防部等部门，共同应对危机。其突发事件的应对分为联邦层次、区域层次、州层次、地方层次和定点层次等五个层次。指挥决策体系起指导作用的是总统，其次是作为专职国家战略安全机构的俄罗斯联邦安全会议，它是突发事件管理机制中枢指挥系统的重要组成部分。每个层次都有其特定的协调单位，具有预警、保护居民、财政和物资分配以及进行信息支持等功能。

在俄罗斯国防部内部，其所属的俄罗斯联邦武装力量三防兵主任局和军事医疗卫生总局承担了大部分国家生物安全任务的执行和实施。俄三防兵部队拥有国家级的实验室、研究机构、试验基地和专门院校，如第 33 中央科学研究院、第 48 中央科学研究院、第 42 生物安全科学研究院和三防学院等。为有效对抗传染病及协调防范生物恐怖活动，俄国防部和卫生部在第 48 中央科学研究院建立了专门实验室，用来诊断和治疗高度危险和外来传染病。该实验室在查明生物危险源原因、消除危险源、处置高危烈性传染病、鉴定新型传染病病原体及诊断等方面积累了大量的经验，为有效应对和处置生物安全领域出现的新威胁奠定了基础。为及时、有效地应对生物危害紧急情况，科研院所下属的技术支持分队和流动诊断小组长期保持战备状态，随时待命。技术支持分队人员具有实战技能，具有检测有毒有害物质和生物病原体的经验。为了更好地完成任务，诊断小组配备了现代化的军队移动核生化防护综合检测设备，可允许在自动工作模式下迅速评估当前形势的危险等级。俄三防部队包括三防旅、三防快速反应分队、行动协调中心和独立飞行中队，具备完成大规模事故求租和其他紧急任务。三防旅在各自的战区划分了相应的责任区域，而三防快速反应分队和独立飞行中队则是总参谋部的预备力量，可根据态势的发展变化，及时参与处置俄罗斯联邦和其他地区遭受的大规模化学和生物危害。

第三节　防范装备与技术手段

一、核与辐射安全威胁防范装备与技术手段

在核与辐射安全威胁出现时，为保证及时有效地采取应急响应措施，缓解和控制所造成事故事态，防止或最大限度地减少事件后果和危害、保护环境、保障工作人员和公众的安全，必须配备完备的核与辐射危害防范与处置技术装备。核与辐射事件的防范与处置装备技术包括核与辐射监测装备技术、防护技术装备和消除救治装备技术等，其中，核辐射监测装备技术是基础和主体。

（一）防范非传统核与辐射安全威胁的主要内容

1. 情报与监视

主要是指对与核和放射性有关的个人、群体及设施实施的观察、监视及检测，以及对有可能的间接与直接的破坏手段(如 SNM、RM、RDD 和 IND 等)进行的监视和检测。

2. 预防

做好应对各类威胁的预案准备，包括加强核设施核辐射源的安全措施和管理、瓦解核与辐射恐怖主义嫌疑分子网络，不使恐怖主义嫌疑分子获得 SNM、RM，制造 RDD、IND，以及掌握袭击核设施与核活动的手段。如加强 SNM 安全保障和 RM 的安全与保安，挫败核与辐射恐怖主义嫌疑分子挟持民航客机等。

3. 防护

加强各类威胁防范预案的演练和可执行性，对易发生或易遭核与辐射恐怖袭击的目标进行加固，减少相关灾害发生的概率，使恐怖主义分子的袭击与破坏更为艰难。例如，通过技术设计与规范的措施使得边防、大型建筑、机场以及其他基础设施更难于遭到核与辐射恐怖袭击、毁损和造成

人员伤亡。在探查到核与辐射恐怖袭击紧急预警情况下制止事件的发生，包括瓦解、消灭潜在的恐怖犯罪分子及其基地，当袭击迫近时，在鉴别恐怖分子的情况下，制止其接近目标并用技术手段阻挠或挫败恐怖袭击。

4. 响应与恢复

核与辐射威胁一旦发生，其影响重大，尤其是这类灾害后果的持久性和心理冲击。灾害一旦发生，应立即通过组织实施应急响应(包括初始响应人员行动、对公众采取必要的干预防护、公共卫生与医疗等措施以及恢复性的关键措施)，减少其对社会基础设施与环境的破坏和影响程度以及公众的伤亡人数。

（二）非传统核与辐射安全威胁的态势感知与监测

1. 次生核危害的态势感知

由于次生核危害发生的根源与直接使用核武器不同，从而造成事件后果的差异。其特殊的放射性沉降范围和烟羽播散的模式，使其监测手段、方法也有别于对常规核武器爆炸的监测方式。一些适合核战争时使用的监测探测手段和装备就不适于在非传统核与辐射危害处置时使用。因此，需要有一些专用装备和技术手段。

对次生核危害进行充分的态势感知，区别次生核危害的类型、范围、威胁程度等，是确定要采取的防范技术手段和装备的基础和关键。

如，国际原子能机构根据核事件的严重程度制订了分级表，见表3-4。

表3-4 国际原子能机构核事件分级表(INES)

级别	厂外影响	厂内影响	对纵深防御的影响	实例
7 特大事故	放射性大量释放；大范围的居民健康和环境受到影响			1986年切尔诺贝利核电厂(现属)乌克兰
6 重大事故	放射性明显释放；可能要求执行应急预案的部分实施			1957年苏联基斯迪姆后处理厂(现属俄罗斯)事故

续 表

级别	厂外影响	厂内影响	对纵深防御的影响	实例
5 有场外风险的事故	放射性有限释放；可能要求执行应急预案的部分措施	反应堆堆芯和放射性屏蔽受到严重损坏		1957 年英国温茨凯尔军用反应堆事故；1979 年美国三哩岛核电厂事故；1987 年巴西戈亚尼亚铯-137 放射源污染事故
4 无明显厂外风险的事故	放射性少量释放公众受到相当于规定限值的照射	反应堆堆芯和放射性屏蔽明显损坏；有工作人员受到致死剂量的照射		1973 年英国温茨凯尔后处理厂事故；1980 年法国圣洛朗核电厂事故；1983 年阿根廷布宜诺斯艾利斯临界装置事故
3 重大事件	放射量极少量释放，公众受到远低于规定限值的照射	污染严重扩散，有工作人员发生急性健康效应	安全屏障几乎全部失效	1989 年西班牙范德利略斯核电厂事件
2 事件		污染明显扩散，有工作人员受到过量照射	安全屏障明显失效	
1 异常			出现超出规定运行范围的异常情况	
0 偏差	从安全角度无需考虑			

2. 核与辐射恐怖袭击态势感知

对于核与辐射恐怖袭击事件则应考虑不同威胁等级的防范与响应的需求。

在核与辐射恐怖事件发生前后的危机管理与后果管理阶段，应研究确定不同威胁等级、相应的防范与应急响应的需求以及可操作的作业(作战)程序，例如：

①4 级威胁：最低威胁，不需要采取非常行动的威胁等级，全国反核与辐射恐怖监测网正常运作，预防核与辐射恐怖活动。

②3 级威胁：已有某种威胁的征兆，但威胁尚未被评估为可信。此时，全国反核与辐射恐怖监测网正常运作，预防核与辐射恐怖活动，开始布置评估过程并制定有关资源的应急配置计划。

③2 级威胁：可信的威胁，评估、确定与核与辐射恐怖袭击有关的事

件。可能启动“国家反恐协调组织”，并对各种需求和资源的使用咨询专家意见确定是否应进入应急状态。此时，主要努力在于阻止和解决危险的执法行动上，在跨机构条件下处理正在发展的危机。

④1 级威胁；确认核与辐射恐怖袭击事件已经发生，立即启动有关地方当局和国家的应急计划。

3. 危机管理与后果管理阶段的核监测需求

以核恐怖为例，当核与辐射恐怖袭击事件发生后，早、中、晚期后果管理中应急响应干预性辐射防护行动(措施)也不尽相同。

①危机管理

概括见表 3-5。

表 3-5 核威胁 1~4 级危机管理的核监测需求

威胁等级	需求内容
3、4 级 (潜在威胁)	对非法核材料、IND、非法放射性物质、RDD(脏弹等)进行现场的探查、发现与鉴别(γ 谱核素分析)
2 级 (可信威胁)	A. 对非法核材料、IND、非法的放射性物质、RDD(脏弹等)进行现场的探查、发现与鉴别(γ 谱核素分析)等 B. 及时开设核观测哨对可能遭 IND 核爆炸袭击的目标实施不间断的核爆探测
1 级 (核与辐射恐怖袭击事件发生)	A. 核与辐射恐怖袭击事件发生，如为 IND 核爆事件在 2 级威胁开设核观测哨、获得核爆探测结果基础上，进行瞬时毁伤与放射性沾染后果预测，以估计核恐怖性质与危害 B. 核与辐射恐怖袭击事件发生，如为 RDD 或核设施遭袭，进行 γ 辐射巡测(辐射侦察)迅速确定沾染边界，并结合实施某些典型地点的就地 γ 谱测量与核素分析，确定辐射恐怖性质，作为法庭调查的考证，必要时在现场采集土壤等环境介质样品并进行实验室的精确放射性测量，辐射能谱与放化分析，对辐射恐怖事件做出定性与定量结论 C. 对进入污染区现场执法初始响应人员实施外照射个人剂量监测(包括个人剂量存档的无源个人剂量计监测与个人剂量实时报警控制的有源个人剂量仪监测)

②后果管理

概括见表 3-6。

表 3-6 在 1 级威胁下后果管理早、中、晚期的核监测需求

时间阶段	需求内容
早期	A. 核与辐射恐怖袭击事件发生，如为 IND 核爆事件，在 2 级威胁开设核观测哨，获得核爆探测以及索取地面至高空风情参数基础上，进行估算，提出放射性沾染预测，基于可防止有效剂量预计，提出采取慎重防护措施(行动)包括隐蔽、服用稳定碘等抗辐射药物、呼吸道防护、撤离等的辅助决策建议； B. 核与辐射恐怖袭击事件发生，如为 RDD 袭击或核设施遭袭，则在估计与设定放射性源项以及获取地面上空风情与气象参数的基础上，对放射性烟羽弥散与沉降进行预测，基于对烟羽的内外照射可防止剂量的预计，提出采取慎重防护措施(行动)包括隐蔽，服用稳定碘等抗辐射药物、呼吸道防护、撤离等的辅助决策建议； C. 对烟羽(云)及其径迹区进行乘车或徒步辐射侦察，确定 γ 剂量率 0.1 $mSvh^{-1}$ 的报警边界以及响应人员返回报警边界 0.1 Svh^{-1}。必要时实施航空辐射侦察，获取用于修正预测 γ 剂量率分布的足够多实测数据，根据实测结果，提出修正或补充已采取的防护行动的辅助决策建议； D. 对烟羽进行取样与实时的 α、β 辐射与放射性活度巡测，包括空气中与地表的开关窗直接测量分辨 α、β 辐射和 α、β 气溶胶以及放射性碘体积活度实时测量，并结合实测数据提出修正或补充已采取的防护行动的辅助决策建议； E. 结合某些点 γ 剂量率的实测，实施就地 γ 谱测量，建立 γ 剂量率与放射性核素在烟羽中体积活度或地面沉积面积活度之间的定量关联； F. 对初始应急响应人员实施 γ 外照射个人剂量监测，包括使用个人剂量存档用的无源非直读个人剂量计和现场实时个人剂量控制用的有源直读报警的电子学个人剂量仪； G. 在开始建立的污染区出入通道的控制点开设人员、车辆等快速、自动放射性沾染监测站
中期	A. 对烟羽(云)完全沉积后的广大地区进行全面、系统的 γ 剂量率乘车巡测(辐射侦察)，必要时辅以航空侦察，获得用于修正预测的更全面实测 γ 剂量率数据； B. 采用全面、系统的 γ 剂量率实测数据对预测的等 γ 剂量率地域分布进行修正，并根据可防止有效剂量提出进一步采取相应的防护措施(行动)，包括隐蔽、撤离、服用稳定碘抗辐射药物、出入污染区通道控制等的辅助决策建议； C. 结合 γ 剂量率巡测与就地 γ 谱测量以及地面 α、β 辐射巡测等结果，确定对一些关键地区的土壤、水源、农作物、牛奶场、市场食品等进行现场与取样的放射性测量、核素分析，确定放射性核素污染的质量活度、体积活度，并与通用行动水平、导出干预水平等比较，提出去污、禁用等防护措施(行动)的辅助决策建议； D. 在污染区出入通道控制点以及放射性去污洗消站等地设立人员、车辆等放射性沾染监测站，根据监测结果提出是否需要去污洗消以及去污洗消效果的辅助决策建议； E. 对一些关键污染地区结合 γ、β、α 辐射的巡测结果，对再悬浮颗粒的空气中放射性气溶胶进行体积活度的实时或取样监测，提供用于公众总的有效剂量评估的必要数据； F. 对应急响应作业人员继续实施个人剂量监测

续 表

时间阶段	需求内容
晚期	A. 由于晚期对公众的主要照射途径与中期的相同，应继续完成中期 A～F 项的核辐射监测、后果评估与辅助决策建议的响应行动； B. 应针对晚期需要做出慎重的重大辅助决策，对一些污染地区采取清除(去污洗消)与重建等恢复行动，为此，应结合土地筛选的干预水平与指导水平，需要实施对大面积土地的放射性核素污染水平(质量活度、面积活度)的快速就地监测，取得完整数据作为提出辅助决策建议(包括清治效果评估)

(三)应对非传统核与辐射危害的任务分解

对非传统核与辐射危害的防范可以从次生核危害和核与辐射恐怖袭击两方面来考虑和规划。

防范次生核危害的技术和装备，与实际行动中执行的特定任务有关。执行应急救援行动中特定任务的专业队伍，按任务可划分为以下几部分：

通信分队：确保各专业分队与各级指挥机构之间通信的畅通，通过通信指挥各专业队执行应急救援行动；

治安分队：维持厂区治安，按事故的发展态势有计划地疏散人员，控制事故区域人员、车辆的进出；

消防分队：对火灾、泄漏事故，利用专业器材完成灭火、堵漏等任务，并对其他具有泄漏、火灾、爆炸等潜在危险点进行监控和保护，有效实施应急救援、处理措施，防止事故扩大以致造成二次事故；

抢险抢修分队：该队成员要到事故现场，熟悉地形、设备、工艺，在具有防护措施的前提下，必要时深入事故发生中心区域，关闭系统，抢修设备，防止事故扩大，降低事故损失，抑制危害范围的扩大；

医疗救护队：对受害人员实施医疗救护转移等活动；

运输队：负责急救行动中人员、器材、物质的运输；

防化分队：在次生核危害事件中，发生放射性物质泄漏或污染时，防化分队负责侦察、核实、控制核事故区域的边界和范围，并掌握其放射性播散和沉降规律，测量现场剂量，提供给指挥部；

监测站：迅速检测所送样品，通过放射性核素分析确定放射源种类，剂量率等参数，为中毒人员的急救、事故现场的应急处理方案以及染毒的水、食物和土壤的处理提供依据；

物资供应站：为急救行动提供物质保证，其中包括应急抢险器材、救援防护器材、监测分析器材和指挥通信器材等。

前已述及，为应对次生核危害，以美、俄为代表的一些国家都建立了全国性核应急组织管理体系，负责核事故和核、辐射紧急事件的应急准备、应急效应及应急管理。通常由国家级核应急组织、地方级核应急组织和运营单位级核应急组织构成三级体系。而军队核应急救援系统作为支援单位参与，主要担负核事故应急救援任务。作为防化兵在防范次生核危害的任务中主要承担的是核和放射性的应急监测报警等工作，因此，各种核与辐射监测装备技术是我们关注的重点。

（四）防范装备与技术

1. 应对非传统核与辐射危害的监测装备技术

国外应对非传统核与辐射危害的装备技术主要包括核与放射源辨识、危险性评价、放射源控制、危险核事故预防和应急救援等装备技术，其中核辐射监测与评价是防范和处置核与辐射事件的重要内容，也是对公众实施防护行动决策的基础，这些技术装备是应对非传统核与辐射危害体系建设的基础。

核与辐射事件可能发生在各种不同环境条件下，涉及地域、人员范围广；产生的放射污染和辐射剂量率差异可能很大。应对非传统核与辐射危害的监测装备配备应根据各自承担的任务和要求选配。例如，保护初始响应者，要装备个人报警剂量仪和防护面具等。装备的选择主要考虑实用性、功能性、耐用性和安全性以及客观条件等因素，要求监测仪器具有尽可能宽的量程范围，能设置报警阈值，而且可靠性高、易于操作与维护、环境适应性强。

国外研发非传统核与辐射危害监测防护装备是依照“积极兼容”的原则进行的，即充分利用现有技术资源和装备，适当研发新装备以填补监测领域的空白。其用于应急监测的装备具体包括：

(1)监测简易核弹爆炸

这主要指对有影响的目标建立永久性或设立临时性核爆监测站。目的是在发生核爆炸后测定其威力，对毁伤后果与放射性沾染区做出快速预报，并迅速提出应急决策建议，以争取时间，减少损失，避免盲目行动。

(2)环境辐射监测

平时调查(监测)重要目标及其附近的环境核辐射“本底”；发生核与辐射事件后，测定放射性污染范围和污染区辐射水平的地域分布与时域特性，依辐射水平做出标志。为处理事件提供科学依据。对污染区作放射性清除后，监测环境、物质、水源等辐射水平，以确定是否污染。

(3)空气放射性活度水平监测

以地面布设手持、车载或机载空气取样器或空气放射性活度连续测量仪等手段按风向跟踪监测空气中放射性气溶胶活度，以评估放射性污染区域与水平。为应急干预行动提供决策依据。

(4)现场核素分析与射线种类区分

对辐射恐怖等造成的放射性污染现场，以各种测量、分析手段，大致确定某些重要放射性核素和射线种类(α、β、γ)，为人员急救和沾染消除提供依据。如有^{131}I污染，可让受害人服碘片。如仅有β污染，应急人员只需作皮肤防护。

(5)开展沾染检查

指在发生核与辐射事件并查明放射性沾染边界后，与有关部门配合封闭污染区，并在污染区进出口处开设放射性沾染洗消站和放射性沾染检查站。严防被沾染的人员、车辆、物资进入安全区造成二次污染。

(6)人员剂量监督

指对受放射性污染的人员和应急响应人员作体内外照射剂量监督，以评估相关人员所受核辐射剂量，为医治辐射伤员和控制应急人员受照剂量提供依据、手段。

(7)其他辅助信息源

为了完成核与辐射事件的应急核监测任务以及有效地进行人员和地域的污染评价，还需要有现场的应急指挥、通信、GPS、气象观测等辅助功能与信息源。

例如，当前国际较公认的IEC国际标准反恐辐射监测仪器有下列3种：

袖珍式仪器，具有一定的γ辐射探测(报警)灵敏度，一定距离内用于自动发现一定量的放射性材料(核材料与其他放射性物质)，还可用于搜查确定源的位置。如有可能发展为中子灵敏。

固定式仪器系统，具有高灵敏的γ辐射与中子探测(报警)能力，对通过（或静止）的人员、车辆（含火车）、货物（含集装箱）、行李进行自动、快速的放射性材料（核材料与其他放射性物质）探查与发现。

便携式仪器，具有较高的 γ 辐射与中子探测灵敏度与较高分辨率的 γ 谱核素分析鉴别核材料及对其探查定位能力。

2. 应对非传统核与辐射安全威胁装备技术发展评估

防范非传统核与辐射威胁的装备主要由核与辐射监测装备、核与辐射防护装备和核与辐射消除装备等 3 部分构成。核监测装备中在防范核与辐射活动中发挥作用的主要是核辐射探测装备部分。根据用途可分为防范用与响应用两大类。从目前发展看，现有的军用核监测技术和装备可较好地投入非传统核与辐射的防范中。这是因为，核爆监测技术在整个研制过程中已考虑到战时保障部队作战指挥和公众对核武器的防护两方面的内容。另一方面，核辐射探测装备重量、体积在不断缩小，测量和读数日益简化，量程和精度进一步提高，测量辐射种类增多（能探测瞬时 γ 射线和中子辐射，又要能测量 α、β 射线和剩余 γ 辐射等）。这些装备通常可直接运用于核恐怖活动的监测，它们对核武器或放射性材料的监控和监测将起到重要作用。

近年来，受国际反恐形势的牵引，以美国为首的西方发达国家和一些核仪器行业的大公司，针对反核与辐射恐怖以及非战争军事行动的特殊需求，先后推出了一些专用高技术装备，与原有军用装备互补，基本能够满足当前反核与辐射恐怖的需求。

（1）辐射监测设备

袖珍式辐射仪主要用来测量个人剂量和环境 γ 剂量率，并提供可调阈值报警功能。国外现有仪器的特点是体积小、耗电省、操作简单、功能多，一些仪器还具备测量中子剂量和剂量率能力。典型的仪器有 Revealer 41277 型个人剂量计卡、PD 个人剂量仪、Mini-Radiac 个人剂量仪、AN/UDR-13 辐射仪等。

便携式辐射仪与袖珍式仪器相比，其灵敏度和测量精度更高，并可选配多种外接探头用于探测不同类型（如 α、β、γ 和中子）和不同量程范围的辐射，并提供阈值报警功能。代表性的仪器有 ADM300 便携式辐射监测仪、RAM DA 2000 便携式多功能测量仪、IronMA1N 高灵敏度便携式剂量仪、RADIAGEM 便携式辐射监测仪、Tirrena EC 2000 多功能辐射仪等。

便携式谱仪不仅体积小，便于携带，而且自动化程度高、操作方便，可完成快速的核素鉴别，还可进行常规的剂量和剂量率探测与报警。代表性的仪器有 identi FINDER 系列便携式能谱仪、Inspector1000 数字化便携式 γ 谱仪、radFINDER 手持式辐射鉴别仪等。

γ 辐射便携式辐射成像系统是在保持便携式辐射监测仪的各项性能指标的基础上，以视觉效果直观的表示出空间剂量的分布和对放射源进行定位。典型仪器为 CARTOGAM 便携式实时 γ 射线成像系统。

固定 γ 谱仪广泛用于核设施周围环境的监测、事故发生时放射性核素的现场鉴别等，可直接测量放射性污染程度。就地 γ 谱仪主要有 HPGe 就地 γ 谱仪和 NaI 就地 γ 谱仪，系统通常包括探头、固定架、ADC 和一台微型计算机和专用就地测量软件组成。代表性的仪器有 M-1 便携式就地 γ 谱仪，ISOCS 现成物体计数系统等。

α、β 放射性气溶胶监测仪，国外对 α、β 放射性气溶胶的监测，除了采用传统的采样、测量技术外，还研制了自动连续空气监测仪器，它不仅可以直接测量气溶胶深度，而且具有报警和数据传输功能。如 FHT 59 SI α、β 连续空气监测仪、iCAM α、β 连续气溶胶监测仪、AMS-4 连续空气监测仪等。

通道式放射性监测系统通常可分为两类。一类是用于探查人员、车辆等是否携带 SNM 或 RM 等放射性材料，主要探测 γ 射线和中子。如：CPM-VGN 车辆放射性监测仪、SAIC PPM-100M 便携式入口监测仪、R. C. V. L 入口监测仪、GEM-1 入口监测仪、bagSPEC 行李辐射监测系统、TPM-903 可移动门式辐射监测器等。另一类则是用于人员、车辆等离开沾染区时表面辐射的检测，探测 γ、α 和 β 射线。如：Argos-2 全身 α/β 污染监测仪、RTM 860TS 门框式表面污染检测仪等。

车载式辐射监测系统，目前，国外车载式辐射监测系统可分为两类，一类是部队装备的用于战时和核事故条件下大面沾染区 γ 辐射水平巡测的辐射侦察车(或防化侦察车)，如德军的 ABC-ErkGrp 型 NBC 侦察车，美军 XM93A1 狐式侦察车，法国的 VAB-RECO NBC 侦察车等。

另外一类是针对核与辐射突发事故的车载式辐射监测系统。如 VMS 2000 车载环境监测系统、mobileSPEC 车载辐射监测系统、MOVERS 车载辐射监测系统等。该类系统可实现辐射监测报警、本底监测、沾染检测、核素分析、气溶胶取样和数据通信等功能，现场获取的数据可自动通过无线或有线的方式，实时传送到中心站或指挥中心，实现数据共享，中心站的命令也可通过该通信系统下达到各观察车内。

机载式辐射监测系统也可分为两类，一类是用于战时和核事故条件下大面沾染区 γ 辐射水平巡测的机载式辐射巡测系统，他们都可以实现 GPS 定位，高度自动修正，以及数据通信功能，与指挥中心实现数据的相互共享传递，可构建一个快捷、通用、功能强大的数据通信网络，美军装备还可与雷达信号相结合自动绘出地面 γ 辐射水平的测量结果。典型军用仪器有 AN/ADR-6 航测系统、JUK450 航空辐射侦察系统，另一类是用于核事故和环境 γ 辐射水平监测，甚至是具有能谱测量功能的系统。如 heliSPEC 环境辐射能谱系统、AIR RAM 2000 空中辐射监测系统等，除了进行对地面进行辐射监测外，也具有强大的数据通信功能，通过中心站可直接给出地面剂量分布图。

移动实验室，目前，移动实验室并没有固定的标准和批量的生产，它主要是基于用户提出的具体要求，利用现有的一些实验室仪器和对车辆改装组合而成，同时配有加固计算机系统、GPS 定位和数据通信的系统。如堪培拉(Caberra)公司的 MWAS 移动实验室。

(2)辐射防护用品

个人辐射防护用品主要有防止皮肤沾染和内照射吸入的防尘服和防护面罩以及军用防化服和防毒面具等。如美军 NBC-PC 防护面罩、英军 WE100 轻型救生衣、德国 Karcher2001 Hiperm 防护服。另外，还有一款最新研制的对 γ 射线有一定的屏蔽作用，而且物理性能和舒适度较好的防护服-DEMRON 辐射屏蔽防护服。

(3)核与辐射污染消装备

核与辐射污染消装备按其使用的目的、技术和装备对象来讲，主要有大型低压喷洒类装备、多功能类装备、便携类装备。

喷洒车，主要用来对武器装备实施消毒、消除；对地面、工事等实施消毒，对坚硬地面实施消除；还可用来运输和分装液体。喷洒车消除放射性沾染时，可用水冲洗或将洗涤剂、络合剂与水调制成一定浓度的洗消液，藉其润湿、洗涤、泡沫和乳化络合作用使放射性沾染离开被沾染表面，从而达到消除目的。

该装备主要采用低压常温喷洒技术。离心泵供水至喷枪，利用水柱冲涮放射性污染物。洗消液的调制采用液力循环。消除时水量大，废液多，作业量小。该装备在应对核恐怖中，可用于建筑物、地面及设施的核污染去除。

美国先后装备了 M3A1、M3A2、M3A3 等型号的洗消车，苏联也先后装备了 APC-6，APC-14 等型号的自动喷洒车。

淋浴车，用来对人员进行洗消的技术车辆，它用于在野战条件下对遭受核化袭击的人员实施消除和对消毒灭菌后的人员进行卫生处理。

MPDS1200 高温高压洗消装置(德国)，该系列装置为该德军 20 世纪 80 年代初期研制的第一代高温高压射流洗消装备。该装备为武器装备、人员、服装和局部地域提供洗消。它首次改变了洗消方法和药剂的使用形式，提高了洗消效果和洗消效率。该装置目前还是北约和西方发达国家的主力装备之一。在最近的伊拉克战争中，是美军核生化洗消保障装备之一。该装置可以车载、方舱运载，可以联合开设洗消站，也可以根据任务的不同，独立使用。

CDS1000 洗消系统(德国)，该系统装载有 MPS3200、C8DADS、MPDS120 三台独立主机和洗消附件，携带容量为 1 000 L 的水箱。系统主要用于车辆、服装、人员、地面的洗消。整个系统装载在敞式的方舱内，可以用平板车运载或飞机吊运。

CDS3000 洗消系统(德国)，该系统主要用于大规模的武器装备、人员及装具、地面等洗消。放射性消除采用热泡沫、灭菌剂灭菌。系统主要配置 MPS3200、C8DADS、2 台 MPDS120 主机和洗消附件，携带容量为 3 000 L 的水箱。整套系统安置在一个 6 平方米方舱内，机动采用车载。

C921 型洗消装置(意大利)，该系统有两种类型，分别是 SANIJET C 921 D18/50 和 D18/60。该系统由一台空冷柴油发电机来驱动水泵，在寒冷环境下发动机备有预热装置。并由一台 2 千瓦交流发电机及其他电子设备。发电机也提供 24 伏直流电来对一个干电池充电。使用特殊喷枪 SANIJET GUN A/89 和 BX24 洗消药剂。需要时可以改变水和化学品的比例。

C921 ASP/3MIL 洗消装置(意大利)，该系统由 3 台 C921 洗消装置组成，安装在 1 个独立框架上，形成 1 个独立的洗消系统。系统可以车载，配以各种洗消附件完成各种洗消任务。

C90-120/2 洗消拖车，该洗消系统为 3 000 kg 载重量卡车牵引的单轴挂车，用于车辆、装备、人员、地面洗消，与 Cristanini 洗消单元和淋浴帐篷一起使用，可以提供可达 250 人/小时的淋浴。由一台空冷柴油发动机驱动，在较低的淋浴压力下可以提供冷水、热水、湿或干蒸汽。

人员多体位脉冲淋浴洗消装置，多体位脉冲淋浴技术是高压射流技术应用的一个派生技术，特点是淋浴的压力(0.3~0.5 MPa)提高，淋浴原理更符合人机工程。按标准人体的身高设置多个淋浴喷头，能对人体的各个部位同时实行淋浴。多体位脉冲淋浴架一般设置有药剂淋浴喷头和清水淋浴喷头，能根据污染程度，调节人员洗消剂用量，并自动添加入淋浴水中。淋浴水流经过脉冲喷头的螺旋导流和旋流片，形成无序翻滚的涡流，在一定的压力下，雾化成一定直径的连续不断的小颗粒，形成脉冲水流，提高水流的打击力，较大地提高淋浴效果。人员淋浴时，人员在药剂喷头下，喷淋半分钟药剂；然后在清水下，喷淋 0.5~1 min 的清水，即完成人员洗消。洗消过程中，人员勿须搓擦身体，只须不断地转动身体，整个淋浴过程为流水作业。

Karcher SCS 1800 DE 洗消系统(德国)系便携类装备。包括 1 台柴油发电机、1 台高压泵、两个不同的喷射系、1 台压缩机、1 个热交换机和安全装置，所有组件都固装在四周遮盖的金属框架挡板内，机组由 1 台四冲程柴油发动机提供动力，水的流量和压力可调。流量可从 300~1 800 L/h，压力 21×10^5 Pa~120×10^5 Pa。系统能产生热泡沫，消除和控制放射性落下灰尘，消除因效果好、产生废液少。

二、化学安全威胁防范装备与技术手段

(一)任务分配

非传统化学安全事件发生后，其应急处置工作非常复杂，需要多个专业的密切配合和协同作战。执行应急救援行动中的专业队伍可划分为通信队、治安队、消防队、抢险维修队、医疗救护队、运输队、防化队、监测站和物资供应站等。其中，通信队负责保障各专业分队与总调度室和领导小组之间通信的畅通，通过通信指挥各专业队执行应急救援行动；治安队用于维持厂区治安，按事故的发展态势有计划地疏散人员，控制事故区域人员、车辆的进出；泄漏事故伴有火灾时，消防队利用专业器材完成灭火、

堵漏等任务，并对其他具有泄漏、火灾、爆炸等潜在危险点进行监控和保护，有效实施应急救援、处理措施，防止事故扩大以致造成次生事故；抢险抢修队在充分熟悉事故现场、地形、设备、工艺的前提下，在必要时佩戴防护器材深入事故发生中心区域，关闭系统，抢修设备，防止事故扩大，降低事故损失，抑制危害范围的扩大；医疗救护队负责对受害人员实施医疗救护转移等活动；运输队负责急救行动中人员、器材、物质的运输；防化队在非传统化学安全威胁事件中，尤其是在有毒物质泄漏或火灾中产生有毒烟气时，防化队负责侦察、核实、控制事故区域的边界和范围，并掌握其变化情况，或与医疗救护队相互配合，混合编组，在事故中心区域分片履行救护任务；监测站负责迅速检测所送样品，确定毒物种类，包括有毒物的分解产物、有毒杂质等，为中毒人员的急救、事故现场的应急处理方案以及染毒的水、食物和土壤的处理提供依据；物资供应站负责为急救行动提供物质保证，其中包括应急抢险器材、救援防护器材、监测分析器材和指挥通信器材等。

由于在应急救援中各专业队的任务量不同，且事故类型不同，各专业队任务量所占比重也不同，所以专业队人员的配备应根据各自企业的危险特征，合理分配各专业队的力量。应把主要力量放在人员的救护和事故的应急处理上。

（二）应对技术

1984 年印度博帕尔农药厂毒物泄漏事故发生后，引起了国际社会的普遍关注。许多工业国家和国际组织开始重视重大事故危害评估及应急救援技术的开发。经过几十年的努力，国外已开发了数十种安全(风险)评价分析软件包，这些风险评价分析软件可以帮助人们找出导致事故发生的主要原因，认识潜在事故的严重程度，并确定减缓危险的方法。具体而言，国外应对非传统化学安全威胁的技术主要包括危险源辨识、危险性评价、危险源控制、危险化学品事故预防和应急救援等技术。

危险源辨识是发现、识别系统中危险源的工作，是危险源控制的基础。危险源辨识一是采用与有关标准、规范、规程或经验相对照来辨识的对照法，二是从安全角度进行系统分析的系统安全分析法。危险源也有两类，第一类危险源辨识主要针对系统中出现的能量或危险物质的类型，研究其危害，危险化学品安全管理条例上一般都对重大危险源的辨识制定了标准。第二类危险源是围绕第一类危险源随机出现的人、物、环境方面的问题，目前常见的有安全检查表分析、预先危险分析、危险性和可操作性研究、事故树分析等十余种技术。

危险性评价是评价危险源导致事故、造成人员伤亡或财产损失程度的工作。目前主要的危险评价方法有事故归因型评价方法、危险分级型评价方法和事故后果型评价方法 3 类。

危险源控制是利用工程技术和管理手段消除、控制危险源，防止危险源导致事故、造成人员伤害和财产损失的工作。其中，防止事故发生的安全措施包括消除危险源、限制能量或危险物质、隔离、故障—安全设计、减少故障和失误等方法；避免或减少事故损失的安全措施包括：隔离、个人防护、避难与救援等技术；还可以使用安全监控系统来及时发现故障，采取措施消除异常。

危险化学品事故预防技术控制的目的是通过采取适当措施，消除或降低工作场所的危害，防止工人受到有害物质的侵害。采取的技术措施一般包括：替代方法，即选用无毒或低毒化学品替代有毒有害化学品；变更工艺消除或降低化学危害；采用隔离、通风、个人防护等手段保障工作人员安全。

应急救援则包括控制危险源、判断现场事态、抢救受害人员、指导人员防护、消除危害后果、清理现场、查清事故原因、评估危害程度和恢复原貌和功能等相关技术。

（三）应对装备

国外认为，应对非传统化学安全威胁的装备配备应根据各自承担的任务和要求选配。选择装备要从实用性、功能性、耐用性和安全性以及客观条件上配置。装备可分为基本装备和专用装备两大类。基本装备一般包括通信装备、交通工具、照明装备和防护装备等；专用装备主要是指各专业队伍所用的专用工具和物品。

通信工具：目前救灾所用通信工具一般分为有线和无线两大类，实际作业中常采用两套装置配套使用。无线通信装备多使用移动集群通信系统，可构成多层次的专用指挥调度网。

照明装置：事故现场往往情况复杂，需要良好照明。在配备时，除照明亮度外，还应考虑现场特点和安全性能。

防护装备：在化学事件的应急救援中，各类人员均需配有个人防护装备。指挥人员、医务人员和其他不进入污染区的人员多佩带过滤式防毒面罩，还可选用相应的防毒衣、手套等。其目的是在执行任务中，防止风向的突然变化或穿越污染区域时应急的自我防护。进入污染区域的人员应配备密封性能更好的装具。防护服应能防酸碱。

侦检装备：应具有快速、准确的特点，且安全、携带容易、操作方便。目前的侦检设备已具有点源检测器和遥感报警器、便携式和车载式等多种型号，能够满足不同场合的需求。同时，分析设备也能够对水、空气、土壤等进行快速分析处理，及时检出毒物种类和浓度，并计算出扩散范围等救援所需的各种数据。

洗消装备：在应急响应阶段应能够满足污染区域快速洗消要求，能够对地面、建筑物等进行大面积洗消，为大批人员提供洗消场所，避免污染的进一步扩大和加强。在恢复阶段则尽量满足彻底洗消的要求，而且洗消剂的环保性要求将大大提高。对洗消装备的便携性要求也会提高，以使设施的各个角落都能得到洗消。

医疗急救器材和急救药品应根据需要，有针对性地加以配置。特殊解毒药品的配备，应根据当地化学毒物的种类备好一定的数量。

装备应做好日常的保管工作，保持良好的工作状态。各部门应制定响应的装备保管、使用制度和规定，专人负责，定期检查。

2005 年美国根据国土安全计划、司法部恐怖主义计划、首都医疗响应系统等核准了 21 类用于化生放核防御的装备，这些装备种类包括：

个人防护装备、爆炸装置减缓和修复装备、化生放核爆搜索和救援装备、信息技术装备、加强计算机安全的装备、互操作通信装备、侦检装备、洗消装备、医疗供应、电力装备、化生放核事件响应车辆、恐怖事件预防装备、物理安全加强装备、检查和筛选系统、农业恐怖的预防、响应和减轻装备、化生放核响应船只、化生放核航空装备、化生放核后勤职员装备和其他授权装备。这些装备的核准对我们开展非传统化学安全威胁防范具有一定的参考和借鉴。

三、生物安全威胁防范装备与技术手段

生物危害不仅对政府的管理职能提出了严峻挑战，也对生物安全装备技术的发展提出了迫切需求，即研制、发展生物防护装备技术，从硬件设施方面强化生物事件的防范与处置能力，建立起完整、快捷的生物安全装备技术体系。国外生物安全装备技术立足于生物事件防护与后果处置的所有环节、使用对象、使用范围而形成体系，主要包括军队所装备的生防装备和防疫部门所配备的生防装备。从使用范围看，适用个体、集体以及各种场所、作战模式和环境。从装备功能看，性能配套、型号成系列。从装备形式看，既有单项功能的装备，也有模块化装备，还有将各种装备组合并配以远程通信、电子传输和辅助专家系统而形成的先进理论与技术综合集成系统，构成了全球范围内监测、防范和应对处置能力。

（一）侦检装备技术

1. 侦检技术

传统的生物战剂检测主要通过分离培养、动物实验、生化鉴定等方法。这些方法虽然都是使用较多、历史较长的经典检测方法，但存在着操作步骤烦琐、检测周期长、应用范围窄、分辨能力差等缺点，无法满足快速准确检测生物战剂的要求。随着计算机、生物芯片、光电等技术的快速发展与相互结合，生物战剂检测技术有了较大突破，基于新思路、新方法的检测手段不断出现，并开始向微型化、集成化、数字化、自动化方向发展，有些甚至实现了在战场条件下对生物战剂的快速检测与鉴定。

快速侦检技术在快速自动采样与处理、定点和远程检测鉴定、特异性检定、试剂标准化与微型化等方面得以发展，国外已经计划将基因芯片用于空气中生物战剂的侦检，通过构建 DNA 探针识别特定细菌，形成微型化早期报警系统，其中生物传感器、生物芯片技术、免疫与核酸检测技术将是重点发展方向。美军充分利用分子生物、微机械、芯片、通信等先进技术，在生物探测方法、生物传感器和装备等方面都取得了重大进展，依托战场 C^4ISR 系统，构建了一体化联合生物监测报知网，为全维防护提供了有

力的技术支撑。

近年来美国军方加强了生物传感器的研究，并居世界领先位置。生物毒素侦检目前普遍采用的是化学分析和免役分析相结合的方法，随着寡核苷酸适配体技术的发展，对毒素的检测将突破抗原—抗体的检测模式，以新的特异复合物—检测物—核酸抗体复合物的模式，用于对生物威胁因子的筛选工作。针对生物毒素检测水平不高的问题，美国国防高级研究计划局采用了检测生物毒素的新技术，用遗传修饰的神经元和免疫细胞(包括干细胞)及组织作为细胞和组织芯片来检测毒素，利用微流路和芯片技术研制自动标本处理、检测与信号传递系统，使仪器微型化成为可能。

2. 侦检装备

生物侦检装备主要是随着生物武器防御而发展起来的。近年来由于生物恐怖防御的需要，美国加快了生物侦检装备的发展，积极研究和运用新的预防和检测手段，将侦察、检验、采样、气象、导航、现场数据收集与处理装备组合起来，配以专家辅助决策系统，实现侦察和检验、预警和决策自动化，已经形成远、中、近相配套，便携与车载相结合，定点和机动相结合，声光报警与专业侦检相互补等比较系统配套、功能完善的生物侦检装备体系，能完成2.5~30 km范围内的监测、侦察和报警任务，可在短时间内完成生物战剂的检测和鉴别。同时，侦检装备的检测谱系不断拓宽，美军现役的联合生物剂识别与诊断系统(JBAIDS)可同时快速可靠地识别多种生物战剂、毒素及其他病原体，能在30 min内对32份样品进行分析，检测14种生物战剂。

但从对目前化学与生物检测装备的评估情况来看，生物检测器的发展水平还远远落后于化学检测器，许多生物检测系统仍处于研制阶段或者是早期开发阶段，进入市场的生物检测器材的种类还十分有限，已研制的远距离生物战剂侦检系统、免疫或核酸传感器及生物战剂检验车等设备，可以部分满足某些病原和毒素的检测需要，但离能够远程(至少是现场)、快速、广谱地准确鉴定生物恐怖的性质尚有不小的差距。检测方法仍不很完善，成本较高，误报率高，且缺乏能同时检测多种毒素的方法。近年来，生物毒素侦检装备在灵敏性、准确性和特异性等方面有了一定的提高，如德国 Bruker Daltonik 公司研制生产的便携式毒素检测器(pTD)是一款专为民用安全领域非专业人员而开发的小型全自动设备，可快速识别 A 型肉毒神经毒素、B 型肉毒神经毒素、E 型肉毒神经毒素、蓖麻毒素和葡萄球菌 B 型肠毒素。该设备灵敏度高，可检测每毫升中纳克含量的生物战剂毒素。

生物侦检装备研发的特点和趋势主要体现在 4 个方面：一是注重技术发展，确保装备高效灵敏；二是重视模块化设计，集成使用发挥整体优势；三是减轻后勤支持负担，提升装备保障水平；四是强调集成整合，提高信息化网络保障水平。

（二）防护装备技术

防护装备是指用来避免或减轻核、生物和化学武器的伤害而使用和配备的装备和器材。按防护性质，可分为物理防护装备和医学防护装备，物理防护是指给从事侦察、鉴定、控制、预防、救治的各类人员使用的防护，包括个人防护和集体防护。采用的办法通常是穿着防护装具。医学防护是指通过接种疫苗、注射抗血清等医学措施对生物剂进行的防护，主要包括免疫防护和药物防护。按防护对象，可分为个人防护装备和集体防护装备。个人防护装备是用来防止环境中有害因素通过呼吸道、面部、眼、手和身体其他暴露部位伤害人体而穿戴和配备的各种物品的总称。一般包括呼吸道防护装备和皮肤防护装备两类。集体防护装备包括帐篷、方舱等移动式遮避掩体，以及用于保证一定空间封闭式建筑物和空间内环境不受生物污染的空气过滤装置和隔离用防护门窗等。

1. 呼吸道防护装备

呼吸道防护装备可以按不同的分类方法分为不同类型，例如，按防护原理可以分为过滤式和隔绝式；按供气原理可以分为自吸式、自给式和动力送风式；按人员吸气环境可以分为正压式和负压式；按防护部位及气源与呼吸器官的连接方式可以分为口罩式、口具式和面具式等。

(1)过滤式呼吸防护装备

过滤式呼吸防护装备把吸入的环境空气，通过过滤元件的过滤、吸附、吸收、催化等作用，除去其中有害物质后供使用者呼吸。在公共卫生事件中，常用的过滤式呼吸防护装备包括医用外科口罩、医用防护口罩、自吸过滤式防颗粒物呼吸器。

医用外科口罩可以阻挡大部分细菌和少量的病毒飞沫及气溶胶，还具有较强的液体阻隔性能，能阻挡血液、体液、分泌物等的喷溅。但是对于有病毒气溶胶存在的可能时，医用外科口罩无法起到较好防护效果。按照我国《医用外科口罩技术要求》(YY 0469—2004)，医用外科口罩细菌过滤效率应>95%，对非油性颗粒的过滤效率应>30%。

医用防护口罩可以阻挡绝大多数细菌和病毒飞沫及气溶胶，具有一定的液体阻隔性能，能阻挡血液、体液、分泌物等的喷溅。根据我国《医用防护口罩技术要求》(GB 19083—2010)标准，口罩对非油性颗粒过滤效率为1级≥95%、2级≥99%、3级≥99.97%，而且口罩设计应提供良好的密合性，口罩总适合因数不低于100。

自吸过滤式防颗粒物呼吸器包括随弃式、半面罩、全面罩三类。通常所说的防尘口罩属于随弃式面罩，使用后即整体废弃。根据这一技术要求，合格的自吸过滤式防颗粒物呼吸器在正确佩戴的前提下，可以阻挡绝大多数细菌和病毒飞沫及气溶胶。

(2)隔绝式呼吸防护装备

隔绝式呼吸器是将使用者呼吸道与外界受污染空气隔离，依靠呼吸器本身提供的氧气或空气来满足人员呼吸需要。按照面罩内压力模式，可分为正压式和负压式。隔绝式呼吸器按供气原理和供气方式可分为送风式和携气式两类。携气式呼吸器自备气源，根据气源的不同又分为空气呼吸器(贮气式)、氧气呼吸器(贮氧式)和化学生氧面具(化学生氧式)。送风式可分为电动送风呼吸器、手动送风呼吸器和自吸式长管呼吸器。由于隔绝式呼吸器自带的供气系统为使用者提供洁净的空气或氧气，因此使用时不像过滤式呼吸器需要考虑环境中的氧气浓度、毒气浓度等，可在缺氧、严重污染、情况不明的有生命危险的作业场所使用。但由于带有供气系统，因此一般体积、质量比较大，在部分狭小环境中使用受到限制，也对使用者的体能有一定要求。另外，隔绝式呼吸器的价格昂贵，使用、维护和保管要求较高。

2. 皮肤防护装备

皮肤防护装备是环境中有害物质对皮肤伤害的个人防护装备。按照防护部位不同可将皮肤防护装备分为护目镜、防护服、手套和靴子。

(1)护目镜

护目镜根据不同需要，分别具有防液体喷溅、防颗粒物、防强光、激光等作用。为防止病毒飞沫、飞沫核通过眼部传播，应使用防颗粒物护目镜用于眼部的防护。

(2)防护服

防护服是用于防御身体表面污染的物理隔离用品。有一次性防护服和可多次使用的两种。从结构上又可以分为全身一体式和分体式两种。

(3)防护手套

防护手套根据种类不同具有防感染、防腐蚀、防水、防寒、阻燃和防切割等作用。医用乳胶手套、橡胶手套均对病原微生物有良好的阻断作用，可根据环境及使用要求进行选择。

(4)靴子及靴套

防护鞋靴的防护功能也多种多样，包括防砸、防穿刺、防水、抗化学物、绝缘、抗静电、抗高温、防寒和防滑等。当环境被病毒污染的情况下，可穿着橡胶靴或靴套防止人员足部受损伤和污染。

3. 医学防护装备

医学防护主要包括免疫防护和药物防护，其目标是在暴露生物剂前，对人群进行接种，以产生对生物战剂的特异免疫力；在生物剂暴露后，紧急接种疫苗和抗血清等被动免疫制剂，对易感者提供保护，提高人群抗力。

(1)免疫防护

免疫防护包括特异免疫预防和非特异免疫预防。特异性免疫预防是指根据特异性免疫原理，采用人工方法将疫苗、类毒素等或抗体(免疫血清、丙种球蛋白等)制成各种制剂，接种激发人体内免疫系统产生特异的免疫应答，从而形成特异性抵抗力，破坏或排斥进入机体的病原体，达到预防某些疾病的目的。非特异性免疫预防是应用某些生物制剂或药物来调节机体的免疫状态，增加机体抗生物恐怖病原的非特异性免疫力，从而达到一定的预防作用，如使用干扰素、胸腺肽等非特异性免疫增强剂，提高机体抵抗力。

在免疫预防方面，主要是病毒、细菌和毒素疫苗的研发，疫苗防护成为最主要的生物防护手段。为防治传染性疾病的发生，更有效地应对生物恐怖事件，各国投入巨大的财力、人力和物力积极研发生物剂疫苗，并储备足够批量的疫苗、充足的药物和手段，见表3-7。

表3-7 主要生物威胁剂疫苗及特性

生物剂疾病	预防疫苗	免疫形成时间/d	免疫力维持时间/a
鼠疫	皮肤划痕鼠疫活菌苗	10	0.5~1
炭疽	皮肤划痕炭疽活菌苗	2~14	1
土拉菌疾病	皮肤划痕土拉活菌苗	14~21	5
布氏菌病	皮肤划痕布氏活菌苗	14~21	1
霍乱	吸附霍乱类毒素、全菌体疫苗	7	0.5~1
肉毒中毒	精制吸附甲乙二联肉毒类毒素	20	2-3
Q热	Q热疫苗	7~14	1
斑疹伤寒	斑疹伤寒疫苗	14	1
黄热病	黄热病减毒活疫苗	14	10
天花	天花疫苗	14~21	3
委内瑞拉马脑炎	委内瑞拉马脑炎病毒灭活疫苗	14~28	0.5
东部马脑炎	东部马脑炎病毒灭活疫苗	14~28	0.5
西部马脑炎	西部马脑炎病毒灭活疫苗	14~28	0.5
森林脑炎(蜱传脑炎)	森林脑炎病毒灭活疫苗	14~21	3
肾综合征出血热(流行性出血热)	Ⅰ型肾综合征出血热灭活疫苗	21	1
	Ⅱ型肾综合征出血热灭活疫苗	28	1
	双价肾综合征出血热灭活疫苗	21	1
乙型脑炎	乙型脑炎病毒减毒活疫苗	30	2

(2)药物防护

药物防护又称化学预防。生物袭击后一般有一段潜伏期，不会立即发病，在这段时间内，可以对特定人群进行药物预防或预防性治疗。药物预防的目的是根据初步判断的生物恐怖病原体种类，让受到生物袭击的人群服用相应的药物，预防发病，降低发病率和死亡率。

治疗性药物研究主要包括抗流感新药、新型抗病毒药物和新型抗菌药物等。

（三）洗消装备技术

1. 洗消剂

洗消剂用于杀灭传播媒介上病原微生物，使其达到无害化要求，将病原微生物消灭于人体之外，切断传染病的传播途径，达到控制传染的目的。目前的生物洗消装备多数是使用各种消毒剂，所涉及的技术主要是常用的物理或化学方法，如气溶胶技术、环氧乙烷消毒技术、高压消毒技术等。消毒剂有单一化学成分或复合配方的多种消毒剂，粉剂、水剂、气体和泡沫剂等剂型，按照其作用的水平可分为灭菌剂、高效消毒剂、中效消毒剂、低效消毒剂。灭菌剂可杀灭一切微生物，使其达到灭菌要求，包括甲醛、戊二醛、环氧乙烷、过氧乙酸、过氧化氢、二氧化氯等。高效消毒剂可杀灭一切细菌繁殖体（包括分枝杆菌）、病毒、真菌及其孢子等，对细菌芽孢也有一定杀灭作用，达到高水平消毒要求，包括含氯消毒剂、臭氧、甲基乙内酰脲类化合物、双链季铵盐等。

开发安全、低毒、高效、广谱的洗消剂一直是人们追求的目标。目前已取得显著进展并具有实用潜力的研究方向有生物酶催化技术、过氧化物消毒剂、纳米金属氧化物和自动消毒涂料等，生物酶催化技术和自动消毒涂料已被美国防部列入21世纪初洗消现代化战略计划。随着新生化战剂的出现和高精尖装备不断投入战场，使得洗消剂的要求越来越高，因而研究多用途、低腐蚀、无污染且具有快速反应能力的洗消剂是今后洗消剂研究发展的主要趋势。美国能源部圣地亚实验室发明了一种泡沫洗消剂“Decon Foam 100”，可在几分钟内使病毒、细菌和神经类的单个或组合生化战剂失效。美国洛斯·阿拉莫斯研究所正在研究一种称之为“大气压力等离子体喷射器”（APPJ）。据称，该装置能清除生物、化学武器造成的表面污染，包括敏感电子部件的污染。为应对炭疽恐怖事件，美国环境保护署制定了炭疽杆菌处理消毒剂清单，供实际操作选择使用见表3-8。目前国外装备使用的主要生物洗消剂有活性皮肤洗消液（RSDL）、DF-200洗消剂、MDF-200洗消剂、BDS2000生物洗消剂、DS2消毒液、CASCAD泡沫洗消剂、表面洗消泡沫（SDF）、DESDEC® R2D4、E-96洗消乳液和DECO-SOL3洗消溶液等。

表3-8 美国环境保护署处理炭疽杆菌使用的消毒剂

英文名称	中文名称
Chlorine Dioxide	二氧化氯
Ethylene Oxide	环氧乙烯
Bleach	漂白水
Paraformaldehyde	甲醛
Hydrogen Peroxide and Peroxyacetic Acid	过氧化氢
Methyl Bromide	溴化甲烷
Vaporized Hydrogen Peroxide	汽化过氧化氢

2. 洗消装置

洗消装置是指用于人员、装备、设施、环境污染因子淋浴、清洗和消毒的一系列装备。其目标就是快速高效地实施个体、群体和装备的污染洗消和媒介昆虫鼠类控制，能妥善处置污染的空气、水和物品，并且不造成新的污染。

国外洗消器材一直在持续、稳定地发展。积极研究、发展、生产与装备新型洗消剂和洗消器材，不断提高和改善其现有装备的使用性能，重视高温、高压、射流、免水等物理洗消技术，重视对敏感装备洗消技术和机器人洗消技术的发展，重点发展高温高压的中、小型洗消器材和多功能、大规模的大型洗消器材，将中小型洗消器材安装在车辆上，既可对兵器、装备、人员、服装、地域、建筑物和掩蔽部进行洗消，也可以用于对车辆、舰船、飞机的内表面进行洗消以及用于民防、灭火和事故救援等，使洗消装备趋于系列化、通用化、平战结合，以适应多层次、多目标、快速高效洗消的需要。代表性装备主要有意大利的Sanijet C.921洗消系统、CBRN/2移动式野外洗消站、C90-120/2 MIL洗消拖车；德国的TEP90野战洗消系统、Karcher AEDA1 洗消系统、MPDS 多功能洗消系统、Kärcher 洗消拖车；英国的 Cupola Decon 2 洗消装置；法国的 SDA 全面洗消系统等。为适应合机场、港口、码头、建筑物、掩蔽部等大型设施的洗消要求，利用喷气发动机产生热空气或装载高压小型洗消装置以对大型装备进行快速、高效地洗消，逐渐引起关注。综合作业能力大、机动性强、作业速度快，能在受污染区或靠近受染区迅速展开大面积洗消的各种洗消车、集装箱式洗消车已成为各国发展重点，德国居世界领先地位。代表性装备主要有德国的 Decojet 洗消拖车、Decocetain 淋浴系统、DEKON600 洗消拖车、俄罗斯的 TMC-65M 燃气射流洗消车、美国的联合军种大型移动式洗消系统等。洗消装备的自动化、智能化水平不断提高，美军研制的机器人洗消装备可以使用洗消液以高压方式进行高速洗消作业，能够对不同类型的战斗车辆进行洗消。近年来，敏感洗消装备发展较快，Kärcher Futuretech 公司为法国陆军和德国武装力量研制的敏感材料洗消系统（DSSM）是第一款专门设计用于洗消敏感材料和装备（包括光学设备、电子设备、电器设备、防毒面具、轻武器和头盔等）的移动系统；美军的联合器材洗消系统（JMDS）用于对敏感装备和平台内部的化生污染进行洗消，不会导致装备性能下降；意大利的 SX34 敏感装备洗消箱，既可用于洗消坦克、飞机和舰船内部的敏感部件，也可用于洗消小型装备，如防毒面具、轻武器、瞄准装置、头盔和类似大小的装备部件；俄罗斯的 USSO 多功能洗消平台可对个人防护器材、便携式无线电设备、气动装备内部及其他敏感元器件进行洗消。

第四章　国外应对非传统 CBRN 安全威胁经验与做法

当前，非传统 CBRN 安全威胁已经成为全世界面临的共同威胁，各国已就防范非传统 CBRN 威胁达成共识。以美国为首的许多国家在战略、战术等层面采取了多种举措，将非传统 CBRN 安全纳入其本国国家安全战略，推动军民融合，强化军队在防范响应处置等环节的作用，构建完善的 CBRN 安全防御体系，加强完善 CBRN 监测手段，制订次生核化危害响应与演练流程，因此，需要积极借鉴国外经验做法，加强国际交流合作，全面提升我国应对 CBRN 安全威胁能力，乃我国当务之急。

第一节　非传统核与辐射安全威胁

防范非传统核与辐射安全威胁应以不同类别的威胁为背景，在考虑国家、地方乃至重大设施层面的关键部位和事故/事件现场及其影响地区的前提下，针对具体威胁的类型、等级，以及危害程度制定不同的响应处置方案和实施不同等级的响应处置行动。针对目前非传统核与辐射安全威胁防范形势，国外有以下经验做法值得借鉴。

一、主要经验

（一）将核事故救援纳入国家和地方救灾系统，实施统一协调管理

美国、日本、法国等国家把核事故应急救援纳入国家和地方救灾系统，对各种灾害实行统一协调管理。

以核电事故的防范为例，虽然各国国情有所不同，但凡是有核电站的国家都建有相应的核事故应急救援组织。一般来说，国家设有管理机构，负责审批、指导、协调、支援核设施的应急计划。场内应急救援计划由运营单位负责制定，其组织一般包括工厂应急指挥部、反应堆负责人和值班主任，保健物理专家，应急监测队，消防队，运输队，通信人员等；场外应急救援计划由公众当局负责指定，其应急救援组织包括：应急指挥部、民防部门、消防部门、交通部门、卫生部门、通信部门和监测队等。同时

建立核化事故分级管理措施，制订响应程序，明确操作方法和步骤。

国际原子能机构遵循核电厂“安全第一，预防为主”的基本方针，提出“纵深防御”原则，并设置了核电厂的五道防线：

第一道防线：保证设计、制造、建造、运行等质量，预防偏离正常运行。

第二道防线：严格执行运行规程，遵守运行技术规范，使机组运行在设计限定的安全区间内，及时检测和纠正偏差，对非正常运行加以控制，防止它们演变成事故。

第三道防线：万一偏差未能及时纠正，发生设计基准事故时，自动启用电厂安全系统和保护系统，组织应急运行，防止事故恶化。

第四道防线：万一事故未能得到有效控制，启动事故处理规程，实施事故管理策略，保证安全壳不破坏，防止放射性物质外泄。

第五道防线：如果以上各道防线都崩溃了，进行场外应急响应，努力减轻事故对公众和环境的影响。

根据三哩岛核事故和切尔诺贝利核事故的教训，各国都加强了对核电厂的运行管理，改进和增设了安全措施，如改进主控室人机接口，研发新的事故处理规程，加强操作员培训，加强经验反馈工作，使核电厂更加安全，可以有效防止发生类似事故。

“9·11”事件发生后，所有拥有核电厂的国家，无一例外也都采取了预防恐怖袭击的措施。“9·11”第二天，美国核管理委员会(NRC)就宣布美国所有核电厂、研究性反应堆、核燃料设施全部进入最高安全戒备状态。同年10月30日美国联邦航空局宣布，在核动力厂周围16 km低于5 500 m的范围内禁止商业和私人飞机飞行。

2002年9月10日美国司法部长宣布提高恐怖袭击警告级别后，NRC要求美国核电部进一步加强安全保卫措施。NRC还基于对涉及放射性袭击事件的情景和威胁水平的分类，提出了对各类核与辐射恐怖袭击(包括核电厂、研究堆、乏燃料储存、放射源与放射性废物)的预防措施，包括核武器及特殊核材料的保安、衡算与控制技术、核材料探测系统、核电厂及乏燃料储存中如何考虑阻止向直接的目标释放巨大能量的飞机攻击等。NRC还多次组织核电厂进行模拟恐怖分子袭击的演习。

在法国，2002年10月18日国防部长宣布对“敏感设施”进行保护的决定将动用军事力量保护核电厂和核废料处19厂等关系到国家根本利益的设施。其后，境内核电厂和乏燃料后处理设施立即处于严密保护之下。同一天，法国核燃料公司发言人称该公司设在阿格的乏燃料后处理设施已列入今后数天内将强化保护的名单之中。强化保护措施包括扩大设施上空禁飞区范围，启动战机巡逻拦截和部署地对空导弹等。

（二）加强网络监控，严密防范核和辐射恐怖

针对日益增长的核和辐射恐怖威胁以及可能造成的次生核危害，各国在采取紧急、临时的应对措施的同时也做了较长远的相应考虑，在加强本国反恐的法制建设、增强对恐怖袭击的整体防范力量、建立反核与辐射恐怖预警机制、开展有关反核与辐射恐怖活动的科学研究，以及加强国际间反核与辐射恐怖的交流等方面积极开展工作。

“9·11”事件以前，各国的辐射应急只限于可能发生的核电厂事故。“9·11”事件发生后，全球范围内加强了对恐怖袭击事件的预防和响应。

在“9·11”事件的启示下，国际原子能机构与美国等进一步提出应及时加强对核与辐射恐怖事件的防范与应急响应的对策研究，指出应采取从头到尾的防范战略，包括情报与预警、预防与制止、危机管理、后果管理和报复(确定归属条件下的惩处)。特别是应从核与辐射恐怖主义的源头上进行监控，建立国家辐射监测网，从关键地点包括核设施和陆、海、空边防与海关等及时探查发现非法核活动(走私、贩运与买卖等)，进行制止与控制，使得IND、RDD的基础特殊核材料(SNM)与各种放射性物质(RM)不落入恐怖组织(主义)手中，达到防范核与辐射恐怖事件的目的，并从后果管理角度出发，使核与辐射事故和核与辐射恐怖事件在体制与应急响应上做到兼容。

（三）制订次生核危害响应与演练流程

除核事故和核恐怖之外，防范战争中使用常规武器打击军用或民用核设施而引发的次生核危害也是必不可少的。核设施一旦在战争中遭袭被毁，所造成的灾难性后果绝不亚于切尔诺贝利核事故。因此，军用及民用核设施的预防和后果处理已成为现实军事斗争准备的重要内容。

例如，俄罗斯采取预防核与辐射恐怖袭击的措施，包括在南部的罗斯托大核电站进行了反恐怖演习，并根据演习的结果制定了核电厂防止恐怖袭击的具体措施。

英国同样采取了积极的应对恐怖袭击的措施。“9·11”事件以后，英国环境局审评了英格兰和威尔士的放射性物质的安全，提出需要加强的措施。英国还考虑规范核保安机制，出台新的法规，并安排皇家空军在有飞机对民用核设施袭击的事件中拦截袭击的飞机。此外，英国制定了应付核恐怖袭击的应急响应计划，并成立一支核警察部队，负责保护全国范围内的核设施及核废料的安全。

国外对常规导弹袭击核设施，以及飞机撞击核电厂造成的可能性和辐射后果分别进行了专门研究，并在防范次生核危害方面先后制订了一系列行动规章和指南性、纲领性文件，为防范核生化遭军事打击提供了理论保障。如，2002 年美国陆军手册 FM50-5《核事故与核事件响应和援救行动》给出了陆军防范核与辐射事件的响应行动指南，规定了在常规武器打击核设施后响应援救的行动范围、应急响应系统组成和力量职能以及对军队核设施的防范等原则。类似文件还有美国国防部 5230. 16《核武器事故响应程序》FM50-7、FM150-54 等。核设施遭袭后应急响应流程，见图 4-1。

在主动防御方面，国际上普遍采取的加强防空工事和干扰遮蔽等手段应对常规武器打击重点核目标、核设施，这不失为一种可行的主动防御办法。例如，科索沃战争中，南联盟依靠其在铁托时期就建成了具有良好防护性能的全面防御作战体系和高层建筑的地下防空设施等强大的防护力量，在北约的狂轰滥炸中有效地保存了实力，坚持了 78 d 之久，充分显示了防护的威力。此外，南军还采用隐真示假的方法，制造假目标，使用特殊涂料、烟幕成功地干扰了北约的激光制导、红外成像等先进侦查、瞄准器材和武器装备，达到了诱导敌导弹、炸弹偏离目标，失去目标，击中假目标的效果，有效地保护了重点设施和武器装备。据俄罗斯专家估计，“北约对南联盟的导弹打击有效率不超过 20%”。

二、对策建议

当前，我国面临核安全形势最为严峻，周边有 11 个国家(地区)建设或

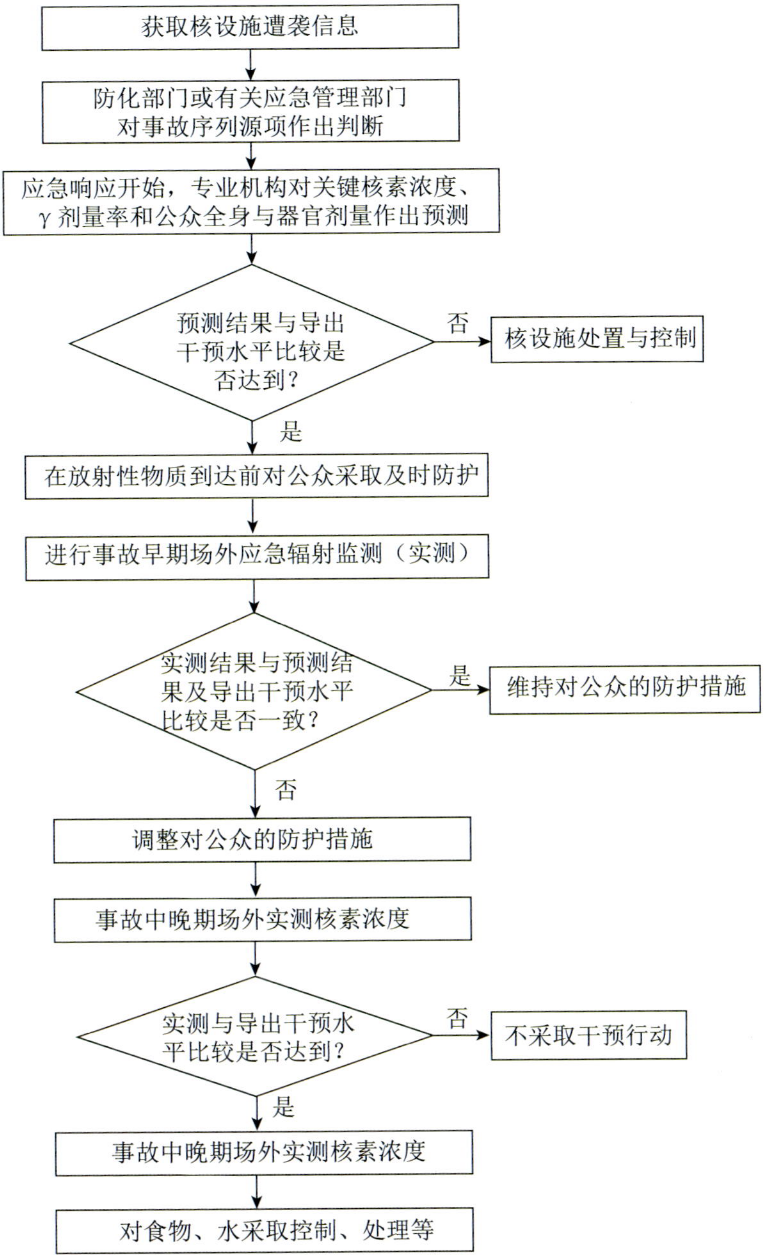

图 4–1　核设施遭袭后应急响应流程

计划建设核电站，5 个国家拥有并部署核武器，不仅存在暴发局部有限核战争的风险，而且因技术、管理、自然灾害、恐怖活动、军事对峙等导致的各种非传统核安全事件更是难以杜绝。核安全事故危害大、散布广，事关国家和民生的切身利益。在 2014 年第三届世界核安全峰会上，习近平主席明确阐述了我国核安全观："坚持发展与安全并重、权利与义务并重、自主与协作并重、治标与治本并重的核安全观，坚定不移支持国际原子能机构主导的核安全国际合作，坚定不移维护地区和世界和平稳定。"2016 年4 月，在华盛顿第四届世界核安全峰会上习近平主席又指出，世界各国应当强化政治投入、国家责任、国际合作，以及核安全文化，构筑持久平衡的全球核安全框架。

因此，积极借鉴国外经验做法，加强国际交流合作，全面提升我国应对核与辐射安全威胁能力乃当务之急。

（一）提高非传统核与辐射防范意识，健全评估预警和发布机制

风险意识是对非传统核与辐射防范的首要因素。预测、预警则是有效处理此类突发事件的两大关键环节。在非传统核与辐射防范领域，通过对危险源排查、监测和风险评估，可以有效地获取发生此类危害的信息，以及时有效地发布危险预警。预测与预警要相辅相成、相互统一。预警预测的关节点是对预测预警功能发挥至关重要的关键步骤。首先，危险源的排查和监测要具备良好的技术基础。核监测技术的发展过程体现了新科学、新技术的应用过程，与科学技术的发展密不可分；其次，要不断健全和提高风险评估能力。风险管理者要根据技术设备提供危险要素信息，结合社会系统的脆弱性，做出风险等级评估；最后以清晰、简洁和有效的方式由权威部门，如政府或专业授权机构，将警报及时传递给目标受众。

（二）做好预防准备，加强应急队伍建设、预案制定和公众教育

非传统核与辐射防范的准备工作应当从着重着手以下几方面：应急队伍建设、应急预案的制定、应急保障体系和公众教育。非传统核与辐射事件具有很强的突发性、紧急性、不确定性、危害性和扩散性。为此首先，要建立可以有效应对此类事件的应急响应队伍和救援队伍；其次，编制突发事件应急预案，确保预案的可执行性；再次，构建此类事件的应急管理保障体系，在法律、应急资金、物资、通信等方面做好准备；最后，开展公众教育，提高民众对非传统核与辐射事件的意识和认识。

（三）提高处置能力和装备技术水平，并重做好恢复重建工作

对于非传统核与辐射事件的处置，应当注重“以人为本，减轻灾害；统一领导，分级负责；社会动员，协调联动；属地处置优先和依靠科学，专业处置”的原则。更具上述原则提高决策能力、处置能力、指挥能力和专业和装备保障能力，其中专业和装备保障是有效处置的物质基础。只有针对特定的危险源，采取有效的专业措施才可能最大限度地降低由此而导致的危害。作为非传统核与辐射的处置的另一个重要环节就是要高度重视事件后的恢复重建工作。恢复重建不仅意味着补救，也意味着发展。可见恢复重建要以消除核与辐射事件的影响为基础，以谋求未来发展为导向。

（四）保持有效信息沟通，健全媒体监控机制、正确引导舆情

信息沟通和舆情监控是处理非传统核与辐射事件中必须予以高度重视的问题。一方面，没有及时、准确、客观的信息，管理部门无法掌握事件的动态和走势，就无法进行科学决策；另一方面，政府有责任及时、准确、客观地向社会公众传递相关事件发生、演进和处置的信息。没有正确的舆论引导和监督，就会丧失政府公信力，导致流言满天飞。2009 年河南开封杞县“钴-60 泄漏”事件就是缺乏正确信息发布和舆论导向的最好反面教材。在这方面，一方面政府要有效担负并履行自身的职责，另一方面，对于媒体也要适度引导，避免过度宣传负面影响，引起不必要的恐慌。

第二节　非传统核化学安全威胁

一、建立健全化学安全的法律法规标准体系

国外首先从战略高度重视非传统化学安全威胁，运用政治、经济、法律、文化等手段等不断加强防范力度，完善和健全国家危机管理机制，维护国家安全和民族利益。从近年来的发展看，多国转变应急管理理念，从

传统的即时反应转向综合应急，从被动应对到主动防范，从个别对付到系统反应，从随机性应急管理转向规范性应急管理。

可根据我国目前危险化学品管理的现状及未来的发展趋势，吸取国外的先进管理经验及国际惯例，与国际化学品管理体系接轨。结合本国的实际情况制定完善危险化学品安全管理方面的法律法规标准体系，使得执法者有法可依、有章可循。制定的法律法规标准要有一定的前瞻性、可操作性强、实用性强，根据实际情况及时修订、修改、消除法律法规标准的滞后于实际情况的弊病。实施新的化学物质申报审查制度，随着国民经济的迅速发展需要更多的新产品、新材料。这也带动了新的危险化学品开发的高速发展，每年都有大量的新危险化学品被开发出来，对新化学品的认定要加快速度。

反化学恐怖法规是防范、惩治、打击化学恐怖行为的法律依据和重要手段。加大反化学恐怖立法力度，像俄罗斯那样，确立举国反恐体制是抵制和打击无孔不入的化学恐怖的有力措施。我国的刑法修订中，已经增补了反恐怖条款，对恐怖犯罪的界定及处罚作了修改，但尚未有专门的反化学恐怖法规。因此，应在健全完善已有法规的基础上，制定严谨缜密、切实可行的反化学恐怖法规。

二、加大对化学安全的监管力度

各国均针对本国现有的实际情况，加大了安全生产监督管理部门的队伍建设，让专业技术人员加入监管队伍中来。对监管人进行必要的培训，包括技术与管理方面，有针对性地进行监管。必要时成立专家库，让这些专家成为政府、企业、部门的助手与参谋。新建企业的审批要严格执行安全管理制度，老企业及中小型企业实行技术改造、更新设备、完备安全设施、增添相应的环保措施，加强劳动保护。引进国外的先进技术，加强安全报警设备设施和研发，及时投入使用。危险性大的老企业因历史原因有的已建在市区，应考虑进行改造与搬迁远离市区人口密集地区、水源地、军事设施等重要场所。生产使用化学品的厂房车间必须按照它的危险性的类别，满足建筑总平面布置防火间距、建筑耐火等级、结构构造、厂房防爆、泄压、通风、采暖、安全疏散、防爆电气设备、防雷和防静电等要求并在建筑物内设置相应的消防设施。国外发达国家不但危险化学管理水平较高，而且鼓励使用新技术、新工艺，及时淘汰落后的生产方式及设备设施，加大对劳动保护用品、安全保护设施的研究与开发，并及时投入市使用。

三、加强人员教育培训

国外重视加强人员教育培训，培养专业非传统化学安全威胁防范力量。一是应加强非传统化学安全威胁防范理论人才的建设工作，熟悉非传统化学安全威胁特点、规律和方式，了解国家各种非传统化学安全威胁目标的弱点，为国家防范非传统化学安全威胁提供理论指导。二是培养非传统化学安全威胁防范技术人才，为非传统化学安全威胁防范提供装备、洗消、医疗救护等方面的技术支持。三是建立可迅速部署的非传统化学安全威胁防范专业部(分)队，主要由军队、武警和公安组成，能在第一时间介入事件并进行应急处置。

同时，注重加强对管理者的安全管理方面的培训，并且进行定期的培训与不定期的管理技术交流，并进行业绩考考核。对于安全管理人员不但要强化培训管理方面的知识，还要强化科学技术方面的学习，使得他们成为安全管理行家。对于从业人员也要进行上岗培训特种作业人员必须持证上岗，让他们不但会操作，而且还要知道本单位的危险化学品危险特性，掌握应急处理方法。

四、建立完备的化学应急救援体系

国外在应急救援工作方面注重落实政府主体责任，完善预案体系，开展风险分析，加强机构和队伍建设。建立信息管理平台，加强培训和演练，提高科技术水平和开展全社会的应急教育。应急救援指挥实行国家集中管理统一指挥的基本原则。国家大幅度地增加应急体系建设的整体投入，中央和地方政府确保应急救援在国家政治经济和社会生活中不可替代的位置，应急救援的主要基础是全社会总动员，各部门应协调一致分工明确，齐抓共管。

制定非传统化学安全威胁防范紧急预案及严格预案演练。非传统化学安全威胁防范主要包括事前预防、事件紧急处置和事后侦察打击等方面，为做到未雨绸缪、防患于未然，必须在各个环节做事先想定，预先模拟不同环节、不同背景条件下的非传统化学安全威胁事件状况，并拟定相应的反应举措，为届时快速有效处置事件提供足够的空间和时间，提高针对性和有效性，减少盲目性。预案的制定是纲领性的东西，而预案的演练则是实质性步骤。通过演练可有效锻炼指挥员及指挥机构临机处置能力和提高决策水平，提高一线处置人员的实际操作和反应能力。具体方式可通过图上作业、网上作业、现地实兵演练等多种方式实现。

建立非传统化学安全威胁防范监测和预警系统。实时监控、早期预警，有效防范非传统化学安全威胁的发生，并最大程度地降低成本。因此，监测和预警系统的完备，可使非传统化学安全威胁防范达到事半功倍之效能。目前，不少国家都开始建立健全自己的监测预警系统。譬如，美国能源部早就同有关实验室合作，共同研究用于地铁、车站等公共场所的监测系统，该系统将监测有毒气体的化学传感器和网络技术融为一体，可以有效检测和辨认出有毒化学物品，测定出受污染的区域，并预报危险气体的扩散方向，及时有效地提供早期预警。

研制非传统化学安全威胁防范相关装备。非传统化学安全威胁防范装备实际上是应对非传统化学安全威胁的物质基础，针对非传统化学安全威胁防范行动的每个节点，要全面发展控暴、侦察、检测、防护、救治和洗消等多种技术装备，使非传统化学安全威胁在高新技术面前无所遁形、无所作为。相关部门还本着技术先进、功能多样、使用方便、平战兼容的方针来研发侦查、检测、防护、救治、洗消技术。做到侦察装备全面覆盖空域、时域和频域；检测装备广谱而准确，灵敏度高，以远程监测为主；防护救治设备轻捷实用，功能齐备，效能显著；洗消装备突出高效低耗，发展大面积洗消系统、高压小流量洗消装置，尽量发展无毒、无腐蚀或针对特殊场所的洗消剂。根据国际反恐控暴装备的发展趋势，着重加强非致命性武器的开发研制。

第三节 非传统生物安全威胁

与传统的生物性危害相比，非传统生物性危害在形成结构、作用机制、表现形态等方面发生了重大变化，其复杂程度、影响范围远胜以往。许多国家已将生物安全提升至国家战略层面，通过加强战略部署、强化科技创新和完善政策法规等手段增强国家生物安全防御能力。作为新时期的国家安全表现形式，生物安全可能带来经济安全与政治安全风险，我国应尽早在政治、军事、科技、外交等领域进行全面部署，在顶层设计、管控体系、创新能力、法律政策、全球科技治理和人才梯队建设等方面尽快采取行动，应对由全球生物科技迅猛发展所引发的生物安全威胁和生物科技战略挤压危机。

一、将非传统生物安全纳入国家安全战略，建立完善生物安全防御体系

21 世纪，生物安全威胁是现实问题，军事上可以构成一种战略威慑背景，在恐怖活动等非军事冲突中亦是一种新手段，控制其发展与扩散具有很大复杂性，涉及外交、国防安全、公共卫生、公共安全和环境保护等诸多领域，涉及多个政府部门和行业系统。因此，只有站在国家安全战略的高度，针对现实国情下防范生物安全问题的短板，以国家的整体实力为依托，部署系统的、重大的、具有深远影响的防范措施，建立应对生物威胁的全面防范体系，才能有效地制止非传统生物威胁的发展与扩散问题。

一是加强国家生物安全顶层设计。站在国家安全的高度看待生物安全问题，既是大势所趋，又是当务之急。面对日趋严峻的生物安全形势，特别是生物恐怖、重大疫情等非传统生物威胁，将生物安全作为国家安全战略已为多数国家所认同，并将其作为应急处置与减灾能力的重要组成部分。2001 年炭疽事件发生以来，美国发布了《国家生物防御战略》《应对生物威胁国家战略》《生物监测国家战略》等多个生物安全国家战略。2013 年 6 月，

美国发布的《国家生物监测科学和技术路线图》聚焦于全面加强和升级国家生物监测预警体系，标志着其完成了加强生物安全能力建设的国家综合战略部署。英国、意大利、日本、韩国和捷克等国家也高度重视生物安全能力建设，纷纷积极部署力量，陆续制定防御生物威胁的战略规划或计划，相继组建国家分级管理的生物危害防御体系，使生物防御成为国家安全的重要组成部分，与国防建设统筹规划，同步研发、同步建设、同步数字化。

二是打造生物威胁全面防护能力体系。非传统生物威胁从其威胁物质的产生到其对目标危害的发生发展是一个完整链条，必须构建完整有效的防御体系才能确保生物安全，主要包括威胁物质的判别体系、威胁目标的防控体系、技术支撑及保障体系、人员力量体系、信息网络体系、组织指挥体系等，涵盖“侦检消防治”等全谱应对体系，覆盖“情报和预警、预防和威慑、危机和后果处理”等全维科技领域，形成对生物防御目标(包含动物、植物、生态、种族)事先、事中、事后全过程的有效防护体系，达到兼顾个体与群体、物理与医学、单效与全效、长期与短期、特异与广谱、瞬时与终生的全面防护目标。美国把生物安全与国防安全、经济安全、能源安全、信息安全等并列为国家安全的重要组成部分，建立了由紧急事务办公室牵头、国防部为后盾、卫生系统为骨干、公共卫生研究院(所)和医药产业机构为基础，11 个国家部门、40 余个相关机构参与协作的防护能力体系。

二、加强基础条件建设，强化突发公共卫生事件应急能力建设

建立生物事件应急响应机制是应对非传统生物威胁的重要措施，其核心是加强突发公共卫生事件应急能力建设，建立政府统一领导下的跨部门合作机制，以防为主，预有准备，预置资源。

一是健全法律法规和应急预案体系。依法确立各部门的职责任务，依法建立指挥协同关系，依法指导各部门应急准备和应急能力建设，完善组织指挥、紧急救治、应急救援和疾病预防控制体系；健全全国性疾病监测、预警及实时电子信息系统；同时，建立完善教育培训、科学研究以及国家公共危机管理机制等支持配套系统，以充分发挥突发公共卫生事件应急体系和应急机制的最大效能，有效防范和应对生物恐怖危害和重大传染病疫情。

二是建立实验室工作网络。建立全国性生物病原检测多级实验室网络，加强潜在生物恐怖剂研究。美国在 2001 年后加强了生物安全三级与四级实验室的建设，目前至少保持 8 个生物安全四级实验室（BSL-4）；英国目前有 3 个生物安全四级实验室，其他正在建设中；澳大利亚目前设有 3 个生物安全四级实验室。这些高等级的生物安全实验室对烈性传染病和生物恐怖剂的研究是非常必要的。

三是加大生物安全经费投入。生物威胁是当今世界各国面临的一个共同问题，只有拥有先进的化生防护技术与装备，才能掌握应对这种威胁的主动权。近年来，美国从国家战略的高度重视生物威胁对国家安全的重要影响，加大研发投入力度，提高生防装备水平。近年来虽然其军费“不断压缩”，但化生防护经费却不降反升，化生防护经费一直保持在 90 亿~100 亿美元，2014 年达到 101 亿美元。充足的经费支持使美国的生物防御能力有了较大提升。

三、完善生物监测手段，全面提升生物威胁感知和判断能力

生物监测是国家生物安全能力链条的第一环，做好生物监测工作，也就掌握了维护国家生物安全的主动权，为后续应对措施赢得时间；另一方面，生物监测在生物威胁应对体系中处于相对较薄弱的环节，其水平可较好地反映一个国家的应对非传统生物威胁的整体能力，抓住这一环节，才能尽早发现、及时处置生物危害。

一是建立完善生物监测系统。国际经验表明，完善的公共卫生防护网和信息监测系统是突发公共卫生事件预警和应急处置的生命线。美国建立了全国公共卫生信息系统，旨在早期发现疾病暴发的先兆，为危机应对争取时间。美国的 RODS（实时疾病监控）系统整合了美国境内的重要医院、实验室、药店、血库、农场、畜牧场，甚至每日全国的电子病历、治疗记录、报警信息、环境监测部门所采集样品数据等第一手资料，做到对病原体和疾病在全国范围内的动态、实时以及电子化监控，并通过数据采集与分析，建立监控疾病暴发、传播过程的标准化、自动化指标。一旦主要常规数据超标，系统就会发出警报，帮助研究人员从繁杂的医疗与生物数据和现象中把握方向，通过凸现异常指标，尽可能早而准确的揭示可能的问题。日

本更是将各类先进的信息通信技术用于建立本国的防护网和监测系统，发布危机预警和信息。

二是加强监测预警防控一体化平台建设。由于生物安全涉及生物学、生物信息学、流行病学、传染病学等多个学科，以及计算机、信息、通信、传感器等多项技术，因此各国均以建立多学科技术集成的平台和体系作为保证其在该领域处于领先水平的前提。加快监测信息管理系统升级改造，增加监测数据分析、预警信号识别、疫情实时追踪等功能；整合症状监测、病例监测和病原监测等系统，进一步提高疫情预警能力；加强医院信息系统、卫生信息系统等与病原监测系统之间的互联互通。在完善高通量测序分析技术平台和加快病原快速检测技术平台的基础上，探索开发症状监测、病例监测、疫情监测和病原监测等综合预警技术手段，建立以病原监测为技术核心的综合预警平台，提高传染病疫情监测预警时效性和准确性。同时，把监测预警与现场快速侦检、流行病学调查、疫情现场处置、临床紧急救治等整合，形成工作联动机制，建立监测—预警—防控一体化大平台，真正实现传染病疫情的早发现、早控制和早治疗，综合发挥多技术多系统在传染病防控中的重要作用。

四、推动军民融合，强化军队在生防中的作用

国外非常重视将军队纳入到国家公共卫生和生物反恐体系，注重发挥军队在应对突发公共卫生事件中的作用，建立军地统一领导和综合协调机制是有效整合各种力量和资源、及时高效开展生物恐怖应对准备和应急救援工作。美国注重加强军民协作融合，美陆军传染病医学研究所(USAMRIID)就参加了 SARS 病原检测鉴定，并承担了抗 SARS 病毒药物的筛选任务，为防范 SARS 在美国暴发流行发挥了积极作用。USAMRIID 的炭疽疫苗等一些前期研发产品后期在美国国家过敏和传染病研究所(NIAID)支持下继续相关研究，同时 USAMRIID 为地方研发企业提供高等级实验室设施支持；国防部的很多研发项目资助地方机构完成。为加强不同部门之间的资源共享，美国防部、卫生与公共服务部、国土安全部等在马里兰州建立了一个联合研究园区——国家生物防御园区。俄罗斯从 2002 年开始在军队实施《国家卫生流行病监督程序指南》，从而将军队卫生流行病的监督纳

入国家统一监控范围。瑞士、法国军队的疾病预防控制体系是国家公共卫生应急体系极为重要的组成部分，特别是突发公共卫生事件、重大自然灾害和恐怖袭击状态下，军队是国家最为重要的支援力量，与地方公共卫生机构信息共享，分工合作，并有立法保障。

五、加强国际合作，共筑生物安全风险防御统一战线

全球化使得任何一种具有威胁性的有害物可以在极短的时间之内到达全球各个角落，只有世界各国共同参与《生物多样性公约》与《生物安全协议》等国际生物安全方面的公约、协议，才能共同构筑一道坚实的防范生物安全风险的防线。世界各国只有做到信息共享、互通有无，经常进行生物安全方面的国际磋商；各贸易伙伴之间积极履行出口产品具有的潜在生物安全风险的告知义务；与所有贸易伙伴之间建立双边、多边生物安全的定时磋商机制，做到公正、公平、公开、透明。只有这样，才能有效地鉴别与管理即将出现的生物安全风险。

2001 年，美俄两国总统就打击生物恐怖主义达成共识，签发联合声明，表示美俄将在打击生物恐怖威胁的手段以及相关健康措施方面开展合作，包括预防、处置和管理可能的后果，加强可被生物恐怖分子开发的材料、设施、知识和技术的安全性。日本政府为改进监督、指导食品安全，加强与世界卫生组织和国际的反恐信息交流。法国与美国合作，强化反生物恐怖方面的信息交流，并同意将 P4 实验室向美国研究组开放，开展抗体免疫疗法的工业应用研究。意大利也同美国加强了在有关防范生物恐怖袭击方面的情报和信息交换。在新冠肺炎引发全球性健康危机、进而引发全球化和全球治理危机过程中，国际社会纷纷呼吁全球紧密合作，各国采取适合本国情况的有效措施，携手应对新冠肺炎疫情“大流行”对全人类的挑战。二十国集团领导人应对新冠肺炎特别峰会声明中指出：“前所未有的新冠肺炎大流行深刻表明全球的紧密联系及脆弱性……需要本着团结精神，采取透明、有力、协调、大规模、基于科学的全球行动以抗击疫情……建立统一战线应对这一共同威胁”。

2019 年 6 月，核威慑倡议协会(NTI)和美国乔治城大学的全球卫生科学与安全中心召集卫生、安全和政界的多个国际组织高级官员进行了一场桌

面推演，探讨如何对起源于虚构国家——“Vestia”的非常规且迅速蔓延的生物事件做出合适的国际反应指挥、控制和协调；2019 年 10 月，美国约翰·霍普金斯全球健康安全中心联合世界经济论坛等组织，举行了一场起源于巴西、由一种新型冠状病毒引起的世界性疫情桌面推演，分析在疫情防护中可能遇到的各类危机并探讨加强公私合作应对大流行病的对策。

附录　近年国外主要化生放核演习演训活动

附录A 美 国

（一）美国第3化学旅第10步兵营布拉沃连进行CBRN训练

2019年1月20日，美国第3化学旅第10步兵营布拉沃连(Bravo)进行了CBRN训练，训练内容包括：防毒面具佩戴和实毒(用刺激性毒剂为模拟剂)体验测试。在毒气室内学员需要将面具摘下一小段时间，并进行喊口号和适当活动后才能走出训练室，从而更加深刻体会防毒面具的作用和毒气对身体的影响。以下是室内佩戴面具和走出毒气室后人员放松恢复的场景。

（二）美国南卡罗来纳州消防和警察局举行联合演练

2019 年 1 月 8 日，南卡罗来纳州消防局和警察局举行大规模杀伤性武器/危险品处置联合演练。美国 CBRN 民事响应力量经常组织各种 CBRN 防护演练。

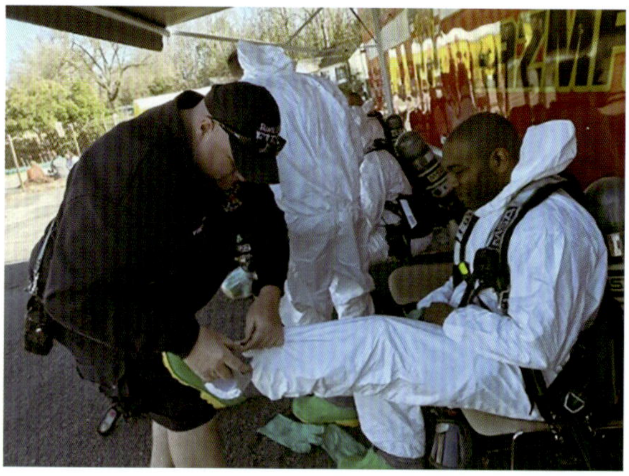

（三）美国肯塔基州 CBRN 响应加强部队进行年度评估演练

2019 年 1 月 8 日至 10 日，肯塔基州由陆军和空军国民警卫队组成的 CBRN 加强响应部队（CERFP）到佛罗里达州布兰丁营地进行年度评估演练。（美国 CBRN 响应加强部队是美国 CBRN 民事应急处置的重要力量。）

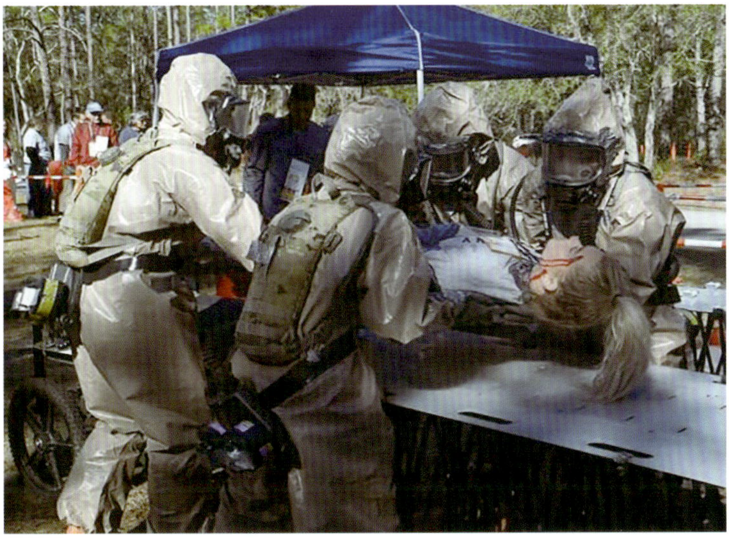

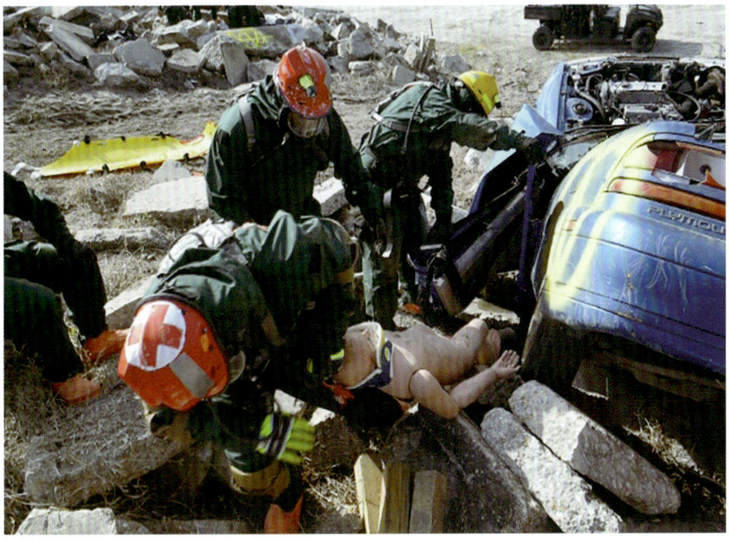

（四）美国陆军第 40 工兵营发烟训练

2019 年 2 月 8 日，美国陆军第 40 工兵营进行排评估训练。司令部及司令部连的 CBRN 排动用 M56 发烟车实施发烟作业。美国 M56 型“郊狼”系列发烟车是美国现役装备，其系列包括 M56、M56E1 和 M56P1 等变型。

（五）美国第 14 战斗保障医院举行 CBRN 训练

2019 年 3 月 3 日，美国第 14 战斗保障医院（CSH）B 连和司令部及司令部附属单位（HHD）官兵举行 CBRN 训练，内容包括单兵防护装备穿戴、装备洗消和为避免沾染互助脱卸防护装具。

（六）美国“警惕保卫”CBRN 例行年度演习即将举行

2019 年 8 月，美国乔治亚州国民警卫队第 265 化生放核特遣队正在装载车辆和装备，准备参加在波多黎哥岛举行的第 19 轮“警惕保卫”(Vigilant Guard)年度例行演习。

（七）美空军演练高传染性病人运输

2019 年 3 月 15 日，在美国空军查尔斯顿联合基地，空军第 628 医疗保障大队运用“环球霸王Ⅲ”C-17 型运输机、“运输隔离系统”，培训空军人员运输高传染性病人。这样的培训每年都进行 3 次，持续 4 天。以下是演练的相关场景。

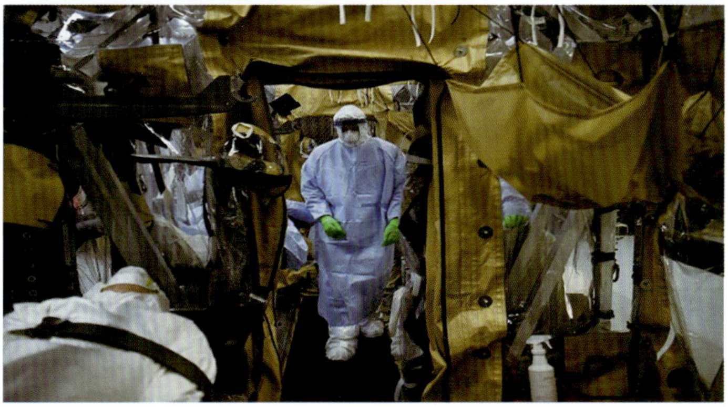

（八）美国夏威夷 CBRN 加强反应部队进行评估演习

2019 年 3 月 10 日—11 日，由美国在陆军和空军国民警卫队组成的 CBRN 加强响应部队（CERFP）进行评估演习，美国北方司令部的民事支援中心（CSEA）协助相关评估工作。

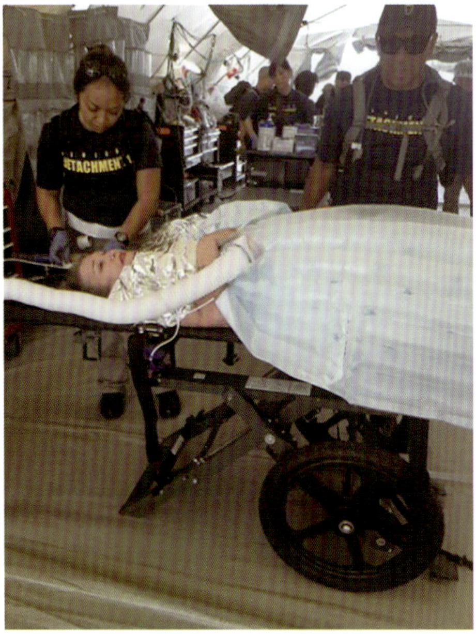

（九）美国驻韩部队同韩陆军进行联合 CBRN 演训

2019 年 3 月 16 日，美国驻韩京畿道的史坦利军营的部队同韩国陆军进行联合 CBRN 演训，目的是提高联合作战行动中的互操作性，以下是部分训练图片。

（十）南卡罗来纳州国民警卫队举行 CBRNe 响应演练

2019 年 3 月 22 日，在南卡罗来纳州查尔斯顿市要塞军事学院战备中心，国民警卫队第 43 民事支援队，举行化生放核爆应急响应演练。演习重点是 CBRNe 战剂的鉴定、形势评估和响应举措咨询，以下是部分演习场景。

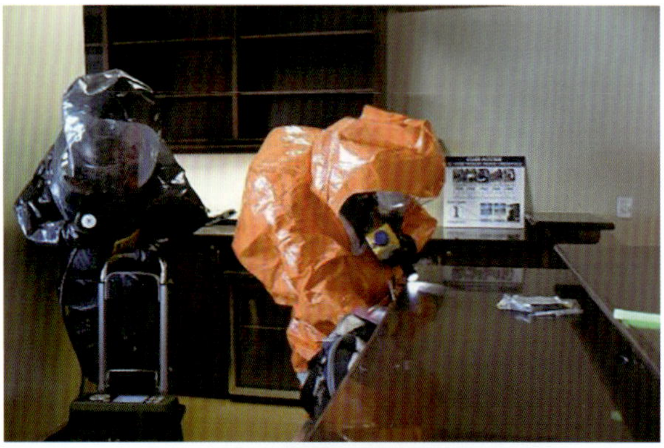

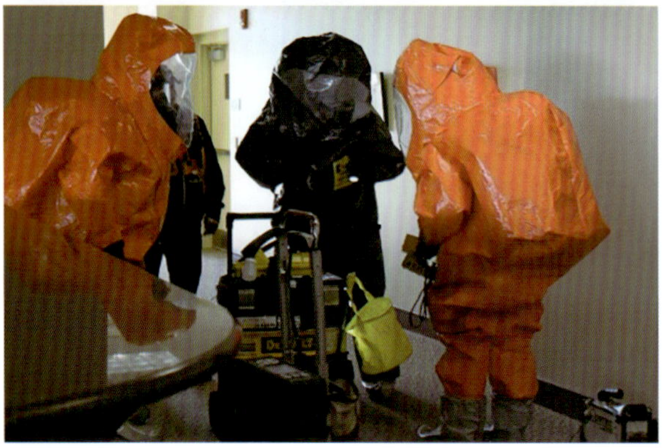

（十一）美国犹他州国民警卫队举行应急响应演练

2019 年 3 月 23 日，犹他州国民警卫队在布拉夫代尔的威廉姆斯营地进行 CBRNe 响应训练，演习重点在 12 h 内提供伤员救助、医疗分诊、洗消和指挥控制等保障。

（十二）“非洲狮—2019 联演”进行海上 CBRN 演习

2019 年 4 月 1 日，美军在摩洛哥王国进行了“非洲狮—2019 联演”。该联演由美国参谋长联席会议主席主持，美国非洲司令部计划，美国海军陆战队欧非部队主导。联演中，参演部队进行了化生放核探测、危险地域标识、人员洗消、应急帐篷搭建和伤员接收与救治等训练。以下是部分演习场景。

（十三）美国陆军第 2 骑兵团和第 173 空降旅的 CBRN 侦察排举行联训

2019 年 4 月 12 日，美国陆军第 2 骑兵团和第 173 空降旅的两个化生放核侦察排在德国第 7 陆军训练指挥部的某训练场举行联训。第 2 骑兵团 CBRN“斯特瑞克”侦察排为 173 空降旅 CBRN 排演示了沾染环境下的安全防护，173 空降旅 CBRN 排演示了非车载侦察能力和战术。这次联训包括 2 天不同重点任务的野战演练。以下是部分演习场景。

（十四）美国举行大型年度 CBRN 防御演习

2019 年 5 月 2 日，在美国印第安纳州马斯卡塔塔克城市培训中心，来自美国全国的陆军部队正在进行“守望者响应—19”演习。值得一提的是，“守望者响应—19”只是美国北方司令部国防 CBRN 响应部队支援演习“充沛响应—19”的一部分，旨在演练评价美国军队、联邦和州 CBRN 应急力量。以下是部分演习场景。

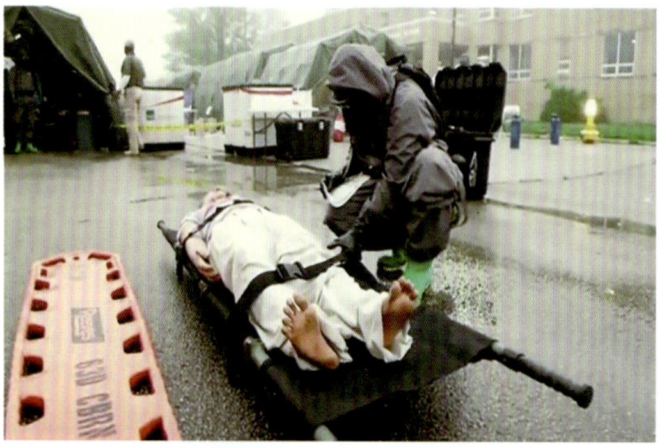
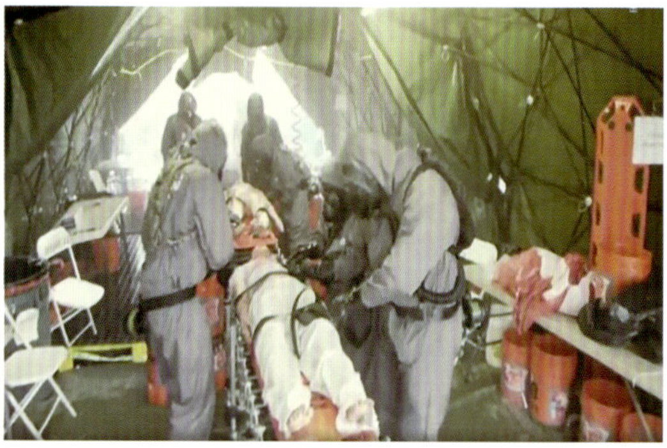
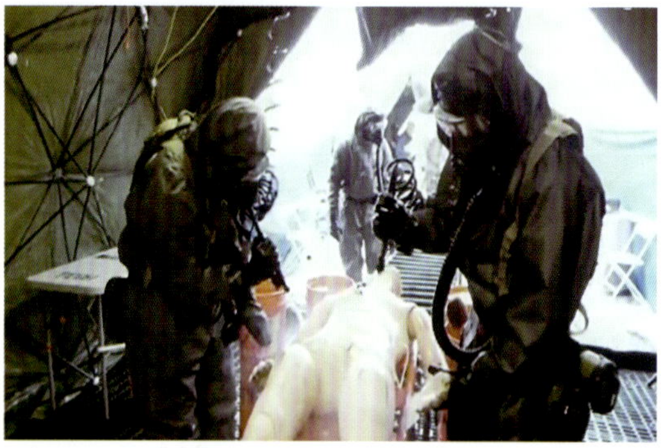
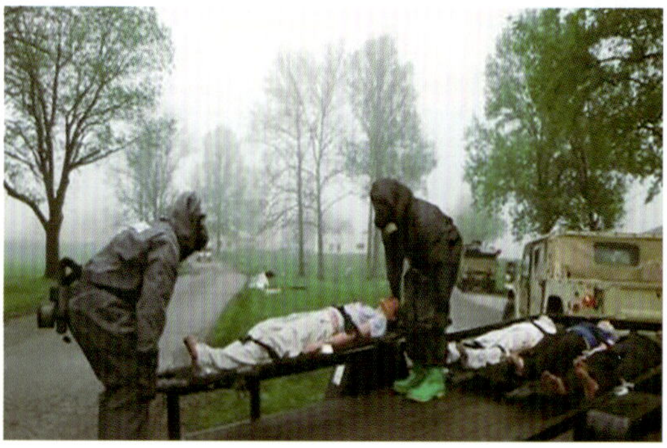

（十五）美国飞行员进行 CBRN 例行培训

2019 年 5 月 4 日，美国第 757 空运中队开始进行化生放核防御训练。计划作战的飞行员每两年必须进行一次进行在化生放核环境中的培训任务。训练旨在帮助飞行员掌握最新装备使用和相关知识。以下是部分培训场景。

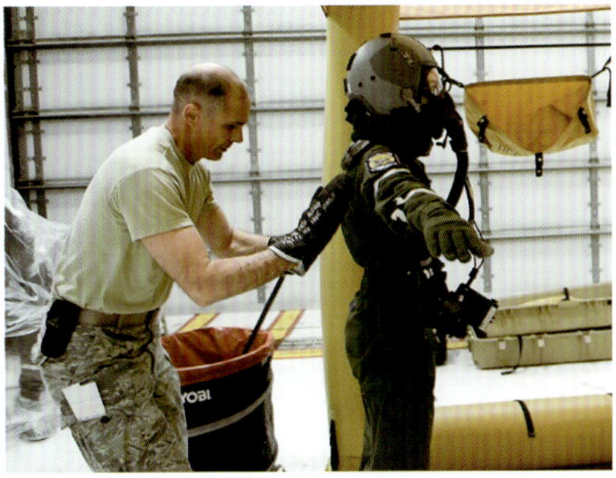

（十六）美国完成“充沛响应”和“守卫者响应”年度演习

2019 年 5 月 5 日—17 日，美国陆军北方司令部完成了“充沛响应—19”和“守卫者响应—19”年度演习。今年的演习以发生两起核打击事件为场景想定，“充沛响应”是指挥所演习，而“守卫者响应”是野战演习。演习人数约 3 500 人，包括陆军预备役和现役官兵，其中 1 200 人为专业人员。演习开始后分散在全国各地的 31 个地区的 60 个单位根据要求赶赴事件发生地点。其中，指挥所演习由第 76 作战响应指挥部担任，这是该部队第 6 次参与此类演习。以下是部分演习场景。

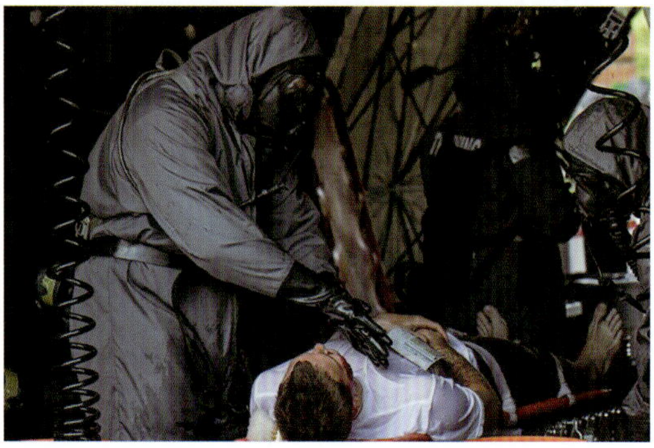

（十七）美国举行“震怒行动—2019”演习

2019年5月29日—6月7日，由美国联邦应急管理局主导，联合能源部、美国北方司令部和州、地方相关公私机构，举行代号为“震怒行动—19”的演习。其目标是通过这次地震想定演练，“增强地区应对人为或自然紧急情况及恢复的整体能力”。以下是6月4日—5日，大规模杀伤性武器民事保障第4队和联合特遣第265队，进行辐射响应演练的场景。

（十八）美海军陆战队 CBRN 分队进行低姿救援演练

2019 年 6 月 12 日，琉球坎普尼营地的美国海陆第 3 师的 CBRN 分队进行低姿救援演练，锻炼在困难地形下的救援能力，将模拟伤员运至安全地区。以下是演练场景。

（十九）美海军陆战队进行“危机响应分队”训练

2019 年 6 月 27 日，在日本考特尼营的美国海军陆战队第 3 师营部连正在进行“危机响应分队”（Crisis Response Element）培训，重点进行侦察、采样和洗消作业训练。以下是部分训练作业场景。

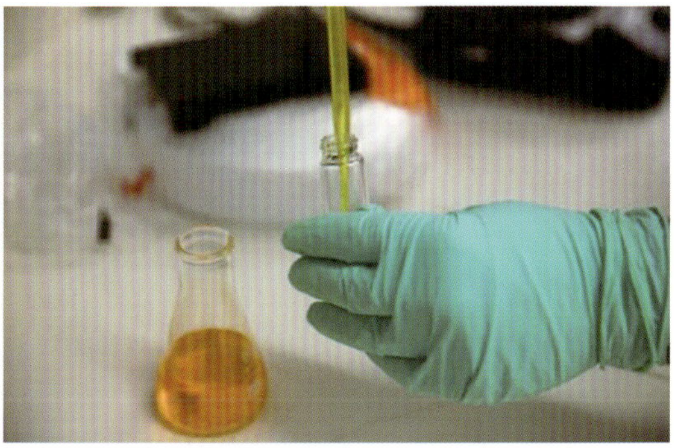

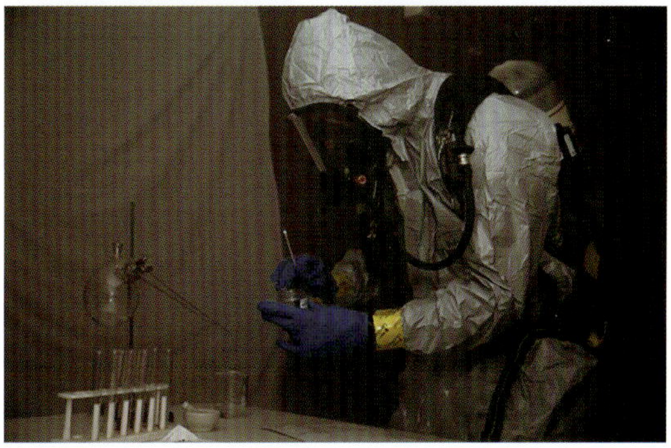

（二十）美韩 CBRN 部队进行联合训练

2019 年 7 月 17 日，美国驻韩化生放核 23 营同韩国陆军相关部队在美国最大的海外基地汉弗莱营进行联合训练。以下是部分演训场景。

（二十一）美国和菲律宾合作进行 CBRN 演练

2019 年 7 月 24 日，美国国防威胁降低局协助菲律宾消防局在马尼拉大都会进行化学事件响应演练，菲律宾 20 多个相关机构参与。演习内容包括事件指挥所设置，伤员甄选和运送救治等。7 月 25 日和 26 日，演习将分别在宿雾和达沃两城市继续进行。以下是部分演习图片。

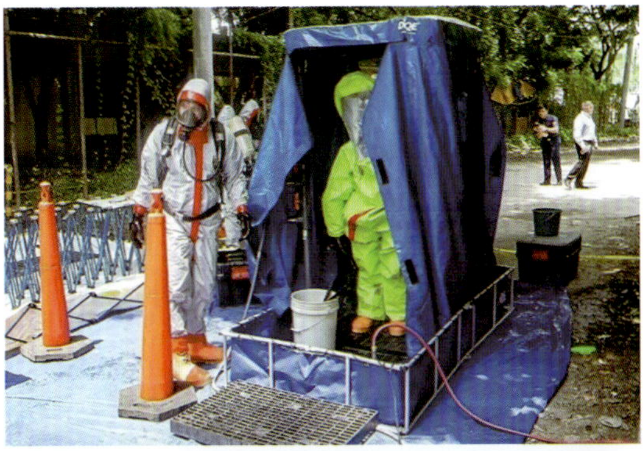

（二十二）美国防化分队参与“精确响应”演习

2019 年 8 月 5 日，美国化生放核爆第 11 连参与了年度“精确响应演练”，以下是部分演习场景。

（二十三）美国空军医疗中队参与“就绪之鹰”演训

2019 年 8 月 9 日，在意大利阿维亚诺空军基地，美空军第 31 航空航天医疗中队生物环境工程分队参与“就绪之鹰”演训。该演训是空军新发起的一项训练，这是其第二场活动，内容包括医务人员培训和灾害管理与应急预案等。以下是部分演习场景。

（二十四）美 51CBRN 连进行化生放核演训

2019 年 8 月 16 日，美陆军第 48 化学旅第 83CBRN 营第 51CBRN 连在国家训练场进行轮训，主要内容包括作战洗消和车上 CBRN 侦察等。以下是部分演训场景。

（二十五）美日举行多军种联合 CBRN 演习

2019 年 8 月 17 日，在嘉手纳空军基地，来自美国陆军、美国空军、美国海军陆战队、美国空军国民警卫队和日本航空自卫队的官兵举行“联合化生放核演习”，以下是美空军工兵部分演习场景。

（二十六）美国第 3 化学旅的高级单兵培训

2019 年 8 月 17 日，美国第 3 化学旅参与“高级单兵培训”（AIT），负责官兵的防化能力培训，以下是参与现场培训演练（FTX）的士兵在进行洗消和侦察作业。

（二十七）美空军预备役进行洗消演练

2019 年 8 月 20 日，“爱国战士”(Patriot Warrior 2019) 是美国空军预备役司令部最重要的系列年度演习，此次内容为美国空军应急管理人员和美国陆军预备役 308 化学连的 CBRN 专家及医疗组进行医疗后撤直升机的洗消演练。以下是部分演习场景截图。

（二十八）美约两军进行 CBRN 防御演练

“渴望之狮”年度系列演习是美国中央司令部组织的规模最大、情况最复杂的多国演习，锻炼部队在多国环境下实施逼真的联合行动，加强同参演国家军队间的关系。“渴望之狮—2019”在 2019 年 8 月 25 日在约旦举行，美国“拳师”号两栖戒备大队和海军陆战队第 11 远征队参加演习。美国海军陆战队同约旦武装部队进行 CBRN 防御演训，以下是部分视频截图。

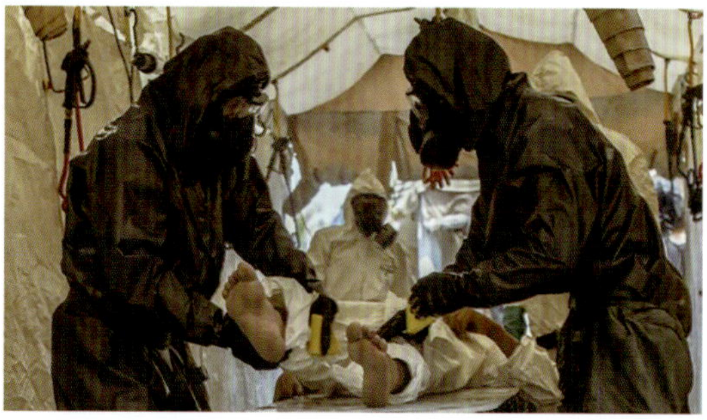

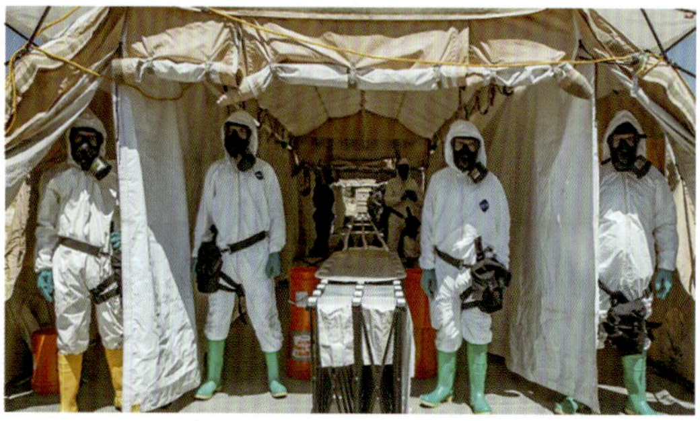

（二十九）美第 1 特战大队进行 CBRN 培训

2019 年 8 月期间，美国第 1 特战大队赴达格威试验场进行 CBRN 战术、技术与规程培训。该大队还将在多处训练场开展一系列训练，包括毒剂鉴别、分类、洗消和伤员甄别等。以下是相关视频截图。

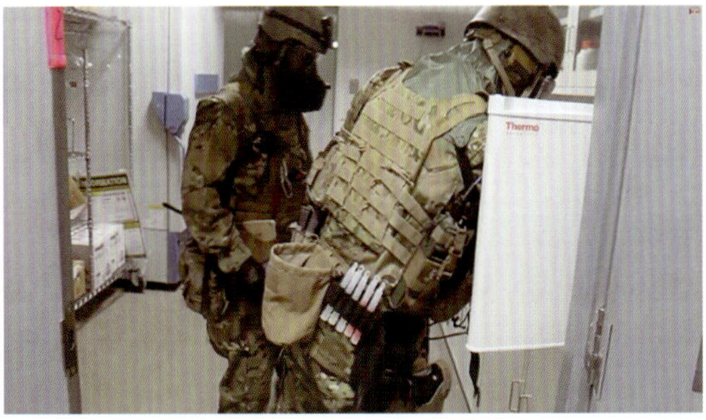

（三十）美纽约举行地铁 CBRN 事件应急演习

2019 年 9 月 29 日，美国北部陆军（第 5 军）预备役的 CBRN 相关分队，于 26 日—28 日，在纽约兰德尔斯岛的“纽约消防局训练署”，举行了 CBRN 地铁事件联合演习。该演习旨在确保国防部能够时刻应对地方、州、联邦和领地范围内的 CBRN 事件，从而检验各参演团队的响应能力。来自加利福尼亚、北卡罗来纳州和新罕布什尔州的陆军预备役 CBRN 官兵参与该演习，包括第 413 CBRN 连、第 144 基本特遣队和第 3 医疗司令部的相关分队。这次演习的基本想定是地铁发生了化学爆炸事件，造成设施设备和人员伤害。为实施此次演习，相关单位进行了 9 个月的计划准备，包括美国北方陆军民事支援训练机构、北方陆军的响应部队美国陆军 CBRN 与医疗分队、雅克比医院、纽约消防局危险品响应部门、纽约消防局紧急医疗部门、纽约警察局以及纽约城市交通管理局。

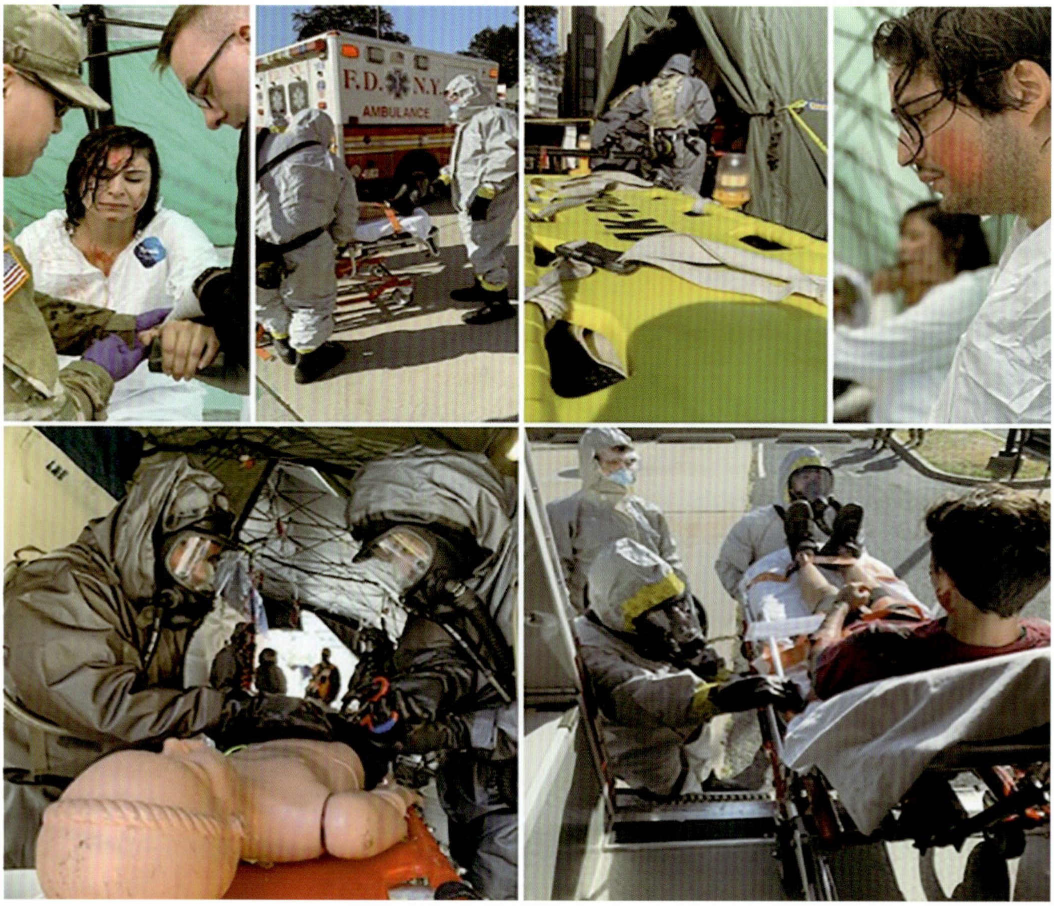

（三十一）美 B-52 战略轰炸机核警报训练最新剪影

2019 年 10 月 1 日，美第 2 轰炸联队第 96 轰炸中队最近一次模拟核攻击训练场景首次公开披露，从下图可以管窥美 B52 轰炸机驾驶员佩戴的防核爆专用 EEU-2A/P 型护目镜、驾驶舱部分核作战仪表盘，以及人员登机与起飞作业情况。

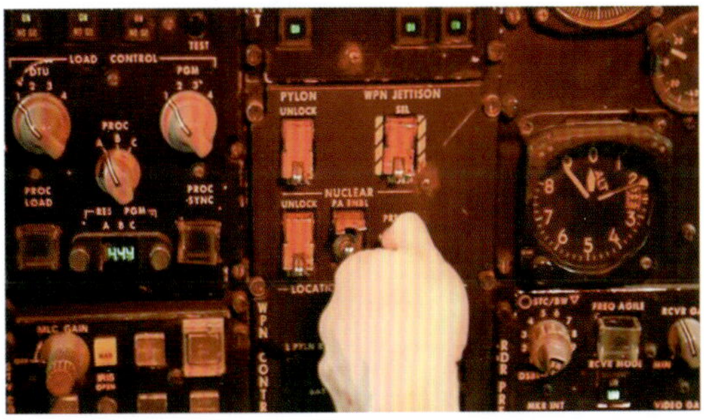

（三十二）美海军工兵演练应对 CBRNe 袭击

2019 年 11 月 10 日，在加利福尼亚州亨特·利吉特堡美国海军第 3 建设营参加年度野战演训—“耐受对决行动”。该年度演习的目的是训练和检验海军工兵在敌对条件下建设工程并防卫敌袭击的综合能力，其中包括遭受化生放核爆袭击后的防护、洗消等演练。

（三十三）美国民警卫举行 CBRN 检验性演训

2019 年 11 月 15 日—17 日，美国联邦紧急事务管理局第二区国土反应部队的国民警卫队举行检验性演训，来自纽约和新泽西国民警卫队约 600 人参加，演训旨在为 CBRN 事件做好响应战备。从下面图片可以看出，演训内容包括侦检、搜救、医疗和洗消等科目。

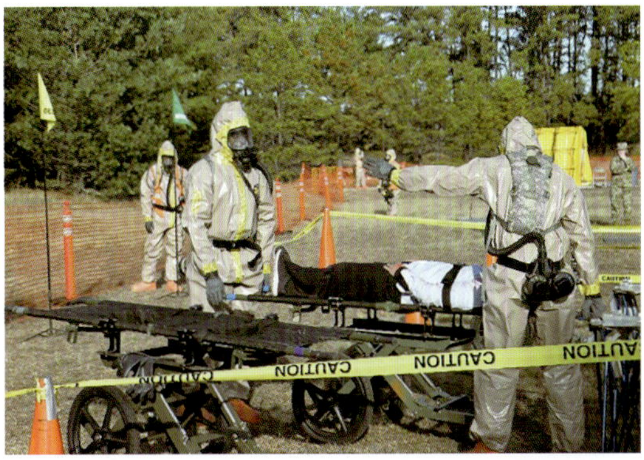

（三十四）美国陆军防化学院举行“技术护卫课”期末考核

2019年11月20日—26日，作为“技术护卫课”期末考试“态势训练演习”(STX)的一部分，美国陆军化生放核学院化生放核学员模拟核查化武作业，穿过地道搜查相关化学品。演练想定是学员穿着防护装具，穿过漆黑的地道，进入建筑，逐房间进行搜查，记录所见，提取供实验室分析的弹药样品。

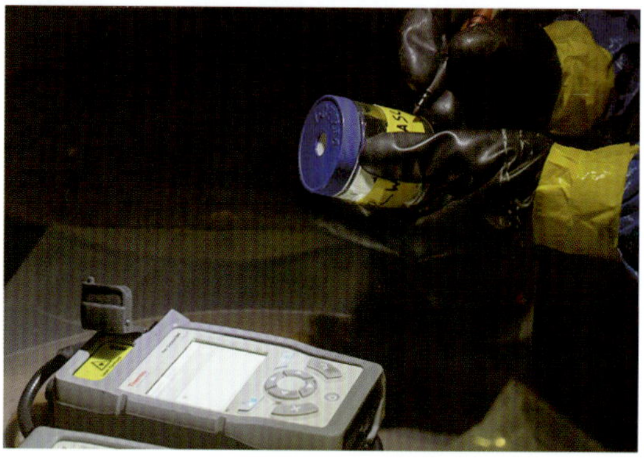

（三十五）美陆军预备役第 413 化学连进行演练评估

2019 年 11 月 27 日，美国陆军预备役第 413 化学连月初完成了演练评估，从相关图文资料推测，该评估包括在 CBRN 环境下完成洗消、医疗、侦察和救援等任务。

（三十六）美陆军和约旦军队举行 CBRN 军事演习

2019 年 11 月份，在约旦联合训练中心，美国华盛顿陆军国民警卫队第 96 部队司令部 303 骑兵团 1 中队查理分队同约旦武装部队阿拉伯陆军化兵支援分队的教员举行 CBRN“专题专家交流”（SMEE）演习。这次 SMEE 历时 3 周，重点是 CBRN 战术安全，包括 M4 系列轻型军种面具、联合军种防护服技术以及毒剂中毒人员特征的辨别。

CBRN SMEE 演习旨在促进美国和约旦两国共享相关经验，同时促进美国掌握不同气候或地形条件的最佳做法。该演习由“约旦战役作战项目”（JOEP）资助，后者是美国和约旦举行的更广泛的两军例行演练活动，2019 年 7 月 14 日，美国新泽西州国民警卫队 102 骑兵团 1 中队和约旦边防部队 48 机械化旅 7 机械化营举行为期 14 周的联合演练。

（三十七）美举行车载 CBRN 侦察与监视桌上演习

2019 年 12 月 4 日，美国举行“车载 CBRN 侦察与监视桌上演习”，致力“核化生侦察车升级传感组件”的运用，实现大规模毁伤性武器的远距离有人—无人组合探测，工业、研发、测试和 CBRN 防御联合项目执行办公室等相关人员参加。

（三十八）美日举行 CBRN 洗消演练

根据“分队部署计划”，配属至美国海军陆战队第 3 师 4 团的 25 团 1 营，同日本陆上自卫队第 8 步兵师的官兵，于 2019 年 12 月 5 日在日本滋贺县相叶野训练区举行化生放核洗消演练。该演练是美日“森林轻中型陆军”的一部分，后者从 12 月 1 日开始到 13 日结束，目的是增强美日联盟的集体防御能力。

（三十九）美第 34 CERFP 长官举行桌面演训

2019 年 12 月 6 日，来自驻弗吉尼亚里士满的第 34 化生放核爆加强响应力量模块（CERFP）的长官在里士满的 S·加德纳·沃勒仓库（S. Gardner Waller Depot）进行桌面模拟演训，内容包括大规模伤亡事件的搜索、疏散、洗消和医疗支持反应。

附录B 英 国

（一）英国“猎鹰连”开展开辟安全通道演练

2019 年 3 月 19 日，英国陆军化生放核区域侦察连，即“猎鹰连”，进行化生放核环境下的安全通道开辟演练，以下是部分演习场景。

（二）英国“猎鹰连”赴捷克参加“黄色十字”演习

2019 年 5 月 18 日，英国 CBRN 机械化中队“猎鹰连”同捷克 CBRN 营参加“黄色十字”演习，两分队互相演示相关作业科目并交流经验。以下是部分演习场景。

（三）英国步兵学院“排副战斗课”包含 CBRN 防护内容

2019 年 5 月 11 日，英国陆军步兵学院“排副战斗课”第 1901 班完成了大约一周的 CBRN 防护课程内容，课程内容设置表明了 CBRN 防护再次成为英国陆军士兵必须掌握的重要内容。

（四）英国“猎鹰”CBRN 中队结束“北美草原风暴”演习

2019 年 6 月 7 日，英国“猎鹰”CBRN 中队，作为首次参加“北美草原风暴”演习的 CBRN 部队，结束了 38 天的联合演练。

（五）英国防化分队参与“精确响应”演习

2019 年 7 月 19 日，英国参与年度“精确响应演练”。参演的防化分队来自英国皇家第 28 工兵团，包括皇家工兵 77 中队和皇家空军团第 27 中队的防化力量，下图是 7 月 19 日参加演习的防化分队 35 人在加拿大国防研发萨菲尔德中心的合影。

（六）英法举行“毒径”CBRN 联演

2019 年 9 月 12 日，英法防化部队举行代号“毒径”的 CBRN 联合演习。美国皇家第 28 工兵团的“猎鹰”中队、皇家空军防护部队第 27 分队及法国相应防化部队进行战剂侦察作业，皇家电械工兵部队开展伤员疏散作业。

（七）英伦敦举行 CBRN 袭击响应演习

2019 年 9 月 27 日，英国伦敦大都会警察局同当地应急响应部门举行为期 1 天的 CBRN 袭击响应演习。这次演习同时应对三种常见场所的袭击，如购物中心、火车站和体育场，这样大规模的多场景演习还是首次。这次演习体现此类袭击响应的核心是“清除”污染，检验警察、消防、医疗等部门的响应能力，也为评价相关侦察与洗消装备的性能提供契机。

附录C　欧　盟

（一）欧盟 2019 年模块化循环演习开始

2019 年度欧盟模块化演习（EUMODEX），计划从 1 月开始到 9 月结束，已经确定的循环演习日程包括丹麦挺格勒伍（1 月 25 日—28 日）、英国默西塞德郡（3 月 15 日—19 日）、爱沙尼亚萨列马岛（4 月 11 日—14 日）、保加利亚蒙大拿州（6 月 12 日—15 日）、意大利波焦雷亚莱举行（7 月 16 日—17 日）。该演习由欧盟民事保护与人道救援行动总署（DG ECHO）组织，包含 5 个模块，目的是促进欧盟相关国家提高此类行动的能力。

下图是在丹麦演习的相关场景。

（二）欧盟完成代号为“五重奏+”的 CBRN 演习

2019 年 3 月，欧盟“国际安全与应急管理所”主导完成涉密的“化生放核战剂与材料侦察能力差距分析”报告后，欧盟又举行了一场对抗 CBRN 恐怖的跨境演习，代号“五重奏+”。这次演习参与国家 6 个，观察国 11 个。以下是部分演习图片资料。

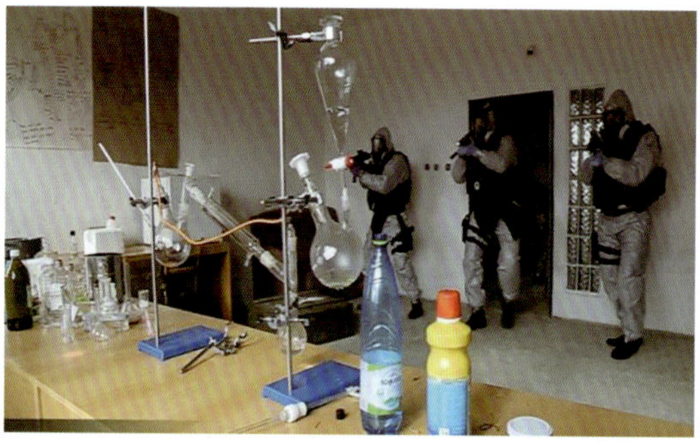

（三）欧盟“毒之甄诊”项目举行野战演习“疏散”

2019 年 5 月 23 日，由欧盟“地平线 2020 计划”(Horizon 2020)资助、英国拉夫堡大学主导、18 个团队参与的“毒之甄诊”(TOXI-Triage)项目在芬兰举行代号为“疏散”的野战演习。该项目旨在提高应对群伤事件的响应能力，参与单位包括应急医疗、国防、工业和科研学术机构。此次演习涉及的新技术包括伤员伤情测定设备、辐射与毒云探测无人机、伤员标记跟踪系统、事故环境影响与洗消作业管理系统、假消息控制与官方沟通工具以及利用社交媒体跟踪事件发展并辅助决策。

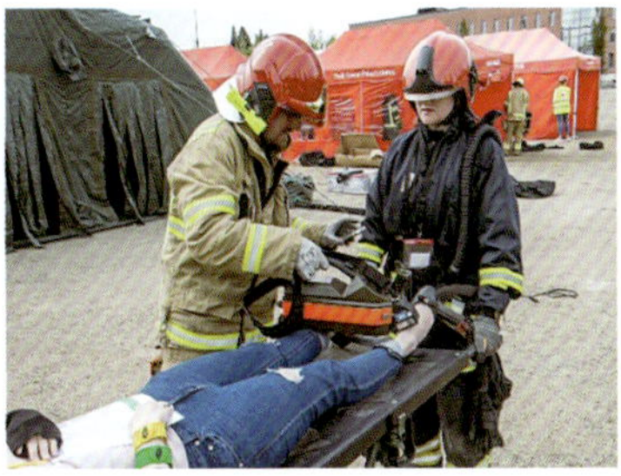
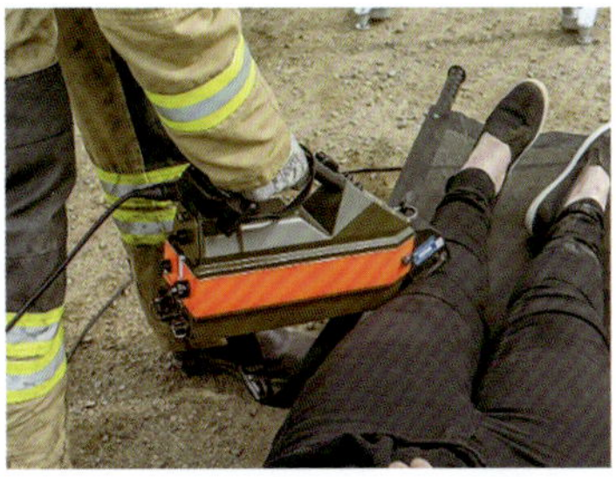

（四）欧盟 CBRN 训练中心联合体举行“联合行动”演习

2019 年 9 月 21 日—23 日，欧盟 CBRN 训练中心联合体（eNOTICE）由欧盟“地平线 2020 计划”（Horizon 2020）资助，其组织的“联合行动”旨在提高参训国的事件应急响应能力，包括试验、论证和研发能力。“联合行动”由德国多特蒙德消防局承办，主题是铁路 CBRN 事件响应。

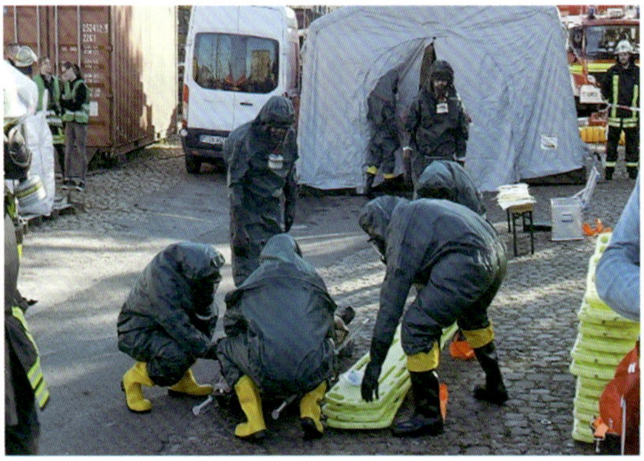

（五）“杰兰”联合反恐演习在乌兹别克斯坦结束

2019 年 11 月 13 日—15 日，代号“杰兰”（Jeyran）的多国联合反恐演习于在乌兹别克斯坦塔什干举行。该演习在“欧盟 CBRN 联合防御卓越中心倡议”下组织，旨在促进国家和地区间的全球合作，更好防止 CBRN 事件或灾害。

本次“杰兰”CBRN 演习模拟恐怖分子使用化生战剂，旨在提高战备和响应能力，15 个国家 200 多人参与演习。演习设置的想定包括携带化生战剂恐怖分子的监视与逮捕，非法储存与秘密实验室的发现，爆炸物的处置，以及在公共场所搜索简易化学装置。

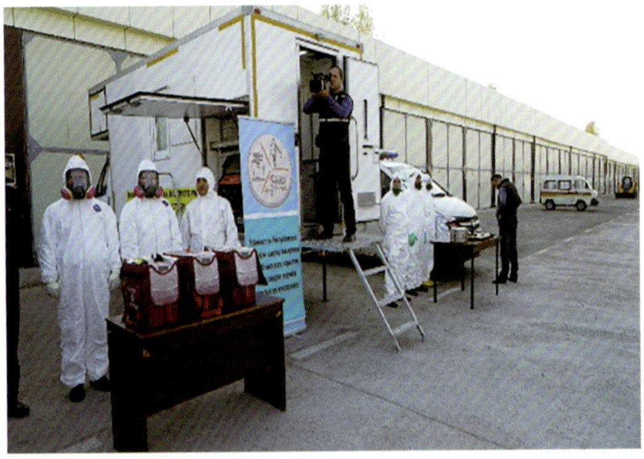

附录D 北 约

（一）北约在加拿大举行多国联合 CBRN“精确响应演习”

2019 年 5 月 16 日，来自 10 个北约成员国的 400 多名 CBRN 专业军事人员，在加拿大萨菲尔德军事基地举行多国联合 CBRN 演练，代号为“精确响应演习”。自 2002 年以来，北约每年都在加拿大国防部国防研发中心的这个基地进行全面的 CBRN 防御演练，内容包括实毒侦检、威胁减缓的洗消作业等。

（二）北约 CBRNe“精确响应”演习在加拿大举行

从 2019 年 7 月 5 日左右开始持续大约 3 周，北约在加拿大萨菲尔德的反恐技术中心举行了第 16 轮“精确响应”CBRNe 演习，11 个成员国 400 多士兵和参谋人员参加了此次演习，以下是部分演习场景。

（三）北约空军举行“毒旅 2019”多国联演

2019 年 9 月 26 日—10 月 5 日，北约空军部队在意大利维罗纳西南维拉弗兰卡一闲置机场举行年度 CBRN 防御演习，代号“毒旅 2019”。12 个北约成员国和 3 个伙伴国参与了年度演习，包括奥地利、比利时、丹麦、法国、德国、挪威、新西兰、荷兰、波兰、英国、捷克、美国、瑞典、土耳其和意大利，参演官兵 800 多人。第 26 届的“毒旅 2019”包含 39 种想定，各参演国部队将独立或合作展现特定的 CBRN 防御能力。除了参演部队，一些著名的 CBRN 产品厂商也在演习中展示相关产品。以下是部分演习剪影和 2019 年度演习的徽章。

（四）北约“毒旅 2019”演习中的洗消作业

2019 年 10 月 5 日，在北约“毒旅—2019”多国 CBRN 联演中，德国国防军展示了洗消作业的剪影。根据相关介绍，演习中洗消作业基本步骤为：(1)设置洗消人员与车辆的通道，车辆排队洗消时注意车内通风；(2)车辆洗消时，首先用高压水冲去大块泥浆，注意车底盘的清洗；(3)确保消毒剂对车辆的全面洗消，利用吊机对车辆顶端进行洗消；(4)有条件时，开辟多条洗消通道；(5)人员洗消时，注意精密装具和非防水装具要单独洗消；(6)确保人员全面洗消后才能脱去防护装具；(7)人员防护装具要进行高温蒸汽消毒。

（五）北约 CBRN 联合防御卓越中心举办实毒培训课

2019 年 9 月 30 日—10 月 4 日，北约 CBRN 联合防御卓越中心同捷克布尔诺军事研究所举行实毒培训课程，16 名参训人员来自阿塞拜疆、格鲁吉亚、意大利、吉尔吉斯斯坦、立陶宛、卢森堡、马其顿、蒙古和乌兹别克斯坦等，教员来自捷克利贝雷茨州的第 31 CBRN 团和位于维什科夫的 CBRN 联合防御卓越中心。

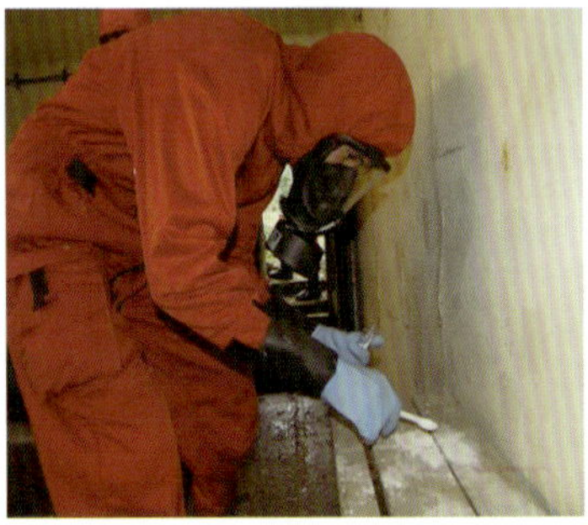

附录 E　意大利

（一）意大利联合部队防化学院“CBRN 基本作战认证”课程结业

2019 年 6 月 19 日，位于意大利列蒂的联合部队防化学院结束了“CBRN 基本作战认证”课。该课程旨在培训排级指挥官预警、侦察和洗消等基本防化作战能力。以下是课程培训相关图片。

（二）意大利防化分队参与“精确响应”演习

2019 年 7 月 29 日，意大利空军第 3 大队的化生放核分队参加在北约的 CBRNe“精确响应”演习。

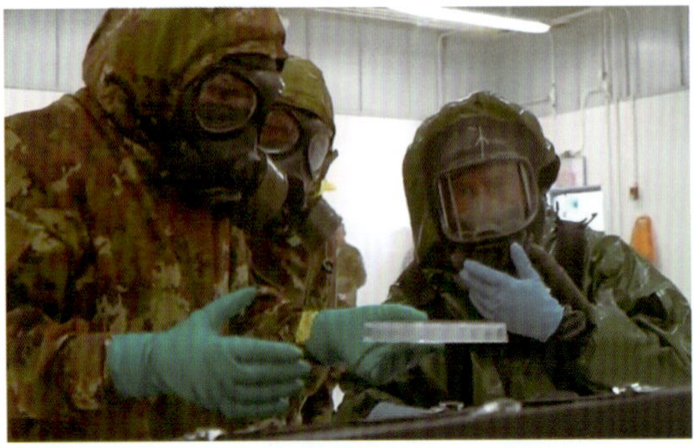

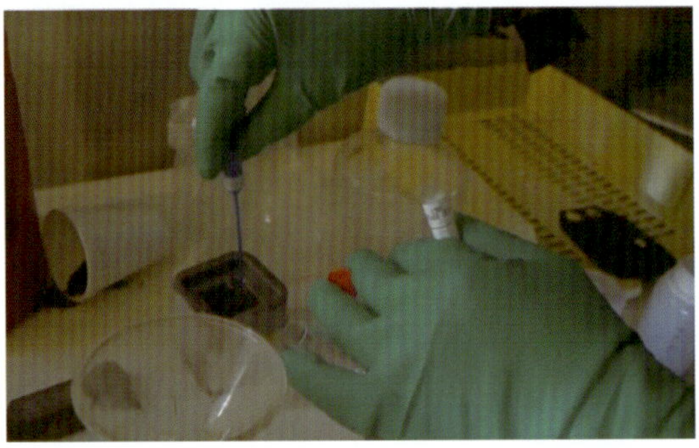

（三）意大利罗马第二大学同 CBRN 防御 7 团合作培训

2019 年 9 月 11 日，罗马第二大学国际 CBRNe 大师课同意大利 CBRN 防御某团正式签订培训合作协议，并于 10 日—11 日完成了一次生物模块的培训。以下是部分培训场景和展示的装备，可以管窥意大利防化部队部分装备情况。

（四）意大利举行“跨部门 CBRN 演练 2019”

2019 年 9 月 2 日—13 日，意大利 CBRN 防御第 7 团、陆军 CBRN 防御专业分队，以及消防部门的 CBRN 分队举行了“跨部门 CBRN 演练 2019”，意大利红十字会医务志愿人员也参与其中。这次演习综合多种 CBRN 作业想定，比较全面展现了意大利 CBRN 防御力量。以下是部分演练场景。

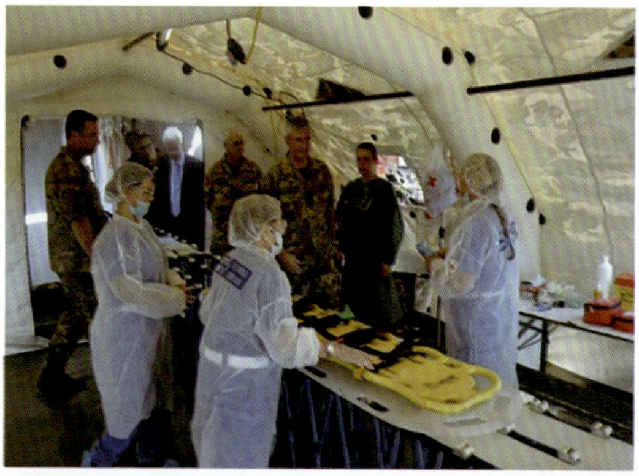

（五）意大利主办“毒旅 2019”多国联演

2019 年 9 月 27 日，由意大利空军第 3 联队主办的，北约最重要的空军年度 CBRN 防御演习“毒旅 2019”开幕。意大利陆军的一个毒剂鉴定野战实验室和意大利 CBRN 防御第 7 团的 20 名专业官兵参加了演习。演习的基本想定是遭受 CBRN 袭击后，进行采样鉴定、医疗救援和人员装备洗消等作业。这是意大利第 3 次主办此类演习，前两次分别在 2013 年和 2015 年。

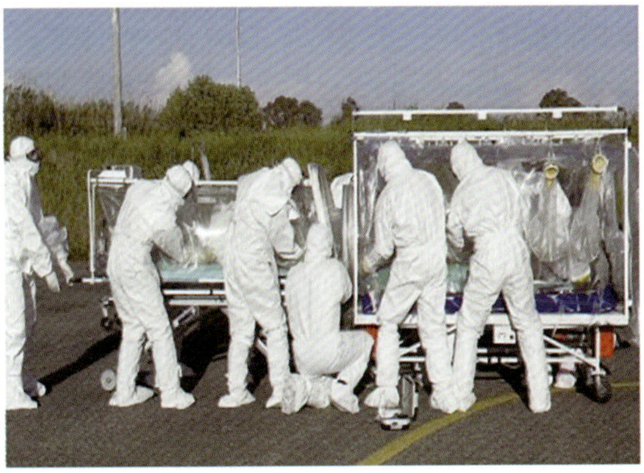

附录F　德　国

（一）德军在多国联演“盟军精神 X”中的 CBRN 作业

“盟军精神 X”多国联演由美国驻欧陆军领导、第 7 军训练司令部实施，于 2019 年 3 月 30 日—4 月 17 日在德国霍恩费尔斯训练场进行，15 个国家的 5 500 多名官兵参演，旨在提高北约参演国军队间的互操作性和战备能力。2019 年 9 月 17 日消息，德联邦国防军公布了一份德军在多国演习“盟军精神 X”中的 CBRN 作业的视频，参演是德军第 21 装甲旅。

（二）德国防化部队参加“精确响应”演习

2019 年 7 月 25 日，德国“核生化防御部队”和“医疗核生化防护特遣队”的专业人员参与了北约“精确响应”演习，以下是相关部队出发、搭建帐篷、人员洗消和不明生物样品处理等科目演练图片。

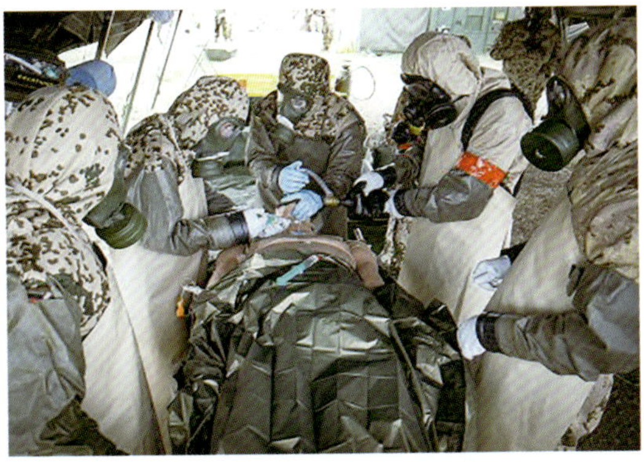
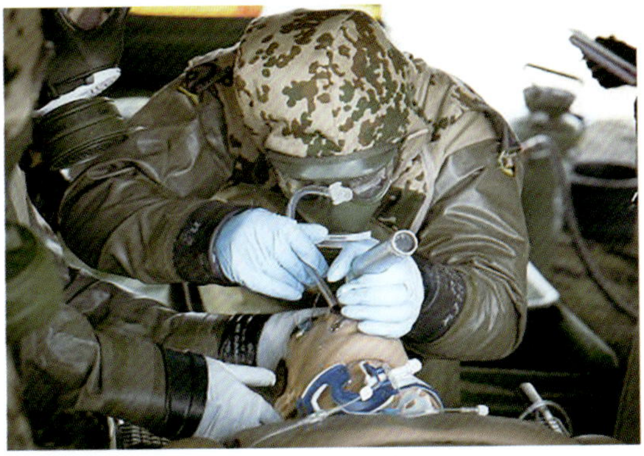

（三）德国部队参与“毒旅 2019”多国联演

2019 年 9 月 29 日，德国参与多国联演“毒旅 2019”的部队包括德国空军，联邦国防军卫生勤务分队，作战部队、海军陆战队的防化军事人员等，合计 115 名官兵，人数仅次于东道国意大利。

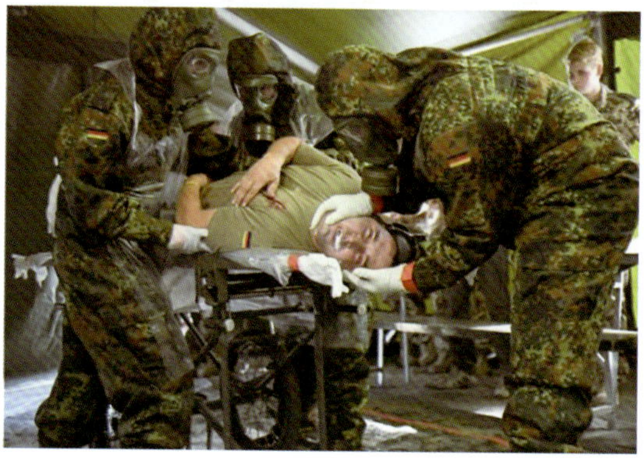

（四）德联邦国防军防化部队在美国进行防化培训

2020 年 2 月 25 日，德国松特霍芬（Sonthofen）防化学院（ABC-Abwehrschule Sonthofen）的 22 名官兵在美国伦纳德·伍德堡的防化训练中心（Chemical Defense Training Facility）进行为期一周的防护专业培训。从公开的图文和视频资料看，培训流程包括面具检查检测、分组分工多情景防化训练、洗消、脱下防护装具和小评等；训练中使用的毒剂包括沙林和维埃克斯（VX）。德国国防军防化司令部下设防化 7 营、防化 150 营两个营以及一个防化专业学校。

附录 G　西班牙

（一）西班牙 CBRN 防御团做好参加北约“精确响应”演习准备

2019 年 6 月 17 日—27 日，西班牙参加北约“精确响应”演习的第 1 CBRN 防御团人员，在马德里“La Marañosa”技术研究所进行代号为“Ánfora”的演练。演练内容包括 3 种想定：合成芥子气的秘密实验室、寻找藏在车间的放射源铯和钴，以及研究大肠杆菌（E. Coli）和耶尔森氏菌（Yersinia Pestis）菌株的基因实验室。这次演练将确定 CBRN 防御团人员是否有资格参加 7 月举行的北约演习。

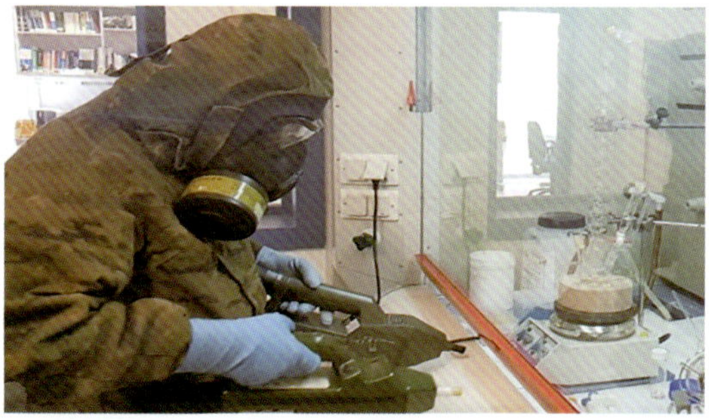
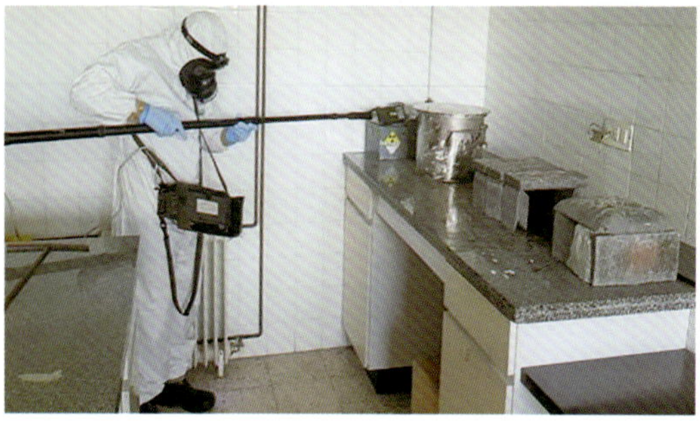

（二）西班牙防化部队参与“精确响应”演习

2019 年 7 月 29 日，西班牙“核化生防御团”（RDNBQ）相关人员在北约 CBRNe“精确响应”演习中演练铀-238 放射源和肉毒杆菌播散等应急事件响应。

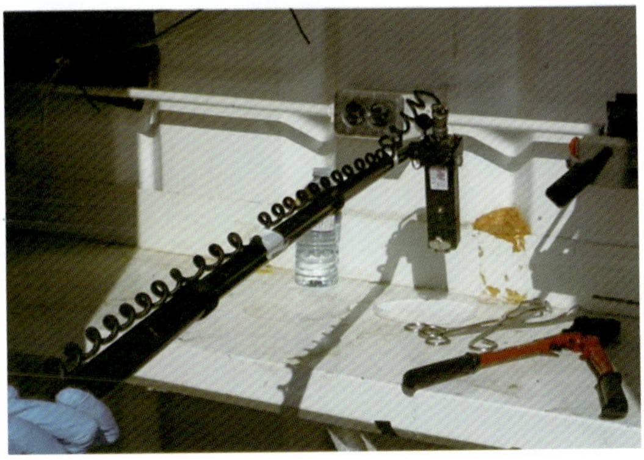

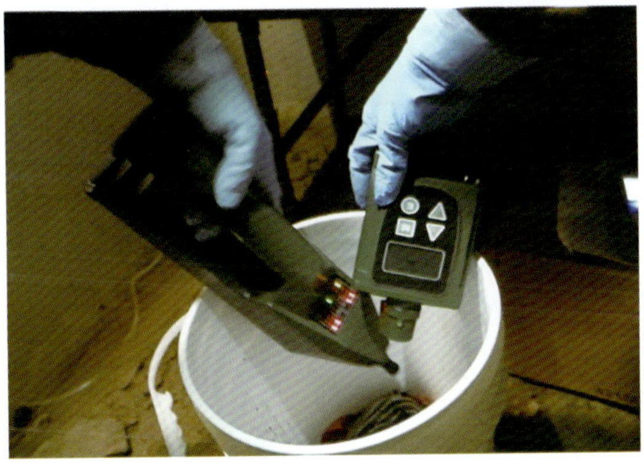

（三）西班牙陆军防化部队举行“Grifo 演习”

2019 年 10 月 25 日，西班牙陆军核化生防御 1 团和来自其他部队的核化生防御连，在巴伦西亚城的莱万特足球场举行“Grifo 演习”。该演习是西班牙防化部队检验和提高执行核化生防御或支援能力的重要活动，去年的同名演习于 2018 年 11 月 5 日—11 日举行。今年演习的内容包括放射性袭击防护、核化生战剂侦检、两用化学品核查和人员、场地的洗消等。

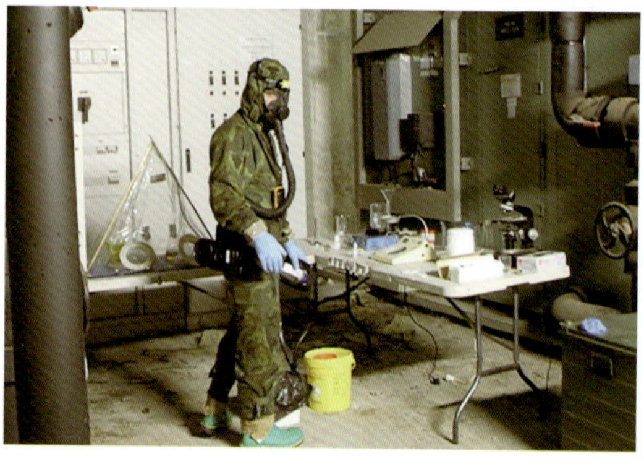

附录H　法　国

（一）法国 CBRN 分队在荷兰 CBRN 防御中心进行培训

2019 年 10 月 23 日，最近两天法国和比利时的 CBRN 分队在荷兰 CBRN 防御中心进行培训，培训内容包括核化侦检、人员洗消和行动计划等作业。

（二）法国在荷兰进行 CBRN 演训

2019 年 11 月份最后一周，法国 CBRN 防御分队在荷兰 CBRN 防御中心的国家 CBRN 训练中心进行演训。演训内容包括 CBRN 侦察、爆炸物处置、可疑人员盘查、实验室搜查等科目。

附录I 印 度

（一）印度举行 CBRN 应急演练

2019 年 1 月 11 日，为迎接即将到来的“大壶节”，印度国家灾害响应部队（NDRF）、北方邦灾害管理局（UPSDMA）、邦灾害响应部队（SDRF）和民防等机构举行联合演练，应对踩踏事故、水上救援、火灾和 CBRN 等突发事件。

（二）印度霍尔迪亚举行 CBRN 联合演练

2019 年 1 月 19 日，在印度霍尔迪亚（Haldia）的国家灾害响应部队（NDRF）、中央工业安全部队（CISF）和地方公安、消防等部门等进行了联合应急演练，应对 CBRN 袭击事件。

（三）印度国家灾害响应部队举行化生放核模拟演练

2019 年 3 月 19 日，印度国家灾害响应部队在拉贾斯坦邦拉瓦巴塔（Rawatbhatta）举行化生放核模拟演练，模拟演练的重点在于化生危害侦检、医疗救援和洗消作业。

（四）印度国家灾害响应部队举行联合演习

2019 年 3 月 28 日，在印度马哈拉施特拉邦安德赫里西部的一商场内，印度国家灾害响应部队第 5 分队举行放射性分散装置联合演习，代号“成就—2019”，参加人员除了国家灾害响应部队的 CBRN 分队外，其他相关单位人员也有参与。

（五）印度国家灾害响应部队在新孟买港举行 CBRN 应急演习

2019 年 4 月 26 日，印度国家灾害响应部队浦那第 5 分队，在马哈拉施特拉邦新孟买港举行化生放核应急演习，港口职员也参与部分活动。以下是部分演习场景。

（六）印度在工业区举行 CBRN 演习

2019 年 5 月 13 日，印度国家灾害响应部队在布兰德斯哈赫尔的锡根德拉巴德工业区举行化生放核模拟演习，演习内容包括侦察探测、危险品泄漏处置、人员急救和洗消等科目。以下是部分演习场景。

（七）印度中央工业安保部队举行 CBRN 演练

2019 年 11 月 2 日，印度中央工业安全部队和国家灾害响应部队在印度石油公司举行联合 CBRN 应急演练，印度石油公司安全管理部门，当地医疗和消防部门，以及其他有关部门参与了演习。演习内容包括洗消、侦检、人员搜救和医疗等。

（八）印度国家灾害响应部队举行基础训练考核

2019 年 11 月 15 日，印度国家灾害响应部队进行了基础训练考核，从图片推测，考核内容包括笔试、防护装备穿戴、侦察装备使用等。

附录 J 俄罗斯

（一）俄导弹演习用烟幕遮蔽发射阵地

2019 年 6 月 27 日，俄罗“斯伊斯坎德尔—M”部队(第 103 导弹旅)在布里亚特举行巡航导弹或准弹道导弹发射演习，并利用烟幕遮蔽隐藏发射阵地。以下是相关视频的截图。

（二）俄东部军区进行全面的化生放核演习

2019 年 8 月 9 日，俄罗斯东部军区进行了全面化生放核演习。2000 多名专业官兵将在 3 个地点同时展开演练：跨贝加尔边疆区的楚戈尔靶场、滨海边疆区的克拉斯诺达尔靶场和萨哈林州的乌斯朋斯基靶场。演练内容包括航空装备等的烟幕遮蔽、沾染侦察与采样以及沾染区应对举措等。下图可能是相关演练场景。

（三）俄罗斯完成综合防化演习

2019 年 11 月 13 日，俄罗斯完成了大型综合防化演习，这次演习内容，包括防化侦察作业、发烟作业、喷火作业和战术突击行动，在装备上动用了至少 3 种发烟车、洗消车、移动实验室、装甲侦察车、单兵核化生侦察装备和 2 种喷火装备等，尤其是最新的 RKhM-5M 防化侦察车参与演习。空降兵用该车替换了 RKhM-2S 和 RKhM-5 防化侦察车。RKhM-5M 防化侦察车能够采集土壤、水、冰、雪甚至昆虫样本，能够对 1 km 内的化学污染进行远程侦察。

附录 K　其他国家和组织

（一）马来西亚皇家海军军舰举行 CBRN 演练

2019 年 3 月 28 日，马来西亚皇家海军“雪兰莪号”（Selangor）军舰举行化生放核演练，演练内容包括防护、侦检和洗消等。

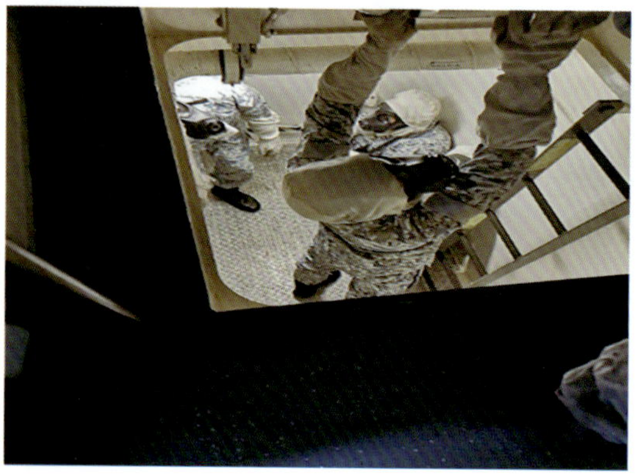

（二）土耳其“海狼—2019”演习期间进行 CBRN 演练

2019 年 5 月 13 日—25 日，土耳其举行“海狼—2019”演习，该演习是土耳其史上规模最大的一次海军演习，其间相关部队进行了 CBRN 演练。以下是土耳其国防部发布相关场景，从图片看包括侦检、洗消等作业。

（三）阿根廷 CBRN 连举行演练

2019 年 5 月 21 日—22 日，阿根廷工程与应急保障 601 营的 CBRN 连在圣尼古拉斯举行 CBRN 演练。以下是军方参加人员和演练场景。

（四）斯里兰卡圆满结束第二期 CBRN 高级班

2019 年 6 月 7 日，斯里兰卡军事工程学院第二期 CBRN 高级班结业，14 名军官和 20 名学员参加，并举行了结业演练。另外，印度 CBRN 机动训练队对培训和演练进行指导。

（五）阿联酋武装部队进行核事故响应培训

2019 年 7 月 7 日—11 日，阿联酋武装部队正在进行核事故应急响应培训，内容包括审查安全程序、辐射探测和快速响应，美国中央司令部和能源部参与协助。值得一提的是，阿联酋第一座核电站将于今年年底或明年初开始发电，当 4 个核反应堆全部建成工作时，可满足阿联酋 1/4 的用电需求。下图是巴拉卡核电厂的在建和培训相关图片。

（六）罗马尼亚防化部队参与“协和女神 2019”演习

2019 年 7 日—13 日，罗马尼亚在哈尔吉塔、科瓦斯纳和布加勒斯特等多地举行跨机构演习“协和女神 2019”，来自罗马尼亚国防部、内务部、情报局、警卫局和特种通信局约 500 人参与，其中军事人员约 100 人，基本想定是啤酒厂受到袭击发生爆炸，导致氨气泄漏、部分建筑物受损和人员受伤，旨在提高机构间协作和 CBRN 防御能力水平。驻锡吉什瓦拉的陆军 CBRN 防御第 72 营，别称“黑色沃达”（NegruVodă），参与了这次演习，负责人员和车辆的洗消工作。

（七）乌克兰军队使用 TDA-2M 发烟车进行训练

2019 年 7 月 14 日，乌克兰在训练中动用 TDA-2M 发烟车。下图是训练场景及 TDA-2M、TDA-3 和 TMS-65U 发烟车的图片，后者也能用于洗消。

（八）加拿大防化分队参与“精确响应”演习

2019 年 7 月 29 日，在 CBRNe“精确响应”国际演习中，第 2 加拿大机械旅大队参与演习分队的任务，是承担洗消任务，确保在“热区”进行取样或分析的官兵事后得到全面洗消。

（九）挪威防化部队参与“精确响应”演习

2019 年 8 月 5 日，挪威派出 17 名士兵参与“精确响应”演练，(a)是一名挪威女兵正在丹麦战友的协助下脱去防护装具，(b)是意大利洗消作业战友为挪威士兵检测，(c)是挪威士兵正在密封防护装具，(d)是列队执行任务的挪威士兵。

(a)

(b)

(c)

(d)

（十）日本中央特殊武器防护队进行检验性演习

2019年8月6日，日本陆上自卫队中央特殊武器防护队第103特防队进行检验性演习，包括装备洗消、消防、侦检等作业行动，以下是部分演习场景。

（十一）荷兰防化部队参与“精确响应演习”

2019 年 9 月 4 日，荷兰 CBRN 防御第 101 连参与了北约今年夏天在加拿大组织的“精确响应”演习，该文介绍了荷兰防化分队参与演习的基本情况，特别是分析了存在的不足。以下是部分演习场景。

（十二）波兰华沙警察局举行 CBRN 演习

2019 年 9 月 26 日，波兰华沙警察局在海伦娜·霍德科夫斯卡技术与经济大学举行一次核事件响应演习，基本想定是核事件发生后的放射源探测。来自波兰、德国、西班牙、法国、葡萄牙和克罗地亚 6 国的 CBRN 分队参加这次演习，相关人员在作业中展示了洗消、侦察、防护和销毁等装备。

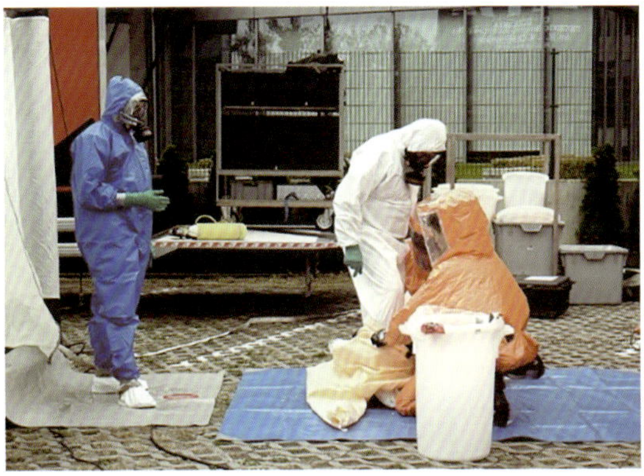

（十三）欧洲青年急救医生举行 CBRN 事件响应培训

2019 年 4 月 5 日，欧洲急救医学协会急救医学青年医生分会（EUSEMYEMD）在比利时布鲁塞尔举行急救医学培训，从培训图片看，内容包括 CBRN 伤员的伤口处理和洗消等内容。

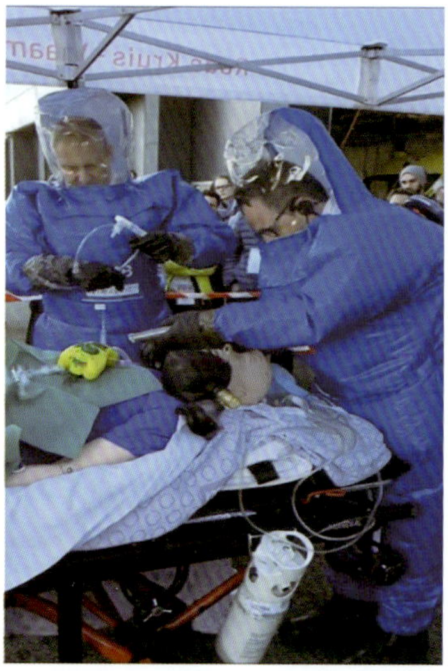

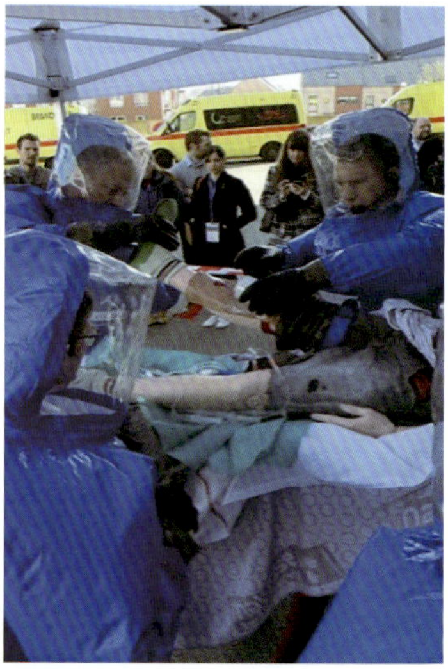

（十四）国际刑警组织举办“化学感知与现场管理”培训班

当地时间 2019 年 7 月 1 日—5 日，20 名尼日利亚代表和 10 名纳米比亚观察员参加了国际刑警在纳米比亚斯瓦科普蒙德组织的“第 4 届化学感知与现场管理”培训班和“化学感知与现场管理教官提高班”，旨在提高执法学员应对化学相关犯罪的能力。以下是部分培训和演习场景。

（十五）禁化武组织在斯洛伐克举行实毒培训

2019 年 11 月 4 日—14 日，禁化武组织技术秘书处和斯洛伐克国防工程管理局在斯洛伐克共同举办“高级实验室技能培训课”，来自 8 个缔约国的 10 位专业人员进行了实毒操演培训。

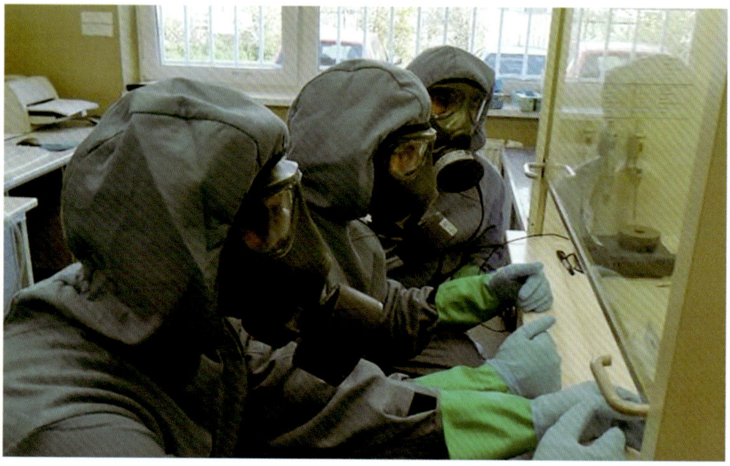

参考文献

[1] Department of Defense (DOD): Joint Chemical and Biological Defense Program's (CBDP)[R]. 2018 Annual Report to Congress (ARC), 2017.

[2] Modernization of nuclear weapons continues: NewSIPRI Yearbook out now[EB/OL]. [2018-06-18]. https://www.sipri.org/media/press-release/2018/modernization-nuclear-weapons-continues-number-peacekeepers-declines-new-sipri-yearbook-out-now.

[3] DOD, USA. Summary of the 2018 National Defense Strategy of the United States of America[R]. Jan.2018.

[4] Joint Requirements Office for Chemical, Biological, Radiological and Nuclear (CBRN) Defense: 2008 Modernization Plan for Chemical, Biological, Radiological and Nuclear (CBRN) Defense[R]. Washington, DC 20318-8000.

[5] CBRNe WORLD. Spring 2009—2015[EB/OL]. www.cbrneworld.com.

[6] National Strategy to Combat Weapons of Mass Destruction[R]. President Bush. The National Security Strategy of the United States of America. September 17, 2002.

[7] National Military Strategy to Combat Weapons of Mass Destruction[R]. 13 February 2006. Chairman of the Joint Chiefs of Staff.

[8] Counterproliferation Program Review Committee. Report on Activities and Programs for Countering Proliferation and NBC Terrorism[R].2007.

[9] DOD, USA. Nuclear posture reviewrepurt[R].2010.

[10] DOD, USA. Nuclear posture reviewrepurt[R].2018.

[11] Commission on the Prevention of WMD Proliferation and Terrorism. World at Risk: The Report of the Commission on the Prevention of WMD Proliferation and Terrorism[R]. First Edition, New York: Vintage Books, December 2008.

[12] DOD, USA. Quadrenaial defense review report[R].2010.

[13] Department of Defense Strategy for Countering Weapons of Mass Destruction[R].2014.

[14] National Strategy for Countering Weapons of Mass Destruction Terrorism[R].2018.12.

[15] 曹保榆. 核生化事件的防范与处置[M].北京:国防工业出版社,2004.
[16] 潘自强.核与辐射恐怖事件管理[M].北京:科学出版社,2005.
[17] 陈冀胜.化学、生物武器与防化装备[M].北京:原子能出版社,2003.
[18] 总装备部电子信息基础部.世界武器装备与军事技术发展报告[M].北京:国防工业出版社,2000—2009.
[19] 纪学仁,朱建新.核生化防御战略问题研究[M].北京:国防大学出版社,2006.
[20] 中国国防科技信息中心.美国参联会《应对大规模杀伤性武器的国家军事战略》[R].北京:中国国防科技信息中心,2006.
[21] 中国国防科技信息中心.美国国家反恐军事战略计划[R].北京:中国国防科技信息中心,2006.
[22] 夏治强.美国《应对生物威胁国家战略》简介[J].国外防化科技动态,2010,4:12.
[23] 夏治强,梁赤勇,王曼琳.英国发布反 CBRN 恐怖主义战略[J].国外防化科技动态,2010(11):10-20.
[24] 赵志军.涉及放射性物质的恐怖事件管理[M].北京:原子能出版社,2002.
[25] 毛用泽等.核和辐射恐怖事件防范与应急响应核监测需求分析.第四次全国核应急工作研讨会论文汇编[C].2006.
[26] 陈冀胜.反化学恐怖对策与技术[M].北京:科学出版社,2005.
[27] 海牙核峰会为世界安全"取得一个进球"[N].参考消息,2014-03-27(3).
[28] 王涛.核武器与恐怖主义:危险的组合[J].防务视点,2017(5):29.
[29] 朱晓行.世界主要国家及台湾地区防化兵建设与防化装备发展[M].北京:中国原子能出版社,2017.
[30] 陈瑜.福岛核电站污水处理报告错误超千处混淆不同放射性元素浓度记录用意何[N].科技日报,2018-10-22.
[31] 日逾 4500 个核物质容器保管不当[N].参考消息,2017-07-07(7).
[32] 赵三平,夏治强,朱晓行. 芬兰第十届 CBRNe 威胁研讨会概况[J].国外防化科技动态,2018(7):1-23.
[33] 许晴等.生物防御信息系统现状与发展趋势[J].军事医学,2014(2):148-151.
[34] 张晓莹,郭继卫,周志坚."军事生物安全"的理论研究[J].军事医学,2011(1):12-16.
[35] 张晓莹.军事生物科技发展与军事生物安全战略研究[D].第三军医大学博士学位论文,2012.
[36] 李洪军.基于生物科技时代军事生物安全观理论研究[D].第三军医大学硕士论文,2012.
[37] 刘杨钺,刘戟锋,吴承富.武器化视角下国际生化安全态势分析[J].南京政治学院

学报,2016(1):63-69.

[38] 高一涵,楼铁柱,刘术.当前国际生物安全态势综述[J].人民军医,2017(6):553-558.

[39] 郑涛,黄培堂.生物安全的问题及思考[J].军事医学,2012(10):725-727.

[40] 朱联辉,田德桥,郑涛.生命科学两用性研究的发展及其监管[J].军事医学,2014(2):102-105.

[41] 孙宇.构建海外生物安全监测预警网络的思考[J].中国公共卫生管理,2018(4):461-464.

[42] 李桦,赵瑾.化学和生物学融合对国际武器公约履约的影响[J].军事医学,2015(2):81-85.

[43] 孙琳,杨春华."美国优先"思维在生物安全领域的体现及影响[J].军事医学,2019(2):81-88.

[44] 黄培堂,郑涛.强化生物安全发展战略研究,构建完整的生物防御体系[J].军事医学,2014(2):81-82.

[45] 郑涛等.生物安全是国家战略必需的生命工程[J].军事医学,2014(2):90-97.

[46] 宋馨宇,刁进进,张卫文.对两用生物技术发展现状与生物安全的思考[J].微生物与感染,2018(6):323-329.

[47] 秦锋,黄强,袁久洪.浅析高校实验室生物安全事件的原因与管理对策[J].实验室研究与探索,2017(8):302-306.

[48] 王小理,薛杨,杨霄.国际生物军控现状与展望[N].学习时报,2019-6-14(2).

[49] 徐振伟.构建安全之网:美国生物国防计划评析[J].太平洋学报,2019(8):11-28.

[50] 吉荣荣,雷二庆,徐天昊.美国生物盾牌计划的完善进程及实施效果[J].军事医学,2013(3):176-179.

[51] 刘术,舒东,刘胡波. 美国《生物监测国家战略》简述及分析[J].人民军医,2013(5):525-526.

[52] 晋继勇.国家安全与霸权护持:美国军事部门的全球卫生参与[J].外交评论,2019(2):109-134.

[53] 田德桥.美国生物防御药品疫苗研发机制与项目资助情况分析[J].生物技术通信,2016(4):535-541.

[54] 李鑫等.生物战剂检测技术及其研究进展[J].军事医学,2014(4):312-316.

[55] 韩军,许林军.国外生物战剂监测装备发展状况研究[J].海军医学杂志,2013(4):285-287.

[56] 房彤宇,刘术,柳卸林.国际生物防御科技前沿热点与我国未来发展思考[J].军事医学,2018(2):81-85.

[57] 陈婷等.美军化生防护研究进展情况介绍[J].人民军医,2015(10):1154-1156.
[58] 沈倍奋.发展生物安全技术,有效防控生物威胁[J].军事医学,2014(2):77-78.
[59] 赵勇,张文斗,刘元东.新时期军队重大疫情防控形势分析及其建议[J].解放军预防医学杂志,2016(5):633-641.
[60] 施建华等.国外突发公共卫生事件应急处置体系及对我国的启示[J].中国卫生政策研究,2014(7):44-49.
[61] 田德桥等.国外生物威胁生物剂清单的分析比较[J].军事医学,2014(2):94-97.
[62] 杜然然,高东平,池慧.我国生物安全能力评价与建设的思考[J].生物技术通信,2018(3):419-421.
[63] 陈方等.国际生物安全战略态势分析及对我国的建议[J].中国科学院院刊,2020(2):204-211.
[64] 毕波.新型冠状病毒肺炎防控中消防救援人员个人防护装备的选择及使用[J].消防界,2020(5):39-41.
[65] 余潇枫,陈佳.非传统安全视角下的核安全与中国核安全维护[J].湖南师范大学社会科学学报,2019(6):18-26.
[66] 王宝印.新形势下的核安全与辐射安全对策[J].绿色科技,2017,(10):80-81.
[67] 于杲洋."9·11"事件后美国反核恐怖主义政策研究——基于《美国国家安全战略》分析[D].上海师范大学,2017.
[68] 杜彬伟.国际核恐怖主义的防范:范式、措施与建议——国外学者的研究视角[J].南京政治学院学报,2012,28(5):73-77.
[69] 刘洪岩.俄罗斯国家安全立法的体系化构建[J].人民法治,2016(8):34-35.
[70] 夏治强,滕珺.国外化生放核事件感知技术进展[C].中国环境科学学会2013年学术年会,2013.
[71] 程雨田.开展国际合作,携手抗击疫情[N].人民日报.2020-03-20(005).
[72] 肖源,张卯,吴照亮.高校实验室安全管理体系构建与实践[J].实验室研究与探索.2019(08):286-290.
[73] 陈冀胜主编.反化学恐怖对策与技术[M].科学出版社,2005.
[74] 周素梅,吕琳.化学危害对城市安全的威胁[J].安全,2002(05):4-6.
[75] 罗孝如.面对非传统安全威胁,加强我国反化学恐怖对策研究[C].中国化学会.公共安全中的化学问题研究进展(第二卷).北京:中国化学会,2011:80-84.
[76] 孙玉波. 试谈化学恐怖威胁应急底线管理[C].中国化学会.中国化学会第29届学术年会摘要集——第29分会:公共安全化学.北京:中国化学会,2014:2.
[77] 史喜成.广谱化学防护技术研究进展(概要)[C]. 中国化学会.中国化学会第29届学术年会摘要集——第29分会:公共安全化学.北京:中国化学会,2014:16-18.

[78] 周文霞,刘港,张永祥.化学威胁的医学对抗:抗毒药物研究现状和进展[J].中国药理学与毒理学杂志,2016,30(12):1411-1418.

[79] 李江存. 化学事故威胁与防护[C].中国化学会.公共安全中的化学问题研究进展(第二卷).中国化学会:中国化学会,2011:180-182.

[80] 孙玉波,李铁虎,杨林松.化学恐怖威胁源特征研究[J].化学通报,2011,74(07):659-664.

[81] 王曼琳.化学威胁防护对策研究[C].中国化学会.中国化学会第二十五届学术年会论文摘要集(下册).北京:中国化学会,2006:1018.

[82] 天津港爆炸事故调查报告公布[N]. 参考消息,2016-02-06.

[83] 国务院批复江苏响水天嘉宜化工有限公司“3·21”特别重大爆炸事故调查报告[R].青岛应急. 微信号 qdyingji. 2019.11.19.

[84] 国务院安委会印发《涉及危险化学品安全风险的行业品种目录》[EB/OL].中国安全生产网. 2016.07.03.

[85] 《危险化学品安全法》制定将加快推进今年监管重点工作安排印发[EB/OL]. 中国安全生产网. 2019.02.18.

[86] 美国联邦机构确定的远期新威胁:呈给国会委员会的报告[R].2018.

[87] 美国化学品安全与危险调查委员会. 2017—2021 年战略规划[R].2016.

[88] 美国国家环境保护局. 化学品安全促进可持续发展 2016—2019 年战略研究行动规划[R].2015.

[89] 美国国家环境保护局. 化学品安全促进可持续发展 2012—2016 年战略研究行动规划[R].2012.